MARIA DE LOURDES PINTASILGO

– Os anos da Juventude Universitária Católica Feminina –
(1952-1956)

ANA FILOMENA LEITE AMARAL
FACULDADE DE LETRAS DA UNIVERSIDADE DE COIMBRA

MARIA DE LOURDES PINTASILGO

– Os anos da Juventude Universitária Católica Feminina –
(1952-1956)

Dissertação de Mestrado em História Económica e Social Contemporânea, apresentada à Faculdade de Letras da Universidade de Coimbra, sob a orientação da Professora Doutora Irene Vaquinhas.

ALMEDINA

MARIA DE LOURDES PINTASILGO
– Os anos da Juventude Universitária Católica Feminina –
(1952-1956)

AUTORA
ANA FILOMENA LEITE AMARAL

EDITOR
EDIÇÕES ALMEDINA, SA
Av. Fernão Magalhães, n.º 584, 5.º Andar
3000-174 Coimbra
Tel.: 239 851 904
Fax: 239 851 901
www.almedina.net
editora@almedina.net

PRÉ-IMPRESSÃO | IMPRESSÃO | ACABAMENTO
G.C. – GRÁFICA DE COIMBRA, LDA.
Palheira – Assafarge
3001-453 Coimbra
producao@graficadecoimbra.pt

Fevereiro, 2009

DEPÓSITO LEGAL
289429/09

Os dados e as opiniões inseridos na presente publicação
são da exclusiva responsabilidade do(s) seu(s) autor(es).

Toda a reprodução desta obra, por fotocópia ou outro qualquer
processo, sem prévia autorização escrita do Editor, é ilícita
e passível de procedimento judicial contra o infractor.

Biblioteca Nacional de Portugal – Catalogação na Publicação

AMARAL, Ana Filomena Leite, 1961-

 Maria de Lourdes Pintassilgo : os anos da
Juventude Universitária Católica Feminina
(1952-1956)
ISBN 978-972-40-3729-5

CDU   27-786
          061.234
          929Pintassilgo, Maria de Lurdes
          378.183

*Em nome de toda a minha querida
e amada família*

"Esta síntese tem sido para mim um poderoso estímulo. Porque o ideal tem existência própria e é por dentro que inspira a acção. Por isso, *ideais e verdades inteiras* não conseguem separar-se em mim. Mesmo que os *ideais* apareçam como sonhos e as *verdades inteiras* como afronta à morna complacência em que tudo se desfaz".

Maria de Lourdes Pintasilgo, ***Palavras dadas***, p. 242.

Prefácio

"O catolicismo no século XIX escreve-se no feminino" afirmam numerosos autores, traduzindo-se nessa frase a relação privilegiada que a religião católica manteve, ao longo de Oitocentos, com as mulheres, valorizando, sobretudo, o arquétipo da esposa e da mãe educadora, cujo campo de acção se confinava ao espaço doméstico e à actividade caritativa. Face ao avanço da laicização e do anticlericalismo atribui-se ao sexo feminino a missão de ser depositário da fé e guardião da religião no seio da família, um aliado fiel na evangelização das consciências.

O desenvolvimento do catolicismo no decurso do século XX e, muito em especial, a renovação da noção de apostolado, após o termo da I República, conferirá às mulheres novas responsabilidades, tanto na esfera da vida cívica, como da vida cultural e social.

Neste contexto, são criadas algumas organizações femininas por iniciativa da *Acção Católica*, movimento instituído no ano de 1933 pelo episcopado português, independente do poder político, e tendo como objectivo a recristianização do país, no âmbito de uma intervenção qualificada dos fiéis na sociedade. Obedece a estas finalidades, entre outras, a *Juventude Universitária Católica Feminina* (JUCF), orientada para o apostolado de acção cristã promovido por estudantes do ensino superior sob o lema "Levar Jesus às almas, trazer as almas a Jesus". É precisamente no quadro desta organização – cuja história urge fazer – que, se destaca, nos Anos Cinquenta, a figura invulgar de Maria de Lourdes Pintasilgo, sua dinâmica e competente presidente de 1952 a 1956.

O livro de Ana Filomena Leite Amaral, que a *Editora Almedina* prontamente aceitou publicar, reconstitui as etapas principais desses anos de liderança ao serviço de uma causa. Sob o título *Maria de Lourdes Pintasilgo. Os anos da Juventude Universitária Católica Feminina (1952-1956)*, a autora reproduz, quase na íntegra, a sua dissertação de mestrado, preparada sob a minha orientação científica e realizada no

10 *Maria de Lourdes Pintasilgo – Os Anos da Juventude Universitária*

âmbito do seminário "As Mulheres no Mundo Contemporâneo: História Comparada" do curso de Mestrado em "História Económica e Social Contemporânea", da Faculdade de Letras da Universidade de Coimbra, tendo tido como arguente a Prof. Doutora Maria José Moutinho Santos, da Universidade do Porto, e alcançado a nota máxima.

Não se trata de uma biografia mas de um estudo de história social que procura enquadrar Maria de Lourdes Pintasilgo num espaço e num tempo determinados e, simultaneamente, captar a singularidade do seu pensamento e forma de intervenção, face aos constrangimentos do Portugal estadonovista. A autora recorre a um conjunto diversificado de fontes (incluindo inéditos manuscritos), disponíveis, na sua maioria, na "Fundação Cuidar o Futuro", sediada em Lisboa e instituída pela própria Maria de Lourdes Pintasilgo, e que complementa com testemunhos de personalidades que privaram com a dirigente da *Juventude Universitária Católica Feminina*.

O resultado final foi um estudo de grande qualidade científica que abre novas perspectivas sobre o conhecimento da personalidade e da actividade associativa de Maria de Lourdes Pintasilgo, mas também sobre aspectos da história geral, desde as correntes do pensamento religioso ao quotidiano universitário, entre outras temáticas abordadas.

Um dos méritos desta obra reside na capacidade de Ana Filomena Leite Amaral interpelar a sociedade do tempo, evocando a figura de uma mulher que, sem confrontar directamente a desigualdade dos sexos, agiu no sentido da concretização da igualdade de direitos entre homens e mulheres. Uma voz feminina preocupada em fazer dialogar cristianismo e modernidade e que participa nesse espírito de abertura que, no período do pós-guerra, caracterizou parte do catolicismo português e que concebe a presença no mundo no respeito pela alteridade e, acima de tudo, pela vida humana.

Surpreende a sua capacidade de mobilização e espírito de iniciativa, tanto mais notável por se tratar de uma jovem. Maria de Lourdes Pintasilgo tinha apenas 22 anos de idade – era quase uma menina – quando, em colaboração com Adérito de Sedas Nunes, ao tempo dirigente da Juventude Universitária Católica, toma em mãos a organização do I Congresso da Juventude Universitária Católica, que se concretizaria em Abril de 1953. Preparam ao pormenor esse mega-evento, que contou com mais de 2000 participantes, nada deixando ao acaso, percurso que este livro restitui com grande vivacidade. Essa iniciativa assegurará o reconhecimento público desta figura singular que se soube distinguir por um estatuto de excepção. Esse estatuto, no entanto, não significou o seu isolamento. Antes pelo contrário. Desde cedo, Maria de Lourdes Pintasilgo descobriu a importância da afirmação colectiva, como o demonstra cabalmente nas numerosas organizações em que participou, ao longo da sua vida, dentro e fora do país.

Traços da sua personalidade enriquecem este estudo que é um contributo importante para a história das mulheres intelectuais, geralmente tão esquecidas da historiografia contemporânea. Esta obra é também um convite a ler e a reler os escritos de Maria de Lourdes Pintasilgo, uma mulher que, de pleno direito, já faz parte do panteão das figuras femininas representativas da História de Portugal.

Coimbra, 1 de Janeiro de 2009

IRENE VAQUINHAS
Faculdade de Letras da Universidade de Coimbra

Posfácio

Na entrega pela transformação democrática da sociedade portuguesa houve contributos de natureza vária. Os "católicos progressistas" foram inquestionavelmente um desses contributos de primeira importância. Há uma importante dívida da sociedade portuguesa para com essa gente: a que decorre da coragem de terem rompido com um dos pilares socialmente mais enraizados e culturalmente mais difundidos do salazarismo – a identificação entre missão da Igreja e defesa do regime. A essas gerações de católicos o país, mais do que essa ruptura como ponto de chegada, deve acima de tudo uma mudança cultural de fundo que iniciou um caminho sem retorno: a abertura de janelas de diálogo entre a fé e o mundo da modernidade e do pluralismo que não se revia no reaccionarismo bafiento e repressivo que reinava no país e que não se revê hoje nos novos mandamentos da resignação, da concorrência e do darwinismo social.

Maria de Lourdes Pintasilgo é, sem sombra de dúvidas, a referência maior de todo esse universo. De modo pleno, ela deu corpo à disponibilidade de uma geração de católicos para enfrentar, com grande arrojo, a sisudez e o juízo crítico cruzados dos guardiões do templo do catolicismo conservador e dos guardiões do templo do progressismo regradinho. Neste nosso tempo de clara retracção na respiração pública daqueles católicos que não se resignam ao apartheid instalado em todas as escalas de relacionamento social e de uma tão confrangedora pulsão defensiva de ortodoxias anacrónicas no campo que se reclama do progressismo, a memória de Maria de Lourdes Pintasilgo refresca-nos com a disponibilidade para fazer da cidadania democrática – experimentada e recriada em todos os contextos – um meio autónomo para veicular os valores do Evangelho, assumindo plenamente que os cristãos não são um grupo de pressão organizado na sociedade e que a experiência de Deus não se faz da defesa de nenhum código de valores e comportamentos mas sim da

densificação máxima da experiência humana. Maria de Lourdes legou-
-nos essa enorme provocação que tanto incómodo continua a causar a
tanta gente, de que Deus precisa de ser louvado não precisa de ser defen-
dido.

Nas linhas que dedica a José Policarpo, bispo de Lisboa, Maria de
Lourdes assume por inteiro esse desafio de viver a fé como acto livre e
indomável e, por isso, afirma *"a rejeição do critério legalista do cumprimento dos preceitos e normas – de resto, atitude que atravessa toda a
vida de Jesus e que lhe vale o escândalo e a condenação pelos fariseus.
A separação não vem de fora: não é Jesus que enumera as condições mas
remete-as para a própria pessoa. Há uma fronteira mas ela é estabelecida pela consciência de cada um. E nessa fronteira encontram-se formas
muito diversas de ser contra Cristo e de ser por Cristo."*

Por isso ela se fascinou com a imagem da "Igreja do limiar" do
teólogo Yves Congar: *"Gente que passa junto ao limiar da igreja, uns
pensando-se fora, outros pensando-se dentro. Mas também aqui a fronteira não existe. É um limiar e, só porque por ele passam (pelo facto de
existirem naquela cidade, naquele planeta Terra, no mundo), só por isso
o que é transcendente diz-lhes respeito. A diferença entre uns e outros
não é redutível a "acreditar" ou "não acreditar" (...) Por um lado, os
que tentam seguir Jesus Cristo fazem-no porque nele vêem o caminho
para Deus. Por outro lado, os que amam os mais fracos de entre os
fracos são os que estão perto de Deus. Não há uma fronteira visível na
humanidade, separando a comunidade dos cristãos da comunidade de
toda a humanidade".*

Foi em nome desta não-fronteira, deste limiar, que Maria de Lourdes
Pintasilgo assumiu a política como esfera de testemunho e de transformação das vidas. Como ela vincou num dos seus escritos para mim mais
estimulantes, "a grande empresa não é o plano pensado e repensado, a
estrutura gigantesca que, com os seus tentáculos, tudo vai abafar, nem a
mentalidade renovada, adaptada, ajustada, conformada. A grande empresa
é mudar a vida".

O Portugal rasteirinho – de vernissage ou de loja dos 300, de tertúlia
conspirativa ou de sacristia – nunca lhe perdoou essa ousadia. Esse Portugal da conservação dos interesses e do assobio para o ar nunca lhe
desculpou a desfaçatez de sonhar "coisas que nunca foram" (como lem-
brou o Adelino Gomes), de trazer poesia para o debate político ou de
introduzir linguagem e agendas inexplicavelmente refrescantes – que as

Nações Unidas ou a UNESCO conheciam há muito mas que, em Portugal, eram ainda matérias tabu – para a nossa reflexão política. Esse Portugal de senhoritos que se põem em bicos de pés para serem serventuários do império na Europa nunca lhe reconheceu a grandeza de um notável curriculum internacional, onde pontuam a coordenação da Comissão Mundial sobre População e Qualidade de Vida, a presidência do Comité de Sábios "Para uma Europa dos Direitos Cívicos e Sociais", ou a qualidade de membro do Clube de Roma.

O trabalho de Ana Filomena Amaral é, por isso, um acto de coragem e de justiça, antes de ser um trabalho académico com muitos méritos. Retomar o percurso de Maria de Lurdes Pintasilgo nos anos em que ela marcou, de modo indelével, uma geração de estudantes católicos/as com a densidade do debate e com a ousadia de romper com o infantilismo teológico que era (e é) marca dominante do modo de ser católico em Portugal, é resgatar a busca dessa alternativa em que Maria de Lurdes teimou sempre em acreditar. Porque, como, de forma extremamente certa e bela, lhe escreveu Alexandre Alves Costa em "Palavras Dadas", "não tenho dúvida em exprimir uma nova esperança, porque não sendo o andar que nos cansa, o que cansa é não acreditar".

José Manuel Pureza

Abreviaturas

ACP ou A.C.P.	– Acção Católica Portuguesa
CE	– Comissão Executiva
JACF	– Juventude Agrária Católica Feminina
DD ou D.D.	– Delegações Diocesanas
CADC	– Centro Académico de Democracia Cristã
CODES	– Gabinete de Estudos e Projectos de Desenvolvimento Socio--Económico
CNMP	– Conselho Nacional das Mulheres Portuguesas
JCAC	– Junta Central da Acção Católica
JCF ou J.C.F.	– Juventude Católica Feminina
JOC	– Juventude Operária Católica
JUC ou J.U.C.	– Juventude Universitária Católica
JUCF ou J.U.C.F.	– Juventude Universitária Católica Feminina
LAC	– Liga Agrícola Católica Feminina
LACF	– Liga de Acção Católica Feminina
LEC	– Liga Escolar Católica Feminina
LIC	– Liga Independente Católica Feminina
LOC	– Liga Operária Católica Feminina
LUC	– Liga Universitária Católica Feminina
MCE	– Movimento Católico de Estudantes
MIEC	– Movimento Internacional de Estudantes Católicos
MIIC	– Movimento Internacional de Intelectuais Católicos
MLP	– Maria de Lourdes Pintasilgo
MPF	– Mocidade Portuguesa Feminina
NATO	– North Atlantic Treaty Organization

OCDE	– Organização para a Cooperação e Desenvolvimento Económico
OIT	– Organização Internacional do Trabalho
OMEN	– Obra das Mães para a Educação Nacional
ONU	– Organização das Nações Unidas
UNESCO	– United Nations Educational, Scientific and Cultural Organization
UNITAR	– United Nations Institute for Training and Research
UMAR	– União de Mulheres Alternativa Resposta

Índice

"Como fazer de um afecto uma tese?" 23

1. – Biografia breve de Maria de Lourdes Pintasilgo 27
    1.1. – Origens e formação 27
    1.2. – Percurso profissional e conceitos de vida: os valores cristãos
    e a importância da cidadania 28
    1.3. – A dimensão internacional 33
    1.4. – Títulos honoríficos 35

2. – As associações religiosas em Portugal 37
    2.1. – A Igreja e o Estado Novo nos anos cinquenta – contextuali-
    zação histórica 37
    2.2. – A Acção Católica Portuguesa – breve historial 41
    2.3. – As Juventudes Universitárias Católicas: formação e objectivos ... 47
        2.3.1. – A Juventude Universitária Católica Feminina (JUCF):
        análise sumária a partir dos seus estatutos 47
        2.3.2. – A Juventude Universitária Católica (JUC): abordagem
        sucinta 50
    2.4. – Análise comparativa de estatutos de várias associações femi-
    ninas da época 52
    2.5. – Evolução da JUCF e da JUC durante os anos 40 e 50 – acti-
    vidades desenvolvidas 54

3. – Contextualização histórica da crise académica dos anos 1950 59
    3.1. – O panorama do ensino ao tempo 59
    3.2. – A Universidade Portuguesa na década de cinquenta 62
        3.2.1. – A Universidade como centro de poder 70
        3.2.2. – A crise na Universidade 71

**4. – O I Congresso Nacional da Juventude Universitária Católica de
1953 e o papel de Maria de Lourdes Pintasilgo** 77

20 *Maria de Lourdes Pintasilgo – Os Anos da Juventude Universitária*

4.1. – Objectivos e finalidades 77
4.2. – Estrutura organizativa do Congresso 78
   4.2.1. – Composição e função da Comissão Executiva 80
   4.2.2. – Definição do tema principal, das teses e dos objectivos ... 82
   4.2.3. – A constituição das sub-comissões organizadoras do Con-
      gresso 88
   4.2.4. – Nomeação dos oradores das sessões plenárias 90
   4.2.5. – Realização dos Inquéritos 91
   4.2.6. – Temas de comunicações complementares em torno das
      teses principais 92

5. – O Congresso e os seus aspectos de natureza operacional 97
5.1. – Inscrição dos congressistas 97
5.2. – Angariação de receitas: actividades e benfeitores 99
5.3. – Constituição da Comissão de Honra 100
5.4. – Elaboração do programa do Congresso e do seu símbolo 101
5.5. – Preparação do "jucista" para o Congresso 103
5.6. – Esquematização das reuniões (plenárias e parciais) 105
5.7. – Organização das publicações e redacção da oração de consa-
    gração 108
5.8. – Definição de regras para a recepção dos congressistas 109
5.9. – Apoio internacional 110

6. – O Congresso 113
6.1. – O programa de 15 a 19 de Abril de 1953 113
6.2. – Intervenções de Maria de Lourdes Pintasilgo no Congresso 118
   6.2.1. – Comunicação ao Congresso "A mulher na Universi-
      dade" 118
   6.2.2. – Discurso de encerramento "O Congresso e a renovação
      da Universidade" 133
6.3. – Outras intervenções subordinadas ao tema "mulher universitária" . 137
6.4. – Conclusões e objectivos futuros do Congresso 140
   6.4.1. – Sobre a fundação de uma Universidade Católica 144
6.5. – Estatística do Congresso 145
6.6. – Críticas ao Congresso 148

7. – Análise dos Inquéritos 151
7.1. – Introdução 151
7.2. – "1ª Parte – A população universitária. Aspectos estruturais e
    evolução recente" 156
7.3. – "2ª Parte – Resultados do Inquérito" 160

Índice

8. – O Congresso na Imprensa da época 181
    8.1. – Confronto entre a cobertura realizada pela imprensa católica
      e laica 181

**9. – Maria de Lourdes Pintasilgo e os movimentos de mulheres nos
anos cinquenta** 187
    9.1. – Breve apresentação 187

10. – Tese e afecto, afinal... 193

Fontes e Bibliografia 199

Índice e fonte das imagens 207

Anexos 209

Índice de anexos 211

"Como fazer de um afecto uma tese?"

A frase acima transcrita, e que nos serve de título a esta introdução, é de Maria de Lourdes Pintasilgo, que a utiliza na apresentação do seu livro "Palavras dadas", publicado postumamente, em 2005.

Optar por um tema para uma tese de mestrado implica, na minha opinião, antes de mais, que nos sintamos atraídos, seduzidos pela ideia de o investigar e de escrever sobre ele, porque sem afecto, sem emoção, dificilmente haverá aprendizagem, diz-nos António Damásio.

Com efeito, a personalidade de Maria de Lourdes Pintasilgo desde sempre me fascinou, bem como a sua coerência e o seu percurso de vida. No entanto, penso que tudo aconteceu, provavelmente, por mero acaso. Assim, numa homenagem que o grupo da Cooperativa Arte-Via, da Lousã, da qual sou membro, organizou a Maria de Lourdes Pintasilgo, conheci uma sua familiar, Fátima Grácio, actual presidente da "Fundação Cuidar o Futuro", instituição fundada por Maria de Lourdes, à qual doou todo o seu espólio documental. No decurso de uma conversa, sobre as razões que nos motivaram para a organização da homenagem, referi que estava a fazer o mestrado e que gostaria de elaborar a tese no âmbito da história das mulheres. No momento em que verbalizei essa afirmação, questionou-me sobre a hipótese de a fazer sobre Maria de Lourdes Pintasilgo. Foi, pois, assim, que tudo começou.

Consultei então a Dra. Fátima Grácio sobre a possibilidade de aceder ao arquivo da Fundação, o qual ainda não se encontrava em processo de tratamento arquivístico e, por essa razão, só em casos muito excepcionais poderia ser consultado. Após ter obtido a sua anuência, apresentei a ideia à minha orientadora, Prof.ª Doutora Irene Vaquinhas, que concordou com o título: "Maria de Lourdes Pintasilgo. 1952-1956 – Os anos da Juventude Universitária Católica Feminina".

O título só ganhou forma depois de uma primeira visita aos arquivos e de um contacto preliminar com as fontes que, para além de serem em

24 *Maria de Lourdes Pintasilgo – Os Anos da Juventude Universitária*

grande quantidade eram, sem dúvida nenhuma, muito interessantes, do ponto de vista histórico. Havia, portanto, que estabelecer limites temporais e cronológicos, o que não se tornou difícil, já que a primeira grande intervenção pública de Maria de Lourdes Pintasilgo, foi como presidente da Juventude Universitária Católica Feminina, entre 1952 e 1956. Encontrava-se, assim, definido o âmbito do meu trabalho. Faltava definir a metodologia que iria orientar a investigação e gizar o plano prévio.

Uma vez que se tratava de documentos inéditos, fundo documental de um arquivo privado[1] (Fundação "Cuidar o Futuro"), ainda em fase de inventariação, estava consciente das dificuldades que se me iriam deparar, sobretudo em termos de metodologia de pesquisa e de acesso, uma vez que não podia aceder aos documentos sempre que necessitasse, nem de uma forma imediata. No entanto, quero aqui relevar, que este arquivo possui todo o imenso e rico espólio documental de Maria de Lourdes Pintasilgo, o qual, segundo informação da própria fundação, estará disponível na Internet a partir de 2008, e assim acessível a todos os que queiram trabalhar sobre ele.

Em termos de metodologia, e uma vez que se tratava de documentos nunca antes sujeitos a investigação, pensei dar primazia às fontes, em detrimento de obras já publicadas. Contudo, estas foram fundamentais e imprescindíveis para o enquadramento, contextualização e fundamentação histórica do trabalho, que constitui uma sistematização sobre uma parte do percurso de vida de Maria de Lourdes Pintasilgo. A sua estrutura obedece sobretudo a critérios de relações lógicas que se vão entretecendo ao longo dos doze capítulos, incluindo a bibliografia.

Até ao capítulo terceiro, com excepção do caso da biografia resumida de Maria de Lourdes Pintasilgo, tentei fazer uma contextualização histórica do período entre 1952 e 1956, âmbito cronológico desta tese, referindo-me às associações religiosas e à Acção Católica Portuguesa, bem

---

[1] Os Arquivos privados constituem conjuntos de documentos resultantes da vida e das actividades desenvolvidas por pessoas físicas ou jurídicas, cujas ideias, iniciativas, actuação ou actividades possam ter algum interesse para a pesquisa. São múltiplas as possibilidades de pesquisa que têm contribuído para que arquivos públicos, bibliotecas, museus e centros de documentação se transformem, cada vez mais, em depositários de arquivos pessoais. Para mais informação ver, entre outras, o artigo de Heloísa Liberalli Bellotto, "Arquivos pessoais como fonte de pesquisa", in *Arquivos permanentes: tratamento documental*, São Paulo, T.A.Queiroz, 1991, pp.177-182.

"Como Fazer de um Afecto uma Tese?" 25

como às relações entre a Igreja e o Estado. Dado tratar-se de um tema que tem a ver com o ensino, mais especificamente com o ensino superior, tracei um breve retrato da situação da educação em Portugal, em particular da Universidade e do seu papel na sociedade da época. Os cinco capítulos seguintes são dedicados ao I Congresso Nacional da Juventude Universitária Católica, núcleo central deste trabalho, já que constituiu a grande realização de Maria de Lourdes Pintasilgo, como presidente da JUCF e presidente da Comissão Executiva do congresso, em parceria com Adérito Sedas Nunes. Nestes capítulos são referidas todas as fases, desde a concepção, passando pela estrutura organizativa, operacionalização, concretização, com o programa detalhado, conclusões e objectivos futuros, apoio internacional, estatística, atenção dada pela imprensa e críticas que esse evento suscitou.

Enfatizamos o momento das intervenções ao congresso de Maria de Lourdes Pintasilgo sobre a mulher na Universidade, bem como outras comunicações de mulheres, que se debruçaram sobre essa temática. Demos ainda atenção especial às comunicações sobre a fundação da Universidade Católica, uma vez que era um objectivo premente das mais altas estruturas eclesiásticas. Os primeiros e segundos inquéritos, promovidos pelas direcções da JUC e JUCF, tiveram um relevo especial devido à sua importância para o conhecimento da realidade universitária da época. Destacamos algumas perguntas do extenso questionário, cujas respostas nos pareceram mais relevantes, no contexto do trabalho em curso.

O capítulo nono, foi integrado neste trabalho como o sucedâneo lógico da actividade mais intensa de Maria de Lourdes Pintasilgo: o seu permanente envolvimento na luta pela igualdade do género. A questão da igualdade percorre toda a sua vida e ocupa lugar de destaque nas suas inúmeras intervenções e no seu percurso internacional. Maria de Lourdes Pintasilgo foi uma mulher desde cedo preocupada com a luta das mulheres. Assim, esse tema encerra a tese como a conclusão, para mim óbvia, de uma dissertação no âmbito da história de uma mulher.

Sendo este período relativamente recente, pensei que não me deveria cingir apenas às fontes impressas, mas tentar "ouvir" pessoas que, nessa época, tivessem trabalhado e convivido com Maria de Lourdes e pudessem dar o seu testemunho na primeira pessoa. Consegui realmente esse contributo, o qual muito enriqueceu o texto e trespassou estas páginas de autenticidade e de vida o que, na minha opinião, é sempre importante em qualquer trabalho, sobretudo de carácter científico. Os testemunhos foram incluídos, na íntegra, nos anexos.

Tentei transformar um afecto numa tese, mantendo a objectividade e a imparcialidade histórica como quesitos basilares, analisando e questionando as fontes tanto quanto me foi possível, sintetizando e sistematizando sempre que achei oportuno e, sobretudo, impregnando estas páginas de rigor científico e de entusiasmo pela investigação e pelo tema escolhido.

Esta dissertação só se tornou possível graças ao apoio, incentivo e ajuda da minha orientadora, Prof.ª Doutora Irene Vaquinhas, cuja mestria a orientar este trabalho me deu coragem para continuar. Agradeço também à Dra. Fátima Grácio e Paula Borges que me fizeram o favor de permitir o acesso ao arquivo da Fundação Cuidar o Futuro; à Dra. Eliana Gersão e ao Dr. José Manuel Pureza a sua ajuda para aceder a pessoas das suas relações; ao Dr. Paulo Fontes as suas sugestões; à Dra. Graça Toscano, a sua disponibilidade para me apoiar na pesquisa; ao Dr. Mário Bigotte Chorão, os contactos com os depoentes, nomeadamente a Eng.ª Elina Neves, Dr. Mário Bento e D. Eurico Dias Nogueira, aos quais estou muito grata. Por fim, à minha família, em especial à minha filha Ester Simões e ao meu marido Casimiro Simões, que me apoiaram durante este tempo. A todos, os meus agradecimentos, em meu nome e em nome da mulher.

Espero e desejo que estas páginas contribuam para o conhecimento da vida e obra de Maria de Lourdes Pintasilgo, e que possam vir a seduzir outros investigadores para se debruçarem sobre o riquíssimo espólio documental da Fundação "Cuidar o Futuro".

1. – Biografia breve de Maria de Lourdes Pintasilgo

IMAGEM 1 – Maria de Lourdes Pintasilgo.
FONTE: Arquivo da *Fundação Cuidar o Futuro*.

1.1. – Origens e formação

Maria de Lourdes Pintasilgo nasceu a 18 de Janeiro de 1930, em Abrantes, filha de Jaime de Matos Pintasilgo, industrial de lanifícios da Covilhã, e de Amélia do Carmo Ruivo da Silva Matos Pintasilgo[2]. Passou a sua infância e adolescência num ambiente não cristão e agnóstico.

A familiar com quem manteve uma relação mais próxima foi com a sua avó materna, Raquel do Carmo Ruivo da Silva. No ano de 1933 nasceu o seu irmão, José Manuel Matos Ruivo da Silva Pintasilgo, que seguiu a carreira de jornalista e faleceu em 1983. Quatro anos mais tarde, a família mudou-se para Lisboa e Maria de Lourdes Pintasilgo foi matriculada no Colégio Garrett, onde completou a instrução primária. Já no

---

[2] Estes dados de carácter biográfico foram elaborados a partir de elementos disponíveis no Arquivo da Fundação "Cuidar o Futuro", pasta "Congresso da JUC".

28   *Maria de Lourdes Pintasilgo – Os Anos da Juventude Universitária*

ano de 1940, passou a frequentar o Liceu D. Filipa de Lencastre, onde terminou o seu percurso liceal, em 1947, tendo ganho, por duas vezes, o Prémio Nacional de melhor aluno do ensino liceal.

Optou pelo curso de engenharia químico-industrial, do Instituto Superior Técnico de Lisboa, sendo uma das três estudantes do sexo feminino, entre os 250 alunos do seu ano. Terminou a licenciatura, em 1953, com 23 anos.

Foi presidente da Juventude Universitária Católica, de 1952 a 1956, e organizou, em conjunto com Adérito Sedas Nunes, o I Congresso Nacional da Juventude Universitária Católica, tendo os dois assumido a presidência da Comissão Executiva.

O impacto que este congresso teve na época, nos meios católicos como entre o laicado, levou a que fosse eleita para presidente do Movimento Internacional de Estudantes Católicos, Pax Romana, cargo que exerceu de 1956 a 1958.

Foi nessa função que assumiu a presidência do I Seminário de Estudantes Africanos, que se realizou no Gana, bem como presidiu à assembleia geral ao Congresso Mundial de Estudantes e Intelectuais Católicos, que teve lugar em Viena, no ano de 1958.

1.2. – Percurso profissional e conceitos de vida: os valores cristãos e a importância da cidadania

Maria de Lourdes Pintasilgo começou como investigadora da Junta Nacional de Energia Nuclear, em Setembro de 1953, tendo obtido uma bolsa do Instituto de Alta Cultura. No ano seguinte, foi nomeada chefe de serviço no Departamento de Investigação da Companhia União Fabril (CUF), quebrando assim a prática de apenas serem admitidos homens na função de técnicos superiores. Esse período da sua vida profissional foi repartido entre as fábricas do Barreiro e os Centros de Investigação de Sacavém e de Lisboa, vindo a dirigir os projectos do Departamento de Estudos e Projectos da CUF, de 1954 a 1960. Durante estes seis anos releva-se a edição da revista da especialidade "Indústria" e a realização de colóquios de actualização científica.

Na sua vida profissional, Maria de Lourdes Pintasilgo sempre se pautou por valores cristãos, fazendo deles também a sua missão e concretizando-os nas suas actividades sociais e cívicas. Uma das suas mais importantes realizações, neste âmbito, foi a fundação do movimento internacional "Graal"[3], em 1957, com Teresa Santa Clara Gomes[4].

IMAGEM 2 – Maria de Lourdes Pintasilgo, de pé, com as suas companheiras do Graal.
FONTE: Luísa Beltrão, *Uma História para o Futuro*, Lisboa, Tribuna, 2007, p. 125.

---

[3] O Movimento Internacional de Mulheres, Graal, fundado em 1957, envolve mulheres de todos os níveis sociais e de todas as profissões e tem como objectivos a vivência dos valores cristãos e a sua difusão na sociedade. Surgiu, pela primeira vez na Holanda, em 1921 e hoje encontra-se espalhado por todo o mundo. Paulo de Oliveira Fontes "Movimentos eclesiais contemporâneos", *Dicionário de História Religiosa de Portugal*, Vol. IV, dir. Carlos Moreira Azevedo, Lisboa, Círculo de Leitores, 2001, p. 465. pp. 459-470.

[4] Teresa Santa Clara Gomes (1936-1996), esteve sempre envolvida em diversas actividades na área sócio-cultural e mesmo política. Fundadora do Movimento Internacional Graal, em conjunto com Maria de Lourdes Pintasilgo, promoveu vários projectos no âmbito social e de alfabetização, nos anos de 1960 e 1970, no contexto desse movimento. Paulo de Oliveira Fontes "Catolicismo social", *Dicionário de História Religiosa de Portugal*, Vol. I, *op. cit.*, p. 320.

30 *Maria de Lourdes Pintasilgo – Os Anos da Juventude Universitária*

Aliás, no período entre 1964 e 1969, exerceu a função de vice-presidente internacional, desse movimento. Nessa qualidade, desenvolveu e coordenou vários projectos no âmbito da luta pela emancipação das mulheres, bem como ao nível social e cultural.

No III Congresso Mundial do Apostolado dos Leigos, em Roma, no ano de 1967, participa, representando o Graal. Foi, precisamente, no âmbito desse movimento que promoveu alguns dos projectos que se elencam: 1996 – 2000 – Para uma sociedade activa, no contexto do IV Programa para a Igualdade de Oportunidades entre as Mulheres e os Homens; 1999-2000 – Eixo Now[5]; 1989-2004 – Rede Lien[6]; 2001-2002 – Trabalho e família – Responsabilidade total[7]; 2001 – Banco de Tempo[8], tendo a colaboração da Comissão para a Igualdade no Trabalho e no Emprego e da Comissão para a Igualdade e os Direitos das Mulheres.

Tendo Maria de Lourdes Pintasilgo sido convidada, por Marcelo Caetano, para fazer parte da lista de deputados à Assembleia Nacional, recusa, e aceita a designação de procuradora à Câmara Corporativa na Secção XII – Interesses de ordem administrativa, 1ª Subsecção: Política e Administração Geral, em Novembro de 1969.

---

[5] A iniciativa comunitária Emprego-Eixo NOW (New Opportunities for Women – Novas Oportunidades para as Mulheres), de 1999, tinha como objectivo apoiar iniciativas de auto-emprego de mulheres que pretendiam obter o melhor de dois mundos: uma vida profissional bem sucedida e uma vida familiar gratificante.

[6] A Rede LIEN começou a sua actividade em 1989, a partir dos contactos entre Maria de Lourdes Pintasilgo (Portugal), Kerstin Jacobsson (Suécia) e Alison Micklem (Inglaterra) com o objectivo de proporcionar formação a jovens mulheres europeias, diplomadas, de vários países, aliando dimensões de descoberta e aprofundamento pessoal com vista à intervenção cívica e sócio-cultural. www. graal.org.pt/índex (12/12/07, 14.00 horas).

[7] No âmbito do programa europeu EQUAL, o projecto "Trabalho & Família – Responsabilidade Total" visa a promoção do debate, pesquisa e implantação, em colaboração com os CTT (Correios de Portugal), de uma série de medidas relacionadas com a organização do trabalho de forma a facilitar a conciliação entre a vida pessoal e a vida profissional. www. webgate.ec.europa.eu/equal/jsp (12/12/07, 15.00 horas)

[8] O Banco de Tempo é um banco muito semelhante a todos os outros. Opera através de agências, utiliza o sistema de cheques, depósitos, mas tem a particularidade de utilizar o tempo como moeda de troca.

O Banco de Tempo funciona da seguinte forma: qualquer investidor que esteja disposto a dar uma hora do seu tempo para prestar um conjunto de serviços, recebe em retribuição uma hora para utilizar em benefício próprio. www.graal.org.pt/indexficheiros (12/12/07, 15.00 horas).

Biografia breve de Maria de Lourdes Pintasilgo 31

Exerceu essa função até Abril de 1974, tendo assinado alguns pareceres, nomeadamente sobre liberdade de imprensa, modelo de desenvolvimento económico e alterações à Constituição, com o "voto de vencida".

Foi consultora do Secretário de Estado do Trabalho e Previdência, bem como do Ministério das Corporações e Previdência Social, no período entre 1970 e 1973.

Como presidente do Grupo de Trabalho para a Participação da Mulher na Vida Económica e Social, tutelado pela Secretaria de Estado do Trabalho, esteve presente na Assembleia Geral da ONU, representando a Delegação Portuguesa, onde apresentou cinco intervenções no âmbito da situação social no mundo, em Outubro de 1971; do direito dos povos à sua auto-determinação, em Novembro de 1972; e da liberdade religiosa, em Dezembro do mesmo ano.

Ainda no contexto das Nações Unidas, fez várias tentativas para negociar o fim da Guerra Colonial, todas elas infrutíferas. Integrou a Comissão para a Política Social relativa à Mulher, mais tarde, designada Comissão da Condição Feminina, tendo sido nomeada para as funções de presidente, as quais exerceu de 1973 a 1974.

Com a revolução do 25 de Abril de 1974 assumiu novos cargos: primeiro como Secretária de Estado da Segurança Social, no I Governo Provisório; depois como ministra dos Assuntos Sociais, nos II e III Governos Provisórios, cujo programa lhe granjeou a classificação de programa-modelo atribuído pelo Secretariado do Desenvolvimento Social para a Europa da ONU. Volta à presidência da Comissão da Condição Feminina em 1975, onde se mantém até ser empossada no cargo de embaixadora junto das Nações Unidas para a Educação, Ciência e Cultura, de 1975 a 1979. Na Conferência Geral da Unesco, realizada em 1976, em Nairobi, foi eleita, por quatro anos, para membro do Conselho Executivo desse organismo internacional, cargo que exerceu durante quatro anos.

Em 1979, Maria de Lourdes Pintasilgo aceita a indigitação feita pelo General Ramalho Eanes, na altura presidente da República, para chefiar o V Governo Constitucional o qual, como governo de gestão, tinha por objectivo a preparação das eleições legislativas intercalares agendadas para Novembro desse ano. É, ainda, como consultora de Ramalho Eanes que fica incumbida do dossier Timor-Leste.

IMAGEM 3 – Maria de Lourdes Pintasilgo com o General Ramalho Eanes, na altura Presidente da República, na tomada de posse como primeira ministra do 5º Governo Constitucional.
FONTE: Arquivo da *Fundação Cuidar o Futuro*.

Todo o percurso de vida de Maria de Lourdes Pintasilgo foi marcado pela dinamização de movimentos cívicos e sociais, como via para a concretização de uma verdadeira democracia. É o caso, entre outros, da "Rede de Mulheres" (1980-86); do Movimento para o Aprofundamento da Democracia (MAD) (1982-85) e da Plataforma Europeia para o Ambiente.

Nas eleições presidenciais de 1986 apresentou-se como candidata independente e, apesar de não ter por detrás qualquer máquina partidária de suporte, chegou a figurar, nas sondagens, como a candidata preferida pelos portugueses. Foi, no entanto, derrotada à primeira volta e regressa à política internacional, como deputada independente, no Parlamento Europeu, pelo Partido Socialista.

IMAGEM 4 – Maria de Lourdes Pintasilgo numa acção de campanha como candidata independente à Presidência da República.
Fonte: Arquivo da *Fundação Cuidar o Futuro*.

1.3. – A dimensão internacional

Em toda a sua vida esteve presente a dimensão internacional, quer como cristã, quer como activista dos direitos cívicos, sociais e políticos. Maria de Lourdes Pintasilgo tornou-se uma reputada intelectual católica, reconhecida, sobretudo, no estrangeiro. É precisamente a nível internacional que vai continuar a sua actividade nos anos 1980. Assim, a partir de 1982, foi membro do conselho directivo do "World Policy Institute" da "New School of Social Research", em Nova Iorque; em 1983 integra o Conselho de Interacção de Ex-chefes de Governo, criado por Kurt Waldheim, Leopold Senghor e Helmut Schmidt e assumiu a sua vicepresidência, de 1988 a 1993.

Entre 1983 e 1989 foi membro do Conselho Directivo da Universidade das Nações, designada pelo Secretário-Geral da ONU, bem como pelo Director-Geral da Unesco e pelo Vaticano.

Da mesma forma, de 1989 a 1991, fez parte do Conselho da Ciência e da Tecnologia ao Serviço do Desenvolvimento, do Grupo de Peritos da OCDE sobre "A Mudança Estrutural e o Emprego das Mulheres", convidada pelo Secretário-Geral dessa organização.

IMAGEM 5 – Maria de Lourdes Pintasilgo, embaixadora da UNESCO, numa recepção na embaixada do EUA em Paris.
FONTE: Luísa Beltrão, *op. cit.*, p. 211.

34 *Maria de Lourdes Pintasilgo – Os Anos da Juventude Universitária*

Desempenhou ainda o cargo de conselheira do Reitor da Universidade das Nações Unidas, entre 1990 e 1992 e, até 1994, presidiu ao Grupo de Peritos do Conselho da Europa sobre Igualdade e Democracia. A convite dos governos de vários países e organizações internacionais, entre as quais a ONU e o Banco Mundial, presidiu, de 1992 a 1997, à Comissão Independente para a População e Qualidade de Vida, bem como ao Conselho Directivo do Instituto Mundial de Investigação sobre Desenvolvimento Económico da Universidade das Nações Unidas, no período entre 1993 e 1998, e ao Comité dos Sábios, convidada pelo Presidente da Comissão Europeia.

Maria de Lourdes Pintasilgo foi uma figura assídua de colóquios, de encontros, de congressos, organizados pelas mais diversas instituições, entre as quais, a OCDE, a ONU, o UNITAR, a OIT, a NATO, a UNESCO, entre outras. As intervenções relacionavam-se sobretudo com as suas preocupações sociais a nível mundial, a participação das mulheres na sociedade, o desenvolvimento e a qualidade de vida, a teologia, entre muitas outras temáticas que a motivaram.

Mais concretamente, participou nas seguintes organizações: Fundação Europa – América Latina (1984); Clube de Roma, em Paris (1984); Sisterhood´s Global Institute, em Nova Iorque (1986), tornando-se sua presidente, em 1994; do comité consultivo do Synergos Institute, Nova Iorque (1988); do Instituto para o Desenvolvimento e a Acção Cultural (IDAC), Rio de Janeiro (1997); do Institute for Democratic Electoral Assistance, em Estocolmo (1997); do Conselho de Women World Leaders, em Cambridge (1998) e membro do World Order Model´s Project (1998).

Em 1984 fez parte da "Pax Christi" e do "Movimento Internacional de Mulheres Cristãs". Exerceu ainda a profissão de docente na Universidade Internacional de Lisboa, em 1987 e, mais tarde, na Universidade Aberta de Lisboa, no Mestrado em Relações Interculturais, tendo leccionado a cadeira de "Nacionalidade, Cidadania e Identidade Cultural". Integrou o Conselho Nacional de Ética para as Ciências da Vida, eleita pela Assembleia da República, no período entre 1999 e 2001, no momento em que institui a Fundação "Cuidar o Futuro" e assume a sua presidência.

IMAGEM 6 – Maria de Lourdes Pintasilgo aquando do seu doutoramento
"honoris causa" pela Universidade Católica de Lovaina, em 1990.
FONTE: Arquivo da *Fundação Cuidar o Futuro*.

1.4. – Títulos honoríficos

Maria de Lourdes foi agraciada com diversos títulos honoríficos, entre os quais destacamos o doutoramento "honoris causa" pela Universidade Católica de Lovaina, no ano de 1990. Em 1981 foi distinguida com a Grã-Cruz da Ordem Militar de Cristo, sendo a primeira mulher a ser agraciada com essa condecoração, e com a Grã-Cruz da Ordem do Infante (1994) e a Medalha Machado de Assis pela Academia Brasileira de Letras, em 1994 e 1997, respectivamente.

Maria de Lourdes Pintasilgo possui uma imensa e eclética obra publicada, desde ensaios, conferências, artigos e prefácios. É de salientar aqui alguns títulos: *Sulcos do nosso querer comum*, (Porto, Ed. Afrontamento, 1980); *Imaginar a Igreja*, (Lisboa, Ed. Multinova, 1980); *Les nouveaux féminismes: question pour les chrétiens?*, (Paris, Éditions du Cerf, 1980); *As dimensões da mudança*, (Porto, Ed. Afrontamento, 1985); *As minhas respostas*, (Lisboa, Ed. D. Quixote, 1985).

Prefaciou a segunda edição das *Novas Cartas Portuguesas*, de Maria Isabel Barreno, Maria Teresa Horta e Maria Velho da Costa[9], editada em 1974, e também a obra de Maria Regina Tavares da Silva, *A Mulher – Bibliografia Portuguesa Anotada (1518-1998)*, (Lisboa, Cosmos, 1999). O seu último livro, *Palavras Dadas*, foi editado postumamente, em 2005, pela editora Livros Horizonte.

---

[9] "A publicação, em 1972, em Portugal, ao tempo da ditadura, das Novas Cartas Portuguesas, das três Marias, é um exemplo particularmente esclarecedor. Este livro a três vozes, no qual se entrelaçam poemeas, análises e narrativas, ousa o que a cultura dominante recalca num silêncio assassino. Acusação ao editor. Censura e processos por ultraje à moral pública e aos bons costumes", Marcelle Marini, "O lugar das mulheres na produção cultural. O exemplo de França", *História das mulheres*, Vol. V, dir. Françoise Thébaud, Porto, Edições Afrontamento, 1991, p. 354. 351-379

2. – As associações religiosas em Portugal

2.1. – A Igreja e o Estado nos anos cinquenta – contextualização histórica

O Estado Novo, nos anos 1950, sofria já de desgaste e a forma de conseguir manter ainda alguma eficácia era tentar impulsionar a economia e o desenvolvimento do país. Nesse contexto, foi implementado, em 1953, o I Plano de Fomento[10].

Ao tempo, Portugal vivia um crescimento económico relativo que despoletou algumas transformações de ordem social, nomeadamente, o aumento da população urbana e dos assalariados industriais.

"Saber durar" era o lema de Salazar em termos políticos. Depois das revisões constitucionais de 1945 e de 1951, o Estado Novo permitia-se agir de forma a preservar o poder sem grandes agitações. No entanto, não conseguiu evitar o confronto e a oposição que se manifestam nas eleições presidenciais de 1958, bem como a crítica cerrada à política colonial que violava a Carta das Nações Unidas e a Declaração Universal dos Direitos do Homem, aprovadas em 1945 e em 1948, respectivamente.

Como refere Fernando Rosas, "O "Verão quente" de 1958 evoluía para uma crise profunda e sem saída do regime. A questão colonial transformava-se em guerra colonial. Um novo ciclo da evolução política de

---

[10] O I Plano de Fomento Nacional teve início em 1953 e manteve-se até ao ano de 1958, sendo o seu objectivo conciliar áreas de investimento estratégico para o desenvolvimento do país, nomeadamente a indústria, a agricultura, os transportes e comunicações e as escolas técnicas. Sobre o assunto, veja-se Carlos Farinha Rodrigues, "Planos de Fomento", *Dicionário de História do Estado Novo*, vol. II, dir. Fernando Rosas e J. M. Brandão de Brito, Lisboa, Círculo de Leitores, 1996, p. 740. pp. 739-742.

Portugal e do próprio Estado Novo iniciou-se. O salazarismo entrava na sua fase terminal"[11].

No que diz respeito à Igreja, a Concordata[12], assinada pelo Estado português e pela Santa Sé, a 7 de Maio de 1940, garantia o livre exercício da sua autoridade e culto bem como a fundação de escolas de todos os níveis de ensino.

Assim, durante o Estado Novo vivia-se um regime "concordatário de separação" marcado por duas fases: uma que vai de 1926 até à assinatura da Concordata em 1940, que se pode caracterizar por ser uma época de "progressiva aproximação" e outra que coincide com o período do pós--guerra com "crescentes problemas e tensões" com a Santa Sé, quer internos, quer externos, que se expressam na atitude de vários bispos, entre os quais o da Beira e o do Porto, à qual nos reportaremos mais à frente.

IMAGEM 7 – Oliveira Salazar, presidente do Conselho e ministro dos Negócios Estrangeiros, ao lado do Núncio Apostólico, no momento da assinatura da Concordata com a Santa Sé, em Julho de 1946.
FONTE: *A Vida das Imagens*, Diário de Notícias, Lisboa, 1989, pág. 69.

---

[11] Fernando Rosas, *Nova História de Portugal, Portugal e o Estado Novo (1930--1960)*, Lisboa, Ed. Presença, 1992, p. 85.

[12] A Concordata de separação assinada, em 1940, entre a Santa Sé e o Estado português determina que nem o Estado se deve imiscuir nas questões da Igreja nem a Igreja deve interferir nos assuntos do Estado. "Recusava-se o confessionalismo do Estado e o proteccionismo público à Igreja, sob a forma de subvenções ou subsídios. Mas assegurava-se a liberdade religiosa". Manuel Braga da Cruz, "Concordata Acordo Missionário", in *Dicionário de História do Estado Novo*, dir. Fernando Rosas e J. M. Brandão de Brito, Vol. I, Lisboa, Círculo de Leitores, 1996, p. 182.

As Associações Religiosas em Portugal · 39

Como afirma Manuel Braga da Cruz, "Com o tempo aumentaram de tom as acusações, internas e externas, de comprometimento da Igreja com o Estado, a que sucessivas vezes respondeu o Cardeal Cerejeira (...) Foi posta assim uma questão confessional que levaria à inclusão na Constituição, com a revisão de 1951, da designação "religião da Nação Portuguesa"[13].

Sendo o catolicismo social e o conservadorismo nacionalista as matrizes do salazarismo, é compreensível que a prática do governo estadonovista se vincule pela tentativa de manter relações pacíficas e amistosas com a Igreja, até porque Salazar foi dirigente do Partido Católico e os quadros dirigentes são oriundos do movimento católico[14]. No entanto, a separação entre estas duas instituições era um facto inquestionável. Como esclarece José Eduardo Franco "(...) é, efectivamente, no contexto do regime ditatorial instaurado em 1926 que a Igreja inicia a sua recuperação progressiva de terreno em matéria de ensino, ao lado da reconquista de influência em matéria cultural, social e política"[15].

O Estado Novo veio possibilitar à Igreja voltar a assumir a sua influência na sociedade portuguesa e a Constituição de 1933 veio concretizá-la efectivamente, para além de reforçar o regime de separação entre a Igreja e o Estado. Encontrava-se, assim, restaurada a possibilidade de recristianização da sociedade, almejada pela hierarquia católica.

Estavam apaziguadas as relações entre o Estado e a Igreja. No entanto, durante a década de 50, os factores de desestabilização vão começar a miná-las, sobretudo da parte dos "católicos sociais", decepcionados com o lento evoluir do corporativismo e com o desrespeito pelas liberdades e direitos que consideravam fundamentais. Fernando Rosas refere-se a esta situação dizendo que o "equilíbrio saldado pela Concordata bem depressa começaria a ser perturbado por problemas internos entre o Estado e o episcopado, e entre o Estado e os movimentos da Acção Católica, sobre questões ora de liberdade religiosa ora de educação, ora ainda de ordem

---

[13] Manuel Braga da Cruz, "Igreja e Estado", *Dicionário de História Religiosa de Portugal*, Vol. 2, dir. Carlos Moreira Azevedo, Lisboa, Círculo de Leitores, 2000, p. 409.

[14] Manuel Braga da Cruz , *O partido e o Estado no Salazarismo*, Lisboa, Editorial Presença, 1988, p. 171.

[15] José Eduardo Franco, "Ensino IV – Época contemporânea", *Dicionário de História Religiosa de Portugal*, Vol. 2, *op. cit.*, p. 128.

social e até política, como também por tensões externas entre o Estado e o Vaticano relacionadas com o Padroado e a missionação"[16].

Esta situação levou a uma crescente politização da actuação de alguns católicos e a uma corrosão cada vez maior das relações entre o Estado e a Igreja sem, no entanto, se chegar a uma ruptura, uma vez que o Governo podia sempre, com o seu direito de objecção, discordar do Episcopado no que respeita à nomeação dos bispos, o que mantinha a Igreja mais submissa[17].

Este é o período, por excelência, de afirmação da Igreja Católica Portuguesa como instituição, expressa não só pelo elevado número de vocações, de religiosos e de movimentos para leigos que se dedicam ao apostolado social, da educação e da saúde.

Também os meios de comunicação da Igreja, como a Rádio Renascença, o jornal *Novidades*, e as revistas "Brotéria", ligada à Ordem dos Jesuítas, e a "Lúmen", do próprio Episcopado, conhecem uma grande expansão e desenvolvem uma acção decisiva para esta afirmação.

Neste contexto, a Igreja vai envidar todos os esforços na criação de uma Universidade Católica Portuguesa, tema que esteve em destaque no I Congresso da Juventude Universitária Católica, em 1953 e cujo principal mentor foi o Cardeal Patriarca de Lisboa, D. Manuel Gonçalves Cerejeira, o que lhe valeu, o título de "fundador". A Universidade Católica Portuguesa foi inaugurada em 1968 e o Estado reconheceu-lhe o estatuto de instituição de ensino de utilidade pública, nas áreas da cultura e das ciências, concedendo-lhe o direito de outorgar diplomas em todos os níveis de ensino, incluindo o superior.

Em jeito de conclusão e citando Manuel Luís Marinho Antunes, "A Igreja Católica é uma instituição presente na sociedade portuguesa não só desde os primórdios da história do País, como Estado independente, mas também já alguns séculos antes disso (...) Os séculos que já leva de história ininterrupta asseguram-lhe uma posição e funções sociais de tal modo relevantes e sedimentadas como talvez se não verifique com nenhuma outra instituição em Portugal"[18].

---

[16] Fernando Rosas, *op. cit.*, p. 211.

[17] Franco Nogueira, *Um político confessa-se, Diário – 1960-68*, Porto, Civilização, 1986, p. 32.

[18] Manuel Luís Marinho Antunes "Notas sobre a organização e os meios de intervenção da Igreja Católica em Portugal: 1950-80", in *Análise Social*, número 72-73-74, Vol. XVIII, Lisboa, Instituto de Ciências Sociais da Universidade de Lisboa, 1982, p. 1141.

2.2. – A Acção Católica Portuguesa – breve historial

Ao longo de todo o século XX, a Igreja debateu-se com a questão do seu papel na sociedade. No decurso dessa centúria, vai assistir-se a uma afirmação do catolicismo, materializada na criação de várias organizações, bem como num processo de "reconquista cristã da sociedade", depois do varrimento da onda laicizadora da I República.

De acordo, ainda, com o magistério de Leão XIII (1878-1903), conhecido como "o papa das encíclicas", sendo a "Rerum Novarum", de 1891, a mais marcante, por introduzir os direitos e os deveres do capital e do trabalho e a ideia de subsidariedade no pensamento católico, era necessário que a Igreja contribuísse para a difusão do catolicismo social e para a implantação da democracia cristã em Portugal.

À época tornava-se imperioso formular um outro posicionamento da Igreja e converter a religião católica num factor de identidade e de unidade nacionais. Emerge ao tempo uma nova sensibilidade religiosa, sobretudo, no seio da juventude. As palavras de comando "renovação, revigoramento e reorganização", encontravam expressão nas sucessivas pastorais, nomeadamente as redigidas por Manuel Gonçalves Cerejeira, cardeal-patriarca de Lisboa.

Com o novo regime saído do movimento de 28 de Maio de 1926, a Igreja Católica sentiu que, mais do que nunca, era chegada a hora de uma profunda reestruturação interna. A Lei da Separação Igreja-Estado, de 20 de Abril de 1911, que foi o culminar de várias medidas persecutórias da Igreja, por parte da I República, modificou profundamente a sua situação, como esclarece Manuel Braga da Cruz. De acordo com as palavras deste autor "a Lei da Separação (das Igrejas e do Estado) motivou de imediato o rompimento de relações diplomáticas com o Vaticano, e a mais viva reacção, quer por parte dos bispos – que lançam contra ela um Protesto Colectivo – quer, por parte do próprio papa Pio X, que enviou a todo o mundo católico uma encíclica sobre o assunto: a *Jamdudum in Lusitania*"[19].

As alterações internacionais decorrentes da I Guerra Mundial desenharam uma conjuntura político-social muito diferente e tornava-se

---

[19] Manuel Braga da Cruz, *As origens da democracia cristã e o Salazarismo*, Lisboa, Editorial Presença, s.d., p. 248.

42 *Maria de Lourdes Pintasilgo – Os Anos da Juventude Universitária*

necessário reflectir sobre a resposta a dar-lhe, bem como ao novo Código do Direito Canónico, de 1917, o qual exigia a concretização de algumas normas genéricas[20].

Na cidade de Lisboa, de 24 de Novembro a 3 de Dezembro de 1926, reuniu o Concílio Plenário Português, com a aprovação do Papa Pio XI e presidido por D. António Mendes Belo, cardeal-patriarca. Na ordem do dia estava uma "vontade de autonomia e um esforço de reorganização interna"[21].

Este concílio contou com a presença e o empenhamento de toda a hierarquia eclesiástica e constituiu um momento decisivo na história da Igreja Católica em Portugal. A estratégia delineada apontava em direcção à unidade, à disciplina e à organização da Igreja, assim como à sua implantação e alicerçamento no campo e acção social, ou seja, à constru-ção da "obra católica".

O impacto do Concílio Plenário foi inquestionável e marcou o posi-cionamento e o *modus operandi* da instituição ao longo de todo o século XX. A figura dos bispos e das dioceses saiu reforçada, passando a cons-tituir o cerne de toda a vida católica.

Nesse contexto, criaram-se várias estruturas e organizações para pôr em prática as deliberações decorrentes do Concílio Plenário, tendo sem-pre em vista a reconquista cristã da sociedade portuguesa.

Surge então, na nota oficiosa de 16 de Novembro de 1933, do Epis-copado Português, as bases orgânicas da constituição da Acção Católica,

---

[20] O actual código canónico foi promulgado pelo papa João Paulo II, no ano de 1983, substituindo o código anterior, datado de 1917, que fora promulgado pelo então Papa Bento XV. Quando Pio X foi eleito, em 1904, formou logo uma comissão que teria como função preparar o que acabou por ser o primeiro Código de Direito Canónico da história da Igreja, que foi publicado no Pentecostes de 1917, só entrando em vigor um ano mais tarde. Constituído por cinco livros e 2414 cânones, é considerado uma obra de enorme valor científico e jurídico. No entanto, tinha algumas lacunas e incongruências, sobretudo no que respeita às fórmulas exortatórias e à terminologia, para além de ser muito técnico e pouco pastoral, pecando por uma uniformidade exagerada. A breve trecho, a Igreja sentiu necessidade de o rever e em 1959, João XXIII anunciou a con-vocação de um Concílio Ecuménico e a revisão do Código de Direito Canónico. Sobre este assunto veja-se, entre outras obras, Samuel Rodrigues, "Direito canónico", in *Dicionário de História Religiosa de Portugal*, Vol. II, dir. Carlos Moreira Azevedo, Lisboa, Círculo de Leitores, 2000, p. 77.

[21] Paulo de Oliveira Fontes, "O catolicismo português no século XX: da separação à democracia", *História Religiosa de Portugal*, Vol. 1, Dir. Carlos Moreira Azevedo, Lisboa, Círculo de Leitores, 2000, p. 164.

As Associações Religiosas em Portugal   43

onde se pode ler: "A acção católica actuará acima de todas as correntes políticas, sem deixar de reivindicar e defender as liberdades da Igreja"[22].

No ano de 1932, Salazar assumira a presidência do Conselho de Ministros e, oficialmente, foi fundada a União Nacional. Um ano depois, o "Estado Novo" consolida-se e Salazar viu o seu poder reforçado como Ministro das Finanças. Foi ainda nesse ano, de 1933, que se aprovou a Constituição, por plebiscito, e o Estatuto do Trabalho Nacional.

A Acção Católica surgiu, por conseguinte, num contexto de reforço e de revigoramento do Estado Novo e representa um projecto de mobilização de todos os católicos, como forma, não de se opor ou imiscuir na esfera política, mas de demarcar o seu terreno e o seu campo de acção.

A posição de Salazar é clara quando refere, no seu discurso de 23 de Novembro de 1933, ser "inconveniente ao desenvolvimento e pureza da vida religiosa a intromissão da política na religião, a confusão dos interesses espirituais com os interesses materiais dos povos, da Igreja com qualquer organização que, actuando no terreno político, possa ser tomada como partido, aspirando ou não ao governo. (...)"[23]. E continua, afirmando: "A organização independente dos católicos para trabalharem no terreno político, vai revelar-se inconveniente para a marcha da ditadura, deve torná-la esta dispensável por uma política superior, ao mesmo tempo que só traria vantagens para o país a transformação do Centro em vasto organismo dedicado à acção social"[24].

O Estado Novo, face à Igreja e à sua actividade, adoptou a atitude de não hostilizar os católicos, nem de os converter em opositores, limitando, no entanto, a sua intervenção à área social e privando-os de intervenção política. Não é sem conturbações internas que a Igreja aceita esse estatuto, seguindo o *ralliement* e não se imiscuindo politicamente[25].

---

[22] António Matos Ferreira, "A Acção Católica questões em torno da organização e da autonomia da acção da Igreja Católica (1933-1958)", *O Estado Novo: das origens ao fim da autarcia, 1926-1959,* Vol. II, Lisboa, Fragmentos, 1987, p. 283.

[23] *Idem*, p. 283.

[24] *Idem*.

[25] Adérito Sedas Nunes expressa claramente o seu conceito de catolicismo social no seguinte texto extraído da sua obra "Princípios de Doutrina Social", (Lisboa, Logos, 1958), p. 15. "A evolução das sociedades modernas tem sido acompanhada pelo aparecimento de problemas sociais muito graves. A resolução de tais problemas exigiu, e exige ainda, opções doutrinárias e políticas onde com frequência são postos em causa os fundamentais valores humanos. Compreende-se, assim, que pensadores católicos,

44   *Maria de Lourdes Pintasilgo – Os Anos da Juventude Universitária*

Devido a esta conjuntura, a relação entre a Igreja e o Estado Novo é muito delicada, o que justifica uma certa precaução na criação da Acção Católica Portuguesa (ACP) e na definição dos seus objectivos. Na carta que Pio XI escreveu ao Cardeal Cerejeira, datada de 10 de Novembro de 1933, alude-se à importância da Acção Católica como instrumento fundamental para garantir o reforço da acção dos católicos na sociedade portuguesa, bem como para a divulgação e cumprimento das directivas episcopais.

O catolicismo ao defrontar-se com a modernização da sociedade, por um lado, e a sua liberalização e aburguesamento, por outro, necessita de se afirmar veementemente na área da acção assistencial e educacional, acarretando também com as consequências políticas inerentes.

As crises sucessivas do Estado e da civilização modernas, as suas tendências hegemónicas e totalitárias, constituem uma preocupação para a Igreja expressa na carta de Pio XI já referida, a qual aponta insistentemente no sentido de "dar quanto antes, começo e organização mais apta à Acção Católica, coordenando em seu auxílio as restantes obras do apostolado (...). Por este motivo, será útil fazer compreender bem – visto que muitos fiéis ainda o ignoram – que o apostolado é realmente, um dever necessário à vida cristã: e que entre as múltiplas formas de apostolado que estão na mão de todos, e certamente beneméritas todas elas da Igreja, a Acção Católica é a que mais apta e eficazmente ocorre e remedeia as novas necessidades dos nossos tempos, tão afligidos pela mortífera influência do laicismo"[26].

A própria noção de acção católica, em sentido lato, é precisamente a organização dos católicos na sociedade contemporânea, com o intuito de intervir socialmente e reconquistar a seu influência. Este catolicismo social é protagonizado pelo laicado, autonomizado da esfera religiosa e eclesial, rumo a uma secularização cada vez maior da Igreja.

Em Portugal, sobretudo dois factores convergiram para o aparecimento da Acção Católica Portuguesa. Por um lado, a perseguição movida

---

atentos e empenhados na problemática do seu tempo, hajam tentado enfrentá-los, situando-os e valorando-os dentro de uma perspectiva cristã e procurando orientações coerentes com essas perspectivas. Deste movimento intelectual surgiu a corrente de ideias, de contornos mal definidos e várias ramificações, designada vulgarmente por Catolicismo Social".

[26] Mariano Pinho, *Carta magna da Acção Católica Portuguesa*, Apostolado da Oração, Braga, 1939, p. 124.

pelos republicanos acentuou a necessidade de união dos católicos, temática que esteve bem presente no Concílio Plenário Português já referido; por outro, as orientações e actuação de Pio XI que vão no sentido da não privatização da fé num mundo que se organiza à sua margem, não se tratando, porém, de querer controlar a sociedade, mas embebê-la nos valores e nos princípios do catolicismo.

Assim, a instituição, em 1933, da ACP, enquanto organismo ou movimento específico, surge no contexto desta restauração católica e do enrocamento da autoridade episcopal, como resposta ao que se considerava ser a descristianização da sociedade.

IMAGEM 8 – Folha de rosto do *Guia da Acção Católica Portuguesa*, Vol. 1, Lisboa, Biblioteca Nacional, 1946.

Esta instituição pretendeu sobretudo afirmar-se como movimento religioso, apesar de não figurar na Concordata de 1940, o que lhe retirou a possibilidade de possuir personalidade jurídica. No entanto, a sua actuação concretizava-se através da articulação directa com a hierarquia católica e com os seus mais altos dirigentes, já que a Junta Central, dirigente da ACP, era presidida por um bispo. Aliás, foi o forte peso eclesial dentro deste organismo, que se dizia de leigos, que possibilitou o controle da acção dos católicos e a demarcação da esfera religiosa da esfera política.

46 Maria de Lourdes Pintasilgo – Os Anos da Juventude Universitária

A ACP pretendeu constituir um apelo à união e à mobilização geral dos católicos, à sua organização e disciplina, à sua devoção ao apostolado da obra cristã, tendo como lema: "*Cor unum et anima una*", um só corpo e uma só alma. Como é referido na Carta Magna da Acção Católica portuguesa: "Mas não são, na sua maioria, os portugueses, filhos legítimos da Santa Igreja? Não haja ilusões: o sector descristianizado é enorme e poderoso; além disso, dos muitos que nas estatísticas poderiam figurar como católicos, porque são baptizados e não renegaram formalmente a Cristo, são imensos os que pouco percebem, e menos praticam do catolicismo que professam. E finalmente, não é o número que faz a força, mas a *união*, e isso é coisa que Portugal não conhece: *a união dos católicos* tem sido uma das mais árduas empresas em uma pátria, com grande gáudio e proveito dos adversários, que se regalam de assistir às nossas desavenças de família"[27].

Nesta época, são recorrentes em vários documentos, quer em exortações hierárquicas, quer em publicações de organizações juvenis católicas, expressões como "restauração cristã de Portugal", "dilatação do Reino de Deus no mundo", "regeneração nacional", assim como a expressão bastante citada do discurso do Cardeal Cerejeira, de 18 de Novembro de 1933, dirigido ao clero, sobre a ACP: "(...) Trata-se de levantar em toda a parte o exército de Deus. Unir, organizar e mobilizar todos os que acreditam que Deus falou por Cristo e Cristo fala pela Igreja aos homens – a fim de estender no mundo o reinado social do Nosso Senhor. (...) Exército apostólico para quê? Para tomar a ofensiva de *reconquista cristã* (...)"[28].

Era necessário que a Igreja acompanhasse a modernização e a laicização da sociedade, cristianizando-a. Este é o propósito da ACP, marcando a sua posição e demarcando a esfera de influência da Igreja Católica, numa resposta autónoma e independente do Estado e do regime vigente.

---

[27] *Idem*, p. 125.
[28] Manuel Gonçalves Cerejeira, *Obras Pastorais*, Vol. 1, Lisboa, União Gráfica, 1967, pp. 102-103.

2.3. – As Juventudes Universitárias Católicas: formação e objectivos

2.3.1. – *A Juventude Universitária Católica Feminina (JUCF): análise sumária a partir dos seus estatutos*

No seio da Acção Católica portuguesa e integrando a Juventude Católica, surgem dois organismos especializados: a Juventude Universitária Católica e a Juventude Universitária Católica Feminina. Segundo os estatutos da JUCF, aprovados a 25 de Maio de 1934 e assinados pelo Cardeal Patriarca, então Director da Acção Católica (D. Manuel Cerejeira), os seus objectivos são os seguintes:

"1º a formação das suas associadas no campo religioso, moral e intelectual e social, visando especialmente à sua vida profissional.

2º a organização e coordenação da actividade das suas associadas em ordem ao apostolado da Acção Católica, principalmente no meio universitário"[29].

IMAGEM 9 – Folha de rosto dos Estatutos da Juventude Universitária Católica Feminina.

---

[29] *Estatutos da Juventude Universitária Católica Feminina*, Lisboa, Juventude Universitária Católica, 1934, anexo 1, p. 1.

48 Maria de Lourdes Pintasilgo – Os Anos da Juventude Universitária

O seu lema é o mesmo da JCF.: "Levar Jesus às almas, trazer as almas a Jesus"; e a sua divisa particular: "Lux et veritas". O seu emblema é também o mesmo da JCF.

"A J.U.C.F. para a realização dos seus fins, empregará, entre outros meios, reuniões particulares e gerais de piedade, de estudo, de recreio, conferências, cursos, revistas, bibliotecas, semanas de estudo, congressos, etc. Criará também os serviços especiais necessários à realização do seu programa"[30].

Da análise dos seus objectivos pode concluir-se que a acção deste organismo específico se insere, claramente, nas finalidades da ACP, fazendo incidir o seu apostolado na formação cristã das suas associadas, em suma, a recristianização da sociedade.

No que diz respeito à sua organização, contempla uma vertente nacional uma vez que integra as associações dos institutos universitários de Lisboa, de Coimbra e do Porto, bem como organizações locais e regionais, uma vez que é composta pelas associadas das várias faculdades e grupos escolares das três cidades universitárias.

No seu articulado, pode ler-se que "as respectivas associadas devem (...) na medida do possível, tomar parte, já individual, já colectivamente da vida associativa da J.C.F. da diocese e da paróquia a que pertencerem, em harmonia com os regulamentos internos da Associação"[31]. A intenção era não só vincular as associadas à JUCF, mas também ao organismo mais alargado da JCF.

No articulado relativo às "Associadas e condições de admissão" estão previstas quatro categorias de sócias: na base as "aspirantes", ou seja, todas as associadas deviam permanecer nessa categoria durante três meses após a sua inscrição; as "efectivas", que contempla todas aquelas que cumpriram os três meses; as "activas", ou seja, todas aquelas que participam activamente em obras de formação e de apostolado e, por fim, as "benfeitoras", categoria à qual podia pertencer qualquer pessoa, independentemente da sua idade ou nacionalidade, desde que prestasse ajuda material e financeira à organização.

As condições de admissão exigiam como requisitos ser-se católica; frequentar um estabelecimento de ensino superior; pagar o valor do cartão identificativo e emblema da JUCF, bem como as cotas e aceitar os estatutos.

---

[30] *Idem.*
[31] *Idem*, p. 3.

O regulamento contempla também um artigo que prevê a aceitação de raparigas a aspirantes, mesmo não sendo baptizadas, desde que se comprometessem a preparar-se e a aceitar esse sacramento no prazo de três meses.

Quanto aos corpos dirigentes, os estatutos, prevêem uma Direcção Geral, assistida por um Conselho Geral, tendo ambos os órgãos um assistente eclesiástico nomeado pelo Episcopado com "direito a tomar parte em todas as reuniões duma e doutro, como representante da Autoridade Eclesiástica"[32].

A Direcção Geral é constituída por uma Presidente, nomeada pelo Episcopado, que indicava os nomes da Secretária e da Tesoureira Gerais. Fazem parte do Conselho Geral os membros da Direcção, as Presidentes locais da JUCF ou as suas delegadas. A Presidente da Direcção é também Presidente do Conselho Geral, a qual tem como funções: "pronunciar-se sobre os assuntos que interessem ao bom andamento da vida associativa da J.U.C.F. e que a Direcção entenda propor-lhe; estudar e aprovar os regulamentos internos dos diversos organismos locais da J.U.C.F., antes de serem submetidos à aprovação superior", assim como "dar parecer sobre o relatório e contas de cada ano"[33].

Deve esclarecer-se que todas as deliberações, quer da Direcção, quer do Conselho, quer das Assembleias estavam dependentes da aprovação da Autoridade Eclesiástica.

No que diz respeito aos órgãos dirigentes locais, a matriz é basicamente a mesma, sendo a autoridade superior, o Prelado Diocesano em vez do Episcopado.

Nas Disposições Gerais, o artigo 21 refere que "A J.U.C.F. esforçar--se-á por manter com os diversos organismos da Acção Católica, particularmente com os organismos especializados da J.C.F., a maior união das suas associadas e prestar-lhes-á todo o seu apoio e solidariedade"[34]. Neste texto está, inequivocamente expressa, a interacção entre estes organismos, tal como, aliás, no artigo seguinte, a ligação directa à Junta Central da Acção Católica, a quem compete decidir sobre qualquer situação não prevista nos estatutos.

---

[32] *Idem*, p. 4.
[33] *Idem*, pp. 4-5.
[34] *Idem*, p. 7.

50 *Maria de Lourdes Pintasilgo – Os Anos da Juventude Universitária*

O capítulo sobre "Exclusão dos membros e dissolução da J.U.C.F." refere a possibilidade de expulsão das associadas no caso de atrasos no pagamento das cotas e de comportamentos contrários ao regulamento e à disciplina do organismo ou indignos do mesmo.

No caso da dissolução de qualquer organismo local, o activo reverte a favor da JUCF, caso a Autoridade Eclesiástica local assim o entender.

2.3.2. – *A Juventude Universitária Católica (JUC): abordagem sucinta*

Os estatutos da JUC são promulgados cerca de um ano depois dos da JUCF, a 28 de Janeiro de 1935, assinados também pelo Cardeal Patriarca de Lisboa. Logo no capítulo "Da Natureza", podemos ler, basicamente, o mesmo que nos estatutos anteriores, com excepção do artigo adiante nomeado, já que este é um organismo especificamente vocacionado para a Juventude Católica Masculina, seguindo as regras fundamentais da Juventude Católica. De acordo com o seu articulado, a JUC está fora e acima de todos os organismos políticos, não sendo permitido aos seus membros filiarem-se em nenhum deles. Num artigo único, é referido que "Em harmonia com a doutrina deste artigo, que é o das Bases da J.C. e da Acção Católica Portuguesa, é vedado o exercício da actividade política a todos os sócios da J.U.C. que façam parte dos respectivos Corpos Gerentes"[35].

Este artigo expressa claramente a directriz de não intervenção política dos membros da Acção Católica e dos seus organismos. No entanto, curiosamente, não há qualquer referência a essa obrigação nos estatutos da JUCF.

No que respeita aos "Fins", estes são basicamente os mesmos dos anteriores, distinguindo-se, no entanto, quanto à formação dos seus associados, a qual se orienta no sentido da "piedade, estudo e acção", que também é o seu lema. Os capítulos da "Divisão, e dos sócios e condições de admissão e exclusão" são muito semelhantes às condições expressas nos estatutos da JUCF.

---

[35] *Estatutos da Juventude Universitária Católica*, Lisboa, 1935, Juventude Universitária Católica, Lisboa, anexo 2, p. 9.

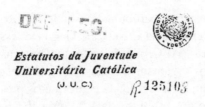

IMAGEM 10 – Folha de rosto dos Estatutos da *Juventude Universitária Católica*, Lisboa, 1935, Biblioteca Nacional.

Em relação aos "Órgãos Dirigentes Gerais", há uma diferença, uma vez que é contemplado, no art. 17.º, a figura do Secretariado-Geral (da JUC), o qual se encontra na dependência da Direcção Geral e cuja organização está regulamentada num documento especial, bem como a dos demais secretariados locais.

Nos estatutos desta organização católica figuram ainda três capítulos que não constam dos da JUCF e que se referem aos órgãos dirigentes das secções especiais. Cada faculdade ou escola superior é considerada uma secção especial da JUC e terá uma direcção própria, cuja orgânica se assemelha à da Direcção Geral. Em relação às "obras especiais" pode ler--se, nos artigos 29.º e 30.º, que elas serão dirigidas e administradas por uma direcção própria, eleita pelos respectivos sócios componentes, constituída, pelo menos em parte, por pessoas estranhas às direcções da JUC e que cada obra terá a sua cota particular, ou seja, a contribuição monetária dos seus filiados, conforme as suas necessidades. Estas cotas, porém, não suprimem nem diminuem de forma alguma a quota geral.

52   Maria de Lourdes Pintasilgo – Os Anos da Juventude Universitária

Nas "Disposições particulares", onde se faz referência ao Centro Académico de Democracia Cristã[36] (CADC) e à Associação de Estudantes Católicos do Porto (AECP), é referido que essas associações podem passar a constituir os organismos locais do JUC "desde que se integrem no espírito e na organização da J.U.C conforme os presentes Estatutos (...)"[37].

O confronto dos estatutos da JUC e da JUCF torna evidente que os primeiros são mais elaborados, completos e, acima de tudo, direccionados para a intervenção social e para a realização de obras concretas, prevendo situações particulares, cuja regulação é remetida para a Junta Central da Acção Católica. Poder-se-á concluir, em face da análise feita, que, nesta época, o peso da JUC, ao nível da ACP, seria superior ao da JUCF, uma vez que o número de estudantes universitários era muito superior ao número das estudantes universitárias à época. A título de exemplo, no ano lectivo de 1950/51, havia cerca de 13.489 estudantes universitários e apenas 5,4% eram mulheres. Em 1964/1965, os valores absolutos no país são de 16.092 homens e 10.448 mulheres, portanto uma significativa diferença entre os dois sexos, a qual se vai manter no ano lectivo de 1966//1967. Em termos percentuais, nos anos cinquenta, 94,6% dos estudantes universitários pertencem ao sexo masculino; cerca de quinze anos mais tarde, estas percentagens não são tão discrepantes, havendo 60,6% de estudantes do sexo masculino, contra pouco mais de metade do sexo feminino, ou seja, 39,4%. Não admira, por conseguinte, que a influência da JUC fosse superior à da JUCF no âmbito da ACP[38].

2.4. – Análise comparativa entre estatutos de várias associações femininas da época

Ao proceder a uma análise comparativa entre estes estatutos e outros da mesma altura, como por exemplo, os da Juventude Agrária Católica

---

[36] Segundo António Rafael Amaro "A formação do C.A.D.C. enquadra-se neste esforço do laicado católico em, de forma organizada, responder ao avanço das ideias contrárias ao catolicismo e ao sentimento religioso em geral". Jorge Seabra et. al., *O C.A.D.C. de Coimbra, a Democracia Cristã e os Inícios do Estado Novo – 1905--1934*, Coimbra, Faculdade de Letras, 1993, p. 100.

[37] *Estatutos da JUC, op. cit.,* p. 12.

[38] INE, *Estatística da Educação*, Lisboa, 1950, 1965 e 1967.

Feminina (JACF), publicados, em 1934, e aprovados pelo Cardeal Patriarca de Lisboa, notamos que os objectivos são muito semelhantes, até porque este é outro organismo especializado da Juventude Católica Feminina (JCF). Os artigos seguem a mesma ordem dos organismos que já foram referidos em pormenor. A única diferença que achamos relevante é o facto de nos "Fins" ser incluído um artigo que não existe nos anteriores e que tem a ver com "a defeza dos interêsses católicos, morais, intelectuais e sociais dos seus membros, sobretudo contra os perigos que correm no meio próprio"[39]. Nota-se aqui um tom mais paternalista, que não está presente nos anteriores, talvez devido ao facto de os elementos deste organismo terem um nível educacional muito inferior ao dos primeiros, a maioria seria analfabeta, tendo em conta a situação que se vivia na época no que respeita ao ensino. Segundo Henrique Medina Carreira, os analfabetos durante o período de 1911 a 1930, baixam de 75,1% para 67,8%, representando, mesmo assim, em comparação com outros países da Europa, uma taxa muito elevada[40].

A Liga de Acção Católica Feminina (LACF) possui estatutos datados de 1934 e refere, logo na introdução, que este organismo vem substituir o que se designava por "Liga da Acção Social Cristã", sendo destinada à mulher católica. Nos objectivos verificamos que o seu lema é exactamente o mesmo da ACP, "cor unum et anima una", difere, portanto, do das juventudes femininas. Esta associação, segundo o seu articulado, era um pouco diferente dos anteriores: integra cinco organismos especializados, sendo desde logo, em termos organizacionais, muito mais complexa que os organismos anteriores. Assim, os objectivos da Liga Agrícola Católica Feminina (LAC), da Liga Escolar Católica Feminina (LEC), da Liga Independente Católica Feminina (LIC), da Liga Operária Católica Feminina (LOC) e a da Liga Universitária Católica Feminina (LUC) estão, basicamente, relacionados com a promoção do apostolado cristão no seu meio, quer no seio da família, quer na sociedade em geral.

No artigo único da "Divisão" é estatuído que, se a Direcção não se opuser, a LOC "pode ter como base da sua organização não a Paróquia

---

[39] *Estatutos da Juventude Agrária Católica Feminina*, p. 1.
[40] Henrique Medina Carreira, "A educação", in *A situação social em Portugal, 1960-1965*, org. António Barreto, Lisboa, Instituto de Ciências Sociais da Universidade de Lisboa, 1996, p. 435.

54 *Maria de Lourdes Pintasilgo – Os Anos da Juventude Universitária*

mas os estabelecimentos ou fábricas em que se empregam"[41]. Pode-se daqui concluir que se dirigia, fundamentalmente, ao operariado que trabalhava nas indústrias.

Para fazer uma abordagem mais diversificada, analisaremos, por último, os estatutos do Grémio Feminino de Lisboa, que não têm nada a ver com os anteriores, uma vez que constitui um organismo independente da Igreja e da ACP. Assim, este Grémio, cuja escritura foi publicada em "Diário do Governo" a 8 de Março de 1933, designa-se de "Sociedade cooperativa sob a forma anónima de responsabilidade limitada". Logo no artigo primeiro aparece a tradução do seu nome "Lisbon Ladies Club", com sede na Travessa André Valente, 13, em Lisboa[42].

Esta sociedade destina-se a criar para as suas sócias, formas de promoção da leitura, do lazer, do recreio, do desporto e do descanso, com a finalidade de convívio e amizade; haveria ainda uma cantina como estrutura de apoio. A exclusão das sócias com comportamento indigno só acontecerá se quatro quintos dos votos forem a favor. Nesses casos, a respectiva acção será adquirida pela sociedade.

A administração é constituída por cinco vogais eleitas pela Assembleia Geral e não é remunerada. O Conselho Fiscal é composto por três vogais, eleitos da mesma forma. Esta organização é semelhante às actuais cooperativas, sendo as actas lavradas num livro específico, para cada um dos órgãos, Administração, Assembleia Geral, composta por uma presidente e secretária, eleitas anualmente, e o Conselho Fiscal. No artigo décimo quinto faz-se referência ao regulamento interno, que deverá ser apresentado pela Direcção à Assembleia Geral, onde deverá ser aprovado na primeira reunião. Como se regista no último artigo, ocorrendo qualquer omissão destes estatutos, observar-se-á o disposto no Código Comercial.

2.5. – Evolução da JUCF e da JUC durante os anos 40 e 50 – actividades desenvolvidas

Estes dois organismos seguiram muito de perto a evolução da ACP, embora fossem autónomos e percorressem o seu próprio caminho. As iniciativas levadas a cabo pela JUC/F, como o "II Congresso da Juventude

---

[41] *Estatutos da Liga de Acção Católica Feminina*, pp. 1-2.
[42] *Estatutos do Grémio Feminino de Lisboa*, p. 2.

As Associações Religiosas em Portugal

Católica Feminina", em 1942, ou as "Semanas Sociais Portuguesas" organizadas em 1940, em 1943, em 1949 e em 1952, constituíram momentos de reflexão e de acção marcantes na história destes organismos.

Com o fim da II Guerra Mundial começou a desenhar-se um novo cenário socio-político, não obstante, como esclarece Paulo Fontes, "o movimento católico português não conheceu a experiência da resistência nem a da colaboração com os socialistas e comunistas como, na altura, se verificou noutros países, tendo prevalecido um forte espírito nacionalista, marcado pelo facto de "Portugal ter sido preservado das catástrofes"[43].

Esse novo contexto trouxe às Juventudes Católicas um maior dinamismo, quer ao nível nacional, quer internacional, e o debate sobre o corporativismo e a organização social portuguesa acende-se. Em 1946-47 tem lugar o "I Conselho Geral da JUC" que conduz a uma maior articulação entre os três núcleos universitários, bem como ao restabelecimento das relações internacionais com a "Pax Romana" e o "Movimento Internacional de Estudantes Católicos" (MIEC)[44].

A realização de um encontro nacional anual veio favorecer essa aproximação e proporcionar a discussão de vários temas candentes para as estruturas católicas nacionais e internacionais, tais como a doutrina social da Igreja na procura de um pensamento cristão, a formação religiosa, espiritual e teológica, assim como o papel das universidades na sociedade.

Outra iniciativa de destaque foi a "Semana de Estudos", realizada em Fátima, em 1951, cujo responsável, Rogério Martins, era na altura Vice-Presidente da Pax Romana. Dois anos depois, realiza-se em Lisboa, de 15 a 19 de Abril, o I Congresso da Juventude Universitária Católica, sob a égide do tema "O Pensamento Católico e a Universidade".

---

[43] Paulo Fontes, *op. cit.*, Vol. 3, p. 180.

[44] O "Movimento Internacional de Estudantes Católicos (MIEC) – Pax Romana" foi fundado em 1921, em Friburgo, na Suiça, tendo sido reconhecido pela Santa Sé. Este movimento tinha como objectivo promover o apostolado estudantil nas universidades e outras instituições do ensino superior, colocando ênfase na responsabilidade estudantil na vida, na missão da Igreja e no mundo. Guiados pelo lema "Opção preferencial pelos pobres" e comprometidos na luta pela justiça, pela paz e pelo desenvolvimento humano, os estudantes, afectos a esse movimento, visavam colocar os seus estudos ao serviço dos mais desfavorecidos e incentivar a experiência da fé cristã vivida num compromisso pessoal. É também objectivo da "Pax Romana", em paralelo, desenvolver uma pedagogia que ajude os estudantes a integrar a sua fé cristã no esforço de construir uma sociedade justa. Para uma informação mais detalhada ver, entre outros, o site http://www.paxromana.org/, (12/09/2006/18.00).

56 *Maria de Lourdes Pintasilgo – Os Anos da Juventude Universitária*

Este Congresso foi presidido por Maria de Lourdes Pintasilgo e por Adérito Sedas Nunes, a primeira, presidente da JUCF, entre 1952 e 1956, e da "Pax Romana" de 1956 a 1958, e o segundo, presidente da JUC. Para além de uma participação massiva, de cerca de 2000 congressistas, como se refere na imprensa da época, e em capítulo próprio deste trabalho se esclarece, dele saíram, como adiante se analisará, as novas linhas orientadoras destes movimentos em Portugal, enquadrando a emergente geração de católicos sociais e a temática da Universidade *versus* Igreja.

No dizer de Fernando Magano, vice-reitor da Universidade do Porto, aquando a sua intervenção na abertura do congresso "A Universidade diz o saber da hora; a Igreja ensina o saber permanente. A Escola esclarece o viver; a Igreja enobrece a vida. A primeira é o momento; a segunda é o sempre"[45].

Com o evoluir da situação socio-política em Portugal e a afirmação do sindicalismo estudantil, estes organismos começaram a dividir-se, sobretudo, no que respeita às opiniões acerca da posição de "neutralidade" política, que havia sido seguida até aí.

Estas convulsões internas, associadas à Crise Académica de 1962, em Lisboa, e ao exílio imposto ao bispo do Porto, António Ferreira Gomes, levam ao enfraquecimento do movimento Jucista.

O pensamento daquele Bispo, grande amigo de Maria de Lourdes Pintasilgo, foi determinante para a evolução da Igreja em Portugal, rumo a uma base social cristã. Nos seus *Documentos Pastorais* refere que o comunismo e o liberalismo são "uma heresia ou acervo de heresias", mas "o nosso Não ao ateísmo comunista não subentende um Sim ao capitalismo liberal, individualista," ou "a defesa duma Europa produto da Renascença do Protestantismo, que sempre nos enjeitou, a nós peninsulares, e pela qual não somos responsáveis"[46].

Em seu entender, "a liberdade postula moralidade, a democracia requer virtude; o cristianismo é por isso verdadeiro fermento da liberdade, a escola genuína da democracia". Em complemento dessas reflexões envia, a 13 de Julho de 1958, uma carta ao Presidente do Conselho de Ministros, Oliveira Salazar, a qual acabou por constituir uma denúncia declarada do

---

[45] I Congresso Nacional da Juventude Universitária Católica Portuguesa, *O Pensamento católico e a Universidade*, Lisboa, Direcções Gerais da JUC e JUCF, 1953, p. 34.

[46] *Cartas ao Papa*, Porto, Figueirinhas, 1987, p. 163.

As Associações Religiosas em Portugal 57

regime autoritário, sendo, em simultâneo, um documento essencial do pensamento social cristão em Portugal, ao tempo. A epístola terminava com algumas perguntas retóricas como aquelas que se citam: "Tem o Estado qualquer objecção que os católicos façam a sua formação cívico--política?; Tem o Estado qualquer objecção ao ensino da doutrina social? Tem o Estado qualquer objecção que os católicos iniciem um mínimo de organização e acção políticas?"[47].

Assumia-se, assim, por uma figura da alta hierarquia da Igreja, a ruptura com o regime do Estado Novo e a própria Concordata poderia estar em perigo. A partir dessa altura, o Estado começa a interferir nas actividades da Acção Católica; a PIDE vigia os congressos dos organismos especializados, e os esforços para a fundação de uma Universidade Católica, foram completamente gorados.

A maioria dos cristãos e a hierarquia da Igreja continuaram a manter os seus procedimentos no campo da democracia e da sociedade civil, abandonando as aspirações de uma democracia política. O prelado D. António Ferreira Gomes foi, na opinião de Mendo Castro, "sinal de contradição, profeta que clamou no deserto de um futuro político, de horizontes cívicos por desvelar, de tarefas sociais por cumprir"[48].

A partir de 1965, a ACP avança para a sua reestruturação, nomeadamente, com a concessão de maior autonomia aos dois organismos universitários, que atrás se referiu, os quais se fundem, em 1967/68, num só, sob uma única Direcção Nacional.

A preocupação com as questões de carácter social, que fora sempre o vector central das Juventudes Universitárias, vai trazer um envolvimento político crescente difícil de gerir e de controlar, o que conduz a uma nova orientação da militância católica e ao crescente envolvimento dos estudantes na política portuguesa. A importância cada vez maior do movimento estudantil e a sua intervenção em questões decisivas da política nacional, bem como "as profundas mudanças culturais em curso na sociedade, a persistência dos principais bloqueamentos na evolução política nacional, nomeadamente a agudização da questão colonial, (...) a par das fragilidades da reflexão teológica nacional e das lentas mudanças que se

---

[47] Mendo Castro Henriques e António Campelo Amaral, *Simpósio Profecia e Liberdade em D. António Ferreira Gomes*, Lisboa, Fundação Calouste Gulbenkian, 1 de Outubro de 1998, p. 3.

[48] *Idem*, p. 10.

iam operando no interior da Igreja local, constituem os principais factores que explicam uma radicalização das Juventudes católicas"[49]. Esta conjuntura levou, inevitavelmente, ao enfraquecimento da JUC, reflexo também de divisões e antagonismos internos da própria ACP.

No ano de 1965, o Episcopado entregou a Junta Central aos leigos e esta passa a integrar apenas um assistente eclesiástico, tomando um rumo cada vez mais laico e secular. As sucessivas revisões das suas bases constituíram tentativas de adaptação à realidade, procurando compatibilizar este modelo de movimento católico com as mudanças mentais, sociais e eclesiais, o que implicava a superação de uma determinada forma de estar na sociedade simbolizada pela união dos católicos.

As fricções internas entre leigos e clero, sobretudo no que respeita às questões de ordem política, social e cultural, assim como a presença cada vez mais rara de assistentes eclesiásticos, devido à diminuição das vocações, levou a que muitos católicos abandonassem a ACP e se integrassem noutras estruturas onde pudessem, mais facilmente, concretizar as suas ideias e intervir mais activamente.

Em 1971, a ACP aprova novos Princípios Básicos e, em 1978, a JUC reorganiza-se, permanecendo como um dos escassos organismos da Acção Católica Portuguesa. Paulatinamente, a JUC foi-se aproximando da JEC (Juventude Escolar Católica) e, em Setembro de 1980, surge o "Movimento Católico de Estudantes" (MCE), resultante da fusão daqueles dois organismos.

Quer a JUC, quer a JUCF deram um contributo decisivo para a construção de uma elite intelectual em Portugal, no quadro da Igreja Católica. Como esclarece Paulo de Oliveira Fontes, "Politicamente, se inicialmente – e tal como aconteceu com outras organizações católicas no quadro do salazarismo nascente – a JUC e a JUCF, terão funcionado como "forças políticas de substituição", a partir de meados da década de cinquenta, a sua acção social e cultural contribuiu decisivamente para a formação de uma "linha católica – democrática" de oposição ao Estado Novo"[50].

---

[49] Paulo de Oliveira Fontes, "Juventude Universitária Católica" *Dicionário de História de Portugal*, Vol. 8, Sup. Dir. António Barreto e Maria Filomena Mónica, Porto, Livraria Figueirinhas, 1999, p. 349.

[50] Paulo de Oliveira Fontes, *op. cit.*, pp. 349-350.

3. – Contextualização histórica da crise académica dos anos 1950

3.1. – O panorama do ensino ao tempo

A seguir à segunda Guerra Mundial, numa fase de reconstrução da Europa, os números do ensino em Portugal são demonstrativos do nosso atraso endémico: metade da população era analfabeta.

Ao longo do século XX, o sistema educativo português revelou uma grande transformação, quer no que respeita ao número de alunos que duplicou de 30 em 30 anos, passando de um quarto de milhão em 1900, para dois milhões em 1990; quer ao nível do modelo escolar, assistindo-se a uma escolarização da sociedade portuguesa e a uma maior importância da instrução na evolução do país[51].

Neste processo, devemos destacar o período de 1930 a 1960, durante o qual, por um lado se regista a redução da escolaridade obrigatória de ambos os sexos para três anos; por outro, o alargamento dessa escolaridade para quatro anos, em 1956, apenas para os rapazes, e em 1964 para os seis anos. O Governo compreendeu que a procura de escolaridade era cada vez maior e não podia recusar esse acesso à educação. Assim, os ministros Pires de Lima (1947-1955) e Leite Pinto (1955-1961) destacaram-se nessa reforma do ensino, cujo objectivo prioritário era fazer da educação um factor decisivo de integração social, implicando as famílias e as comunidades.

As reformas do ensino liceal e do ensino técnico representam a adaptação do sistema de ensino à realidade social e económica do pósguerra. Tornou-se necessário colocar a educação ao serviço do desenvolvimento económico e industrial do país. Aliás, como observa Sérgio Grácio, "De outro modo, como compreender o voluntarismo governamental que se inicia nos anos 50, assim que a arrancada económica

---

[51] Henrique Medina Carreira, *A situação social em Portugal, op. cit.* p. 442.

60 Maria de Lourdes Pintasilgo – Os Anos da Juventude Universitária

criou recursos para o sustentar? Mais do que o imobilismo, é a promoção da mudança, na condição de controlar os seus efeitos, que emerge do conjunto das medidas analisadas"[52].

Apesar das reformas levadas a cabo na época, o facto é que o sistema educativo português encontra-se muito pouco desenvolvido relativamente a outros países europeus, sendo a sua taxa de escolarização, em meados dos anos 50, a última da escala europeia, com apenas 45%. Além do mais, no que respeita ao ensino superior, a taxa de eficiência interna global, ou seja, a proporção entre alunos matriculados e licenciados, é das mais baixas da Europa, como se pode comprovar pelo sucesso e insucesso, no quadro seguinte, citado por Adérito Sedas Nunes[53]:

Quadro I – Eficiência interna do ensino superior português em confronto com outros países

Países	Anos de ingresso e de conclusão	% de alunos licenciados relativamente aos matriculados
1	2	3
Irlanda	1955-1959	**94%**
Inglaterra	1955-1959	90%
Suécia	1959-1963	80%
Noruega	1955-1959	79%
URSS	1950-1955	77%
Grécia	1959-1963	71%
Bélgica	1959-1963	66%
Canadá	1959-1963	64%
Itália	1954/55-1968/59	63%
RF Alemanha	1957/58-1963	60%
Holanda	1956/57-1962/63	58%
França	1956/57-1960/61	57%
EUA	1959-1963	56%
Espanha	1955-1959	54%
Portugal	1959/61-1964/66	**33%**
Áustria	1959-1963	21%

FONTE: Quadro elaborado a partir do quadro inserto no artigo de Adérito Sedas Nunes e Victor Ferreira "O meio universitário em Portugal, subsídios para a análise sociológica da sua estrutura e evolução no período de 1945-1967", in *Análise social*, Vol. VI, (22.23.24), 1968, p. 355.

---

[52] Sérgio Grácio, *A política educativa como tecnologia social*, Livros Horizonte, Lisboa, 1986, pp. 38-39.

[53] Adérito Sedas Nunes e Victor Ferreira "O meio universitário em Portugal, subsídios para a análise sociológica da sua estrutura e evolução no período de 1945--1967", in *Análise social*, Vol. VI, (22.23.24), 1968, p. 355.

Portugal situa-se praticamente na cauda de um conjunto relativamente alargado de países, tanto do continente europeu como americano, com uma taxa de mortalidade académica bastante elevada (da ordem dos 67%), só ultrapassado pela Áustria (79%).

A sociedade reconhece, no entanto, e cada vez mais, a importância do capital escolar para a evolução económica e social. Assim, a articulação entre a planificação educativa e económica é essencial e foi nesse sentido que se realizaram as reformas referidas[54].

Relativamente ao analfabetismo, segundo um estudo publicado em 1955, Portugal situa-se no último lugar a nível europeu e bastante afastado dos outros países, com cerca de 44% de analfabetos[55].

A escola continua a ser, na década de 50, um instrumento de doutrinação político-ideológica do regime. Apesar das reformas que foram levadas a cabo, o sistema educativo português é uma amálgama de contrastes e ambiguidades. Por um lado, pretende-se a escolarização da sociedade; por outro lado faz-se com que essa escolarização seja devidamente direccionada. Citando Fernando Rosas: "O Estado Novo compreendeu todas as potencialidades do ensino como factor de socialização: inculcou valores, subordinou corpos, disciplinou consciências"[56].

O ensino superior e universitário não vive uma realidade muito diferente dos outros níveis. O acesso é muito dificultado e restritivo, o que leva a uma reduzida população universitária, quer em termos absolutos, quer em termos relativos, quando comparada com o contingente demográfico português. Adérito Sedas Nunes esclarece que "A população estudantil surgiu-nos pequena, tanto em dimensão absoluta, como comparativamente à massa demográfica do país. A razão determinante da sua fraca densidade, encontrámo-la na circunstância de os mecanismos sociais de acesso às Universidades se revelarem, em Portugal, acentuadamente limitativos"[57].

---

[54] Rui Grácio, "Evolução política e sistema de ensino em Portugal: Dos anos 60 aos anos 80" in *O futuro da educação nas novas condições sociais, económicas e tecnológicas,* Coord. de João Evangelista Loureiro, Aveiro, Universidade de Aveiro, 1985, pp. 53-154.

[55] Unesco, *World Survey of education – Handbook of educational organization and statistics,* Evans Brothers Ltd., London, 1955, p. 14.

[56] Fernando Rosas, "Estado Novo", in *Dicionário de História do Estado Novo, op. cit.,* p. 317.

[57] Adérito Sedas Nunes, "O meio universitário em Portugal, subsídios para a análise sociológica da sua estrutura e evolução no período de 1945-1967", *Análise social,* Vol. VI, (22.23.24), 1968, p. 357.

62 *Maria de Lourdes Pintasilgo – Os Anos da Juventude Universitária*

Os anos 50 são palco de múltiplas contradições e conflitos, que se reflectem também na Universidade, provocando a crise que vai marcar esta instituição e será um dos temas mais tratados no Congresso da Juventude Universitária Católica, em 1953, provocando as movimentações estudantis da época, as quais abordaremos mais adiante.

3.2. – A Universidade Portuguesa na década de cinquenta

Nos anos cinquenta, a Universidade portuguesa era um poderoso instrumento do regime estadonovista instalado, portanto, severamente controlada pelos guardiães do regime. Tomando como paradigma a Universidade de Coimbra, o conflito desencadeou-se quando em Setembro de 1956 foi promulgado o decreto-lei n.º 40 900, que substituía as Assembleias Gerais das AAEE (Associações Académicas de Estudantes) por Juntas de Delegados, presididas pelo Director da Faculdade ou seu representante. Em 1957, perante a reacção de contestação dos estudantes, o decreto é enviado à Câmara Corporativa para estudo e alteração. É interessante verificar, na pesquisa que fizemos na Internet, no site dos debates parlamentares, como aparece a referência ao decreto-lei n.º 40 900. Vejamos e atentemos na expressão utilizada *"em que se transformou"* o Decreto-lei n.º 40 900, publicado no «Diário do Governo» n.º 269, 1.ª série, de 12 de Dezembro de 1956, o itálico é nosso. "Os problemas da vida circum-escolar e social do estudante do ensino superior – a habitação, a alimentação, a vida em comum, a educação física, a saúde, o conhecimento do Mundo e das várias formas da cultura humana, o seguro – a escolha da carreira e o emprego preocupam vivamente o Governo. Por isso se institui, através do presente decreto-lei, o órgão encarregado de estudar tais problemas. Enquanto não entrarem em vigor as medidas, que a actividade desse órgão há-de sugerir, as actuais associações e organizações de estudantes continuam a funcionar. Mas o regime que lhes respeita sofre algumas alterações, que a experiência mostrou tornarem-se absolutamente indispensáveis"[58], as alterações são as que estabelecem um absoluto controle sobre as associações de estudantes, por parte do Ministério da Educação Nacional, como veremos mais adiante.

---

[58] http://debates.parlamento.pt/page.aspx?cid=r2.acc, actas da Câmara Corporativa, legislatura 6, sessão 4, número 101, data da sessão 17-01-1957, data do diário 17-01-1957, páginas do diário 1015-1026, p. 1024. (27-01-2008, 12.00 horas).

Depois disto, este decreto não mais volta a ser debatido na Assembleia Nacional. A respeito dele Marcello Caetano referirá que "a nova legislação acabou por revelar-se contraproducente aos olhos dos principais dirigentes políticos do Estado Novo"[59].

No contexto da contestação estudantil ao regime de António Salazar, António Nóvoa afirma que, "O ensino superior define-se como um lugar privilegiado de confronto político e de oposição ao regime, o que a análise da imprensa estudantil da época confirma sem margem para dúvidas"[60].

A população estudantil, nomeadamente em Coimbra, nos finais dos anos cinquenta, era maioritariamente masculina. Em cerca de 5000 alunos havia 1800 raparigas, ou seja, uma percentagem de 36%, concentrando-se 1200 na Faculdade de Letras, o que representa 66% do total das universitárias inscritas em Coimbra. Ao tempo, as famílias da classe média entendiam que estudar valorizava as filhas, preparando-as para o casamento e para a sua dupla função de esposa e mãe, apenas. A frase frequentemente ouvida "é inteligente demais para mulher" traduz bem o que realmente se pensava. As mulheres encaravam a entrada na universidade, como a libertação da casa e da família.

Os organismos da Igreja Católica, como a JUCF, marcavam fortemente a vida estudantil e constituíam o que existia de actividades circum-escolares onde as raparigas podiam envolver-se; aos rapazes estava reservado o CADC (Centro Académico da Democracia Cristã).

Quadro II – As mulheres no Ensino Superior

As mulheres no Ensino Superior	1940-1941	1950-51	1960-61	1970-71	1973-74
Alunos	19,00%	24,90%	29,50%	44,40%	48,30%
Docentes	2,50%	5,40%	10,60%	18,70%	20,90%

FONTES: Estatística da Educação (1940-1941; 1950-1951; 1960-1961;1971 e 1975)

A respeito do CADC Jorge Seabra afirma que, "Os primeiros passos do Centro foram dados quase em semi-clandestinidade. O ambiente anti-católico que se fazia sentir no meio académico, levava os católicos a reunir em residências e repúblicas de absoluta confiança"[61].

---

[59] Marcello Caetano, *Minhas memórias de Salazar*, Lisboa, Verbo, 1983, pp. 481-482.
[60] António Nóvoa, "Ensino Superior", *Dicionário de História do Estado Novo, op. cit.*, p. 307.
[61] Jorge Seabra, et. al., *op. cit.*, p. 102.

64 Maria de Lourdes Pintasilgo – Os Anos da Juventude Universitária

Nesse período, a Universidade, tal como o sistema de ensino português, sofria de um grande atraso relativamente aos restantes países europeus. Numa tentativa de acompanhar o ritmo da evolução europeia, Leite Pinto, ministro da Educação entre 1955 e 1961, apostou no alargamento da escolaridade obrigatória para quatro anos, primeiro para o sexo masculino e depois para o sexo feminino, bem como numa modernização deste sector[62]. Como se pode verificar no quadro seguinte:

Quadro III – Número de alunos no Ensino Superior

Número de alunos no Ensino Superior	Anos lectivos										
	1930-31	(%)	1940-41	(%)	1950-51	(%)	1960-61	(%)	1970-71	(%)	1973-74	(%)
Universidade de Coimbra	1822	25,9	1611	17,3	3320	23,9	5356	22,4	9022	18,2	9790	16,7
Universidade de Lisboa	2544	36,2	3373	36,2	4643	34,4	7232	30,3	16580	33,5	18655	31,8
Universidade do Porto	1275	18,1	1636	17,5	2221	16,5	3597	15	8258	16,7	11757	20
Universidade técnica de Lisboa	931	13,2	2085	9,9	2819	20,9	3337	13,9	9331	18,9	10977	18,7
Outros estabelecimentos	465	6,6	616	6,6	586	4,4	4355	18,2	6270	12,7	7426	12,7
TOTAL	7037		9321		13489		23877		49461		58605	

FONTES: Anuário Estatístico de Portugal (1931), Estatística da Educação (1940-1941; 1960-1961;1971 e 1975).

Relativamente ao número de alunos por professor, os números apontam-nos um crescendo desde o ano lectivo de 1946/47, em que haveria, em média, 16 alunos por professor, enquanto que no ano lectivo de 1966//67 esse valor sobe para 23, o que deteriora forçosamente a qualidade dessa relação. Com os *ratios* apontados, relativamente ao número de alunos para cada docente, certamente não seria fácil a maior aproximação entre aluno e mestre. Aliás, numa análise comparativa, entre 46 países, Portugal situa-se em 41º lugar, no ano de 1965[63], no que respeito ao número de alunos por professor.

Como refere também António Nóvoa "Em 1964, no segundo relatório do Projecto Regional do Mediterrâneo, organizado no âmbito da

---

[62] Álvaro Garrido, *Movimento estudantil e crise do Estado Novo*, Coimbra, Minerva História, 1962, p. 55.

[63] Victor Ferreira e Adérito Sedas Nunes, *op. cit.*, p. 440.

Contextualização Histórica da Crise Académica dos Anos 1950   65

OCDE, exemplifica-se a baixa produtividade do ensino português através do percurso de uma geração escolar"[64], como já referimos anteriormente, a mortalidade académica era elevada.

Adriano Moreira afirma que "A tranquilidade da vida universitária não era ameaçada pela explosão escolar, a aristocratização social dos estatutos era evidente, a distância entre professores e alunos era estrutural, o conservadorismo das percepções era dominante, a inovação condicionada"[65]. Atentando no quadro III, percebe-se que o aumento da população estudantil só se verifica a partir dos anos cinquenta e quase duplica até aos anos sessenta, concentrando-se a maioria dos estudantes em Lisboa, logo seguida de Coimbra e do Porto.

No entanto, a população do ensino superior continua a ser diminuta, comparada, quer com outros países, quer com a base demográfica do país – a população residente em Portugal, segundo os censos de 15 de Dezembro de 1950, era de 8 510 240 habitantes. O contingente universitário estava confinado às quatro universidades de Lisboa, Coimbra e Porto, contando a capital ainda com a Universidade Técnica, fundada em 1931. Como podemos verificar, pelo quadro anterior, nos anos cinquenta, a população do ensino superior é de 13 489 alunos, sendo 24,9% mulheres.

A partir da década de 1950, nota-se um aumento significativo do número de estudantes universitários inscritos. Assim, no ano lectivo de 1956/57, havia 17.886 alunos[66], verificando-se também um incremento da população universitária feminina. Segundo Paulo Fontes, se se estabelecer "um índice da relação existente na população estudantil em termos da proporção a nível dos dois sexos, se compararmos os dados obtidos ao longo das três décadas, verifica-se uma nítida evolução a favor das mulheres: 1934/44, 3.62; 1953/54, 2.61, 1963/64, 1.72"[67]. Pode-se, a partir desta altura, começar a falar de uma lenta, mas progressiva, feminização do ensino. Aliás, Portugal encontra-se numa posição de vanguarda. Nesse

---

[64] António Nóvoa, Ensino Superior, Dicionário de História do Estado Novo, Vol. I, *op. cit.*, p. 306.

[65] Adriano Moreira, "Universidades", *Dicionário de História de Portugal,* Vol. IX, Coord. António Barreto e Maria Filomena Mónica, Lisboa, Figueirinhas, 2000, p. 571.

[66] *Estatísticas da Educação: Ano lectivo de 1956-1957*. Lisboa, INE, 1957, p. 52.

[67] Paulo Fontes "Universidade e Estado Novo nos anos 50: A Crise Académica de 1956-1957 e o Movimento Estudantil" in *Maio de 1968: trinta anos depois. Os Movimentos Estudantis em Portugal*, Coord. Maria Cândida Proença, Lisboa, Edições Colibri, 1999, p. 145.

66   *Maria de Lourdes Pintasilgo – Os Anos da Juventude Universitária*

aspecto e fazendo uma análise comparativa do ensino a nível mundial, Portugal, em 1961, ocupa o 13º lugar, entre 62 países[68]. No entanto, se analisarmos o ensino superior, globalmente, e não apenas o ensino universitário, Portugal desce para o 44º lugar do mesmo quadro. Aliás, como refere Henrique Carreira "De 1926 até à publicação da lei Veiga Simão, durante quase meio século, o ensino superior não mereceu grande empenho do Estado Novo"[69].

Ainda em relação à percentagem de mulheres no ensino, o autor atrás citado, menciona que "Aparentemente, a situação portuguesa é, pois, das mais favoráveis, neste domínio. Se notarmos que o valor registado no nosso país, em 1966, corresponde praticamente ao da França em 1961, poderemos dizer que, em perspectiva de evolução, Portugal só aparece retardado de cinco anos em relação às Universidades francesas, cuja taxa de feminização é, internacionalmente, das mais altas"[70].

Os dados estatísticos não são suficientes para caracterizarmos a Universidade portuguesa nos anos 50. É necessário atentarmos no seu papel e função na sociedade e, nesse âmbito, nota-se um enorme défice decorrente do facto desta instituição se encontrar ainda muito fechada sobre si própria e pouco receptiva à interacção com os agentes sociais e económicos, para além de continuar a ser uma escola de elites socio-económicas, com uma forte selectividade social. Segundo Adérito Sedas Nunes, autor já mencionado anteriormente, as Universidades portuguesas representavam um "factor institucional de consolidação das desigualdades sociais no acesso à instrução universitária"[71].

Através deste quadro, podemos verificar que, quer no que respeita aos homens, quer no que respeita às mulheres, a maior percentagem vem de classes sócio-profissionais superiores, havendo diferença de cerca de 30% entre o grupo médio alto e o médio baixo. O que só corrobora o que já foi referido acerca do afunilamento social no acesso ao ensino superior.

A universidade constituía, para os estudantes, uma instituição invulnerável e o momento de maior crítica, foi precisamente o Congresso da Juventude Universitária Católica, de 1953, onde pela primeira vez se falou abertamente das fragilidades e insuficiências dessa instituição e da sua urgente reforma, com a participação activa da comunidade académica.

---

[68] Victor Ferreira e Adérito Sedas Nunes, *op. cit.*, p. 331.
[69] *A situação Social em Portugal*, 1960-1995, *op. cit.*, p. 442.
[70] *Idem*, p. 330.
[71] Victor Ferreira e Adérito Sedas Nunes, *op. cit.*, p. 402.

Quadro IV – Origem social dos estudantes universitários
(sexo masculino e feminino)

Grupos sócio-profissionais de origem	Sexo masculino %	Sexo feminino %
TOTAL	100	100
Grupo superior	39,8	45,9
Grupo médio-alto	**42,7**	**40,2**
Grupo médio-baixo	11,9	10,0
Grupo inferior	5,0	3,0
Sem resposta	0,6	0,9

Os valores inscritos foram calculados pela autora com base nos dados que extraiu da fonte mencionada a seguir.
FONTE: CODES, Inquérito, *op. cit.*, quadro 37 b, p. 201.

Todavia, a agitação académica não abrandou e a repressão exercida sobre a população estudantil era cada vez maior, tendo sido o Decreto-lei nº 40 900, publicado no Diário do Governo de 12 de Dezembro de 1956, a alavanca para uma onda de manifestações e de sucessivas crises que só terminaram com o 25 de Abril de 1974. E o facto de terem adquirido cada vez mais um cariz político significou, para Marta Duarte, " a descaracterização de um modo de luta inerentemente universitário (...) Perdida a referência institucional (....) estava ganha a consciência política de um grupo etário e social (...)"[72].

O receio das estruturas do poder era cada vez mais manifesto e expressivo; a dificuldade de controlar este grupo social pelos meios repressivos tornava-se cada vez mais evidente. Numa das cartas de Salazar ao General Craveiro Lopes, então Presidente da República, datada de 20 de Dezembro de 1955, pode ler-se que "nos últimos tempos a polícia tem manifestado a sua grande preocupação acerca da captação muito intensa de estudantes para as organizações comunistas. (...) E o pior é que se mostram tão facciosos que toda a conversão ou esperança de conversão parecem perdidas. É um caso muito grave que só por meios policiais é difícil contrariar, uma contra-ofensiva ideológica é que se torna necessária"[73].

---

[72] Marta Benamor Duarte, "Movimentos estudantis", *Dicionário de História do Estado Novo*, *op. cit.*, p. 645.

[73] *Cartas de Salazar a Craveiro Lopes. 1951-1958*, Introdução e coordenação Manuel José Homem de Mello, Lisboa, Moraes, 1983, pp. 116-117.

68   *Maria de Lourdes Pintasilgo – Os Anos da Juventude Universitária*

Sem dúvida que estavam a ser abalados os fundamentos ideológicos do Estado Novo e tornava-se urgente combater essa ameaça com uma renovação da política educativa, de forma a aproximar Portugal dos índices de desenvolvimento europeus, dos quais se encontrava muito longe. Assim, por ocasião do 30º aniversário do "28 de Maio", é criado o "Centro de Estudos Político-Sociais", com o objectivo, segundo o Ministro do Interior da altura, Trigo de Negreiros, de "criar uma consciência política, através de activo movimento de doutrinação"[74] que correspondia à nova orientação de "diversificação do regime"[75].

Trata-se de um período de grande inquietação e angústia bem expressa por grandes personalidades intelectuais da época, como por exemplo António Quadros e Vitorino Nemésio, nas suas conferências intituladas "A angústia do nosso tempo e a crise da Universidade". Ambos salientam que "A Universidade europeia encontra-se em crise, pelo menos tamanha como a do Ocidente..."[76].

Voltando à questão do decreto-lei n.º 40 900, em 23 de Janeiro 1957, quando a Câmara Corporativa reuniu e designou para relator do parecer o reputado professor de Direito da Universidade de Coimbra, monárquico e católico assumido, Guilherme Braga da Cruz, este apresentou um parecer que, para além de anular o decreto, explicitava vários princípios que estavam nos antípodas do então promulgado decreto e representavam a linha de pensamento católico do momento.

Como refere Álvaro Garrido relativamente a este assunto "é de destacar no seu articulado o propósito evidente de submeter as associações de estudantes ao controlo das autoridades académicas e governamentais e de assegurar legalmente a tutela do Estado..."[77]. Se não vejamos o que nos diz o decreto-lei, publicado no Diário do Governo de 12 de Dezembro de 1956: "Artigo 1.º É criada na Direcção-Geral do Ensino Superior e das Belas-Artes a Comissão Permanente das Obras Circum-Escolares e Sociais do Ensino Superior, à qual compete estudar todos os assuntos respeitantes à vida circum-escolar e social dos alunos das escolas superiores

---

[74] *Diário de Notícias*, 01-01-1956, p. 4.

[75] Manuel Braga da Cruz, *O Partido e o Estado no Salazarismo*, Lisboa, Ed. Presença, 1988, pp. 42-45.

[76] António Quadros, *A angústia do nosso tempo e a crise da Universidade*, Lisboa, Cidade Nova, 1956, p. 162.

[77] Álvaro Garrido, *op. cit.*, p. 61.

Contextualização Histórica da Crise Académica dos Anos 1950   69

dependentes do Ministério da Educação Nacional". No artigo que citamos a seguir está expressamente cerceada a liberdade de acção das associações de estudantes: "Art. 17.º. As associações e organizações a que se refere este decreto só podem tratar com o Ministério da Educação nacional por intermédio da direcção da escola ou reitoria, e, dentro do Ministério, todos os assuntos que lhes respeitam correm pela Direcção-Geral do Ensino Superior e da Belas-Artes." Para além disso, os eleitos, ou nomeados para os órgãos das associações teriam de ser sancionados pelo Ministério da Educação Nacional, sem isso não poderiam entrar em funções.

Para a consolidação dos movimentos estudantis em Portugal, a crise académica de 1956-57 foi particularmente importante pelas consequências políticas, sociais e, em última análise, ou primeira, culturais, que dela advieram, sobretudo no que concerne ao papel dos organismos católicos estudantis e ao aparecimento da nova "geração de católicos". O Presidente Geral da JUC em 1957-58 afirma que "nos anos 50, entre o I Congresso da JUC e a campanha do General Humberto Delgado se cortou o cordão umbilical que unia as juventudes católicas às juventudes do regime (salvo raras e honrosas excepções)"[78]. Mas a tão proclamada "crise" institucional do sistema universitário português está intimamente relacionada com o nível escolar que precede os estudos superiores e, cujo acesso, era vedado à maioria das crianças portuguesas, o que levava a que só as minorias cultas e de escalões sociais altos pudessem prosseguir com os estudos universitários. No entanto, essa realidade, a partir dos anos sessenta, tende a modificar-se, com um cada vez maior número de estudantes a aceder ao ensino superior, o que vai provocar perturbações no sistema universitário que não está preparado para tal afluxo.

Como esclareceram Victor Ferreira e Adérito Sedas Nunes, "No conjunto, dentro de apenas oito anos [a partir de 1967], a dimensão do estudantado nacional será 2,2 vezes superior à registada no último ano lectivo para o qual se possui informação estatística"[79]. Tal acréscimo da população estudantil iria ter repercussões ao nível da eficiência interna do sistema universitário, o que levaria a uma deterioração da capacidade de resposta.

---

[78] "Meus tempos, meus modos", *Diário de Notícias*, 09-11-1983, Revista de Livros, p. 1.

[79] Victor Ferreira e Adérito Sedas Nunes, *op. cit.*, p. 438.

70 Maria de Lourdes Pintasilgo – Os Anos da Juventude Universitária

As reformas da Universidade, durante este tempo, eram meramente episódicas, saldando-se em alterações curriculares e na organização de um ou outro curso ou faculdade.

3.2.1. – *A Universidade como centro de poder*

A universidade, desde a sua origem, na Idade Média, foi um centro de poder pelo facto de formar as elites que iriam conduzir e liderar a sociedade. Por isso, o Estado Novo encara-a como uma ameaça, que se devia controlar permanentemente. Além do mais, a sua população gozava de um estatuto de liberdade único e encontrava-se em constante renovação e movimento, o que a tornava, à luz da ideologia estadonovista, um perigo que exigia atenta vigilância.

É precisamente a especificidade deste grupo social e, sobretudo, a sua mobilidade, que vai dificultar as respostas da Universidade às suas próprias exigências. Por outro lado, a insatisfação desta comunidade relativamente à instituição, vai levar a períodos de grande instabilidade e agitação universitária, como o dos anos 1950.

No entanto, essa situação remonta já às manifestações académicas iniciadas na Faculdade de Direito de Lisboa, em Dezembro de 1927, contra a instauração da ditadura, que se agravam em Março de 1928 e se propagam às universidades de Coimbra e do Porto, com uma greve que termina em Junho desse ano[80].

Os estudantes universitários também não ficaram indiferentes às alterações e às transformações sociais e políticas que se seguiram ao fim da segunda Guerra Mundial. Continuavam a ser interditas as eleições livres para as associações académicas e, em 1945, o governo pretendeu nomear para presidente da Comissão Administrativa da Associação Académica da Universidade de Coimbra, uma pessoa da sua confiança que nem se encontrava matriculado nessa instituição. Os universitários reagiram e conseguiram apresentar uma lista encabeçada por Salgado Zenha[81], personalidade que, posteriormente, ficou ligado à esquerda progressista.

---

[80] Marta Benamor Duarte, "Movimentos estudantis", *Dicionário de História do Estado Novo*, *op. cit.*, p. 641.

[81] Francisco de Almeida Salgado Zenha, nasceu em Braga, a 2 de Maio de 1923 e faleceu em Lisboa, em 1993. Licenciou-se em Direito e cedo a sua vida foi marcada pela intervenção política activa. Em 1944 torna-se o primeiro aluno eleito presidente

Contextualização Histórica da Crise Académica dos Anos 1950   71

Entre os alvos do protesto dos estudantes surgem, de acordo com Marta Duarte, "o analfabetismo, o alcoolismo, o integralismo e o fascismo, numa indefinição de tácticas, estratégias e desígnios últimos"[82].

Percebe-se que as manifestações estudantis não têm um único objectivo nem um alvo permanente de crítica, predominando antes a "confusão de referências". Na opinião da autora referida, esta multiplicidade de objectivos justificava-se pelo facto de a universidade constituir "o ponto de encontro dos jovens das classes média-alta e alta, com ocasionais e até então pouco significativas incursões das classes mais baixas"[83]. As universidades portuguesas constituíam, na época, um factor institucional de consolidação das desigualdades sociais no acesso à instrução superior.

Nos meios estudantis formaram-se focos antigovernamentais. A Associação Académica de Coimbra lutou pela recuperação da sua organização democrática e foi um dos principais meios de difusão das ideias contra o regime estadonovista, enquanto nas outras universidades se foram formando associações nas várias faculdades e institutos, que vieram a constituir grupos de luta, igualmente activos embora com menor coesão.

3.2.2. – *A crise na Universidade*

Contrariamente ao que sucedia noutras universidades da Europa, que se entrosavam com o corpo social procurando insuflar-lhe uma vida nova, novas energias criadoras, em Portugal, como refere Paulo Fontes, "A ideia de que a Universidade perdia prestígio radica quer na análise da realidade nacional, quer no contacto com a reflexão que se ia fazendo noutros países, em processo de acelerada modernização, obrigando a uma redefinição do seu papel"[84].

---

da Associação Académica de Coimbra, de cujas funções é demitido em Maio de 1945. No final desse ano passa a ser responsável pela organização estudantil de Coimbra da Federação das Juventudes Comunistas Portuguesas e, nessa condição, participa na criação do Movimento de Unidade Democrática Juvenil. Mais tarde apoiou a candidatura do General Humberto Delgado e foi um dos protagonistas do 25 de Abril, no decurso do qual é nomeado ministro da Justiça. website www.sgmf.pt/Francisco (12/10/07, 18.00 horas).

[82] Marta Benamor Duarte, "Movimentos estudantis", *Dicionário de História do Estado Novo, op. cit.*, p. 641.

[83] *Idem*, p. 642.

[84] Paulo de Oliveira Fontes, *art. cit.*, p. 149.

72 Maria de Lourdes Pintasilgo – Os Anos da Juventude Universitária

Esta era a imagem da universidade portuguesa na década de 50, agravada pelos conflitos académicos que vinham recrudescendo com o fim da II Guerra Mundial. A polémica provocada pelo aumento das "propinas" em 1941, o conflito académico do pós-guerra em luta pela autonomia da Associação Académica de Coimbra em 1946-1947, o movimento (ainda de cariz essencialmente "corporativo") contra medidas centralistas de organização da acção social da Academia em 1956-1957, são exemplo da luta dos estudantes contra o regime, assim como o envolvimento de sectores universitários no Movimento de Unidade Democrática (MUD--Juvenil), fundado em 1945 e, nas eleições para a Presidência da República, ao lado dos líderes da oposição – General Norton de Matos (1948), Rui Luís Gomes (1951), Arlindo Vicente e Humberto Delgado (1958).

Cristina Faria refere que "As lutas estudantis desta época, das de maior violência e repressão ao longo de 48 anos de autoritarismo, consubstanciam, portanto, uma memória de resistência perdida no tempo (...)"[85].

No entanto, não serão apenas estas as razões da decadência desta instituição, a elas teremos de acrescentar as deficientes condições de trabalho (materiais, financeiras e logísticas), bem como os conteúdos dos próprios programas, desfasados da realidade socio-económica da época.

Durante a década de 1950, assiste-se à afirmação do *corpus* universitário e à assunção, por parte dos estudantes, quer da sua peculiar situação social "quer das suas características de grupo (...)"[86]. Mas é, sobretudo, a Universidade de Coimbra que se encontra no centro das atenções de Salazar, como afirma J. Santos Simão: "Sabia-se que a preocupação do governo estava centrada em Coimbra, dado o carácter da AA (Associação Académica) que representava toda a Academia, diferentemente de Lisboa e Porto em que cada Escola Superior ou Faculdade (quando tinha) tinha a sua associação"[87].

Nos anos 1950, o Salazarismo apresentava sinais de agonia. Este período, a que os historiadores chamaram de "Anos de chumbo", levou ao fim de António de Oliveira Salazar no poder. Fernando Rosas afirma

---

[85] Cristina Faria, *As lutas estudantis*, Lisboa, Edições Colibri, p. 203.

[86] Victor Ferreira e Adérito Sedas Nunes, *op. cit.,* pp. 526-595.

[87] J. Santos Silva, "Os estudantes e a Universidade em meados deste século", in *Universidade (s), História, memória, perspectivas. Actas do Congresso História da Universidade*, Vol. III, pp. 355-365, Coimbra, Comissão Organizadora do congresso "História da Universidade", 1991, p. 365.

Contextualização Histórica da Crise Académica dos Anos 1950   73

que "Na realidade, sob a carapaça do cinzentismo oficial, é a sucessão de Salazar que se começa pela primeira vez a discutir seriamente. Era o princípio de um longo fim, que, curiosamente, terá como motor não tanto a ofensiva externa dos seus inimigos, mas a desagregação interna dos seus apoiantes (...)"[88]. Esta situação desencadeou perturbações que piorariam o estado do país, já de si muito fragilizado.

A presente contextualização ficaria incompleta se não referíssemos aqui a opinião de Maria de Lourdes Pintasilgo, expressa no seu discurso de encerramento ao Congresso: "Ao dizermos que a Universidade está em crise, quisemos dizer que a Universidade se alheou por completo do verdadeiro esquema dos fins que a definem para se reduzir a uma escola de técnicos, de valor humano discutível, preterindo ou renegando as funções essenciais que lhe cabem de fazer ciência, criar e difundir cultura e promover o pleno desenvolvimento da personalidade intelectual dos universitários[89]".

Também as questões mais relevantes, do congressista Carlos Maria Moniz Tavares de Mattos Taquenho, na sua intervenção "A universidade perante o problema social e a crise do pensamento", foram os problemas sociais, porque toda e qualquer evolução da sociedade se prende com a melhoria da qualidade de vida do ser humano. No entanto, continua, que apesar "dos melhoramentos de toda a espécie, na educação, no modo de vida, na alimentação, na vida intelectual, porquê um mal estar que se respira quasi insensivelmente?"[90]. Porque esta sociedade não nos convém, segundo Alexis Carrell[91], citado pelo autor. "Ela desenvolveu-se ao acaso

---

[88] Fernando Rosas, "A lenta agonia do Salazarismo", *História de Portugal*, Vol. VII, dir. José Mattoso, Lisboa, Círculo de Leitores, 1994, p. 503.

[89] Discurso de Maria de Lourdes Pintasilgo, *O Congresso e a renovação da Universidade, op. cit.* p. 57.

[90] Comunicação de Carlos Taquenho, Arquivo da Fundação Cuidar o Futuro, espólio MLP, pasta "Congresso da JUC".

[91] Alexis Carrell – Cirurgião e biólogo francês, estudou medicina nas universidades de Lyon e Dijon. Em 1905 mudou-se para os Estados Unidos onde trabalhou no Laboratório Fisiológico de Hull (Chicago) e, em 1906, integrou o Instituto Rockefeller de Investigações Médicas (Nova Iorque). Transplantou tecidos e órgãos de um animal para outro e desenvolveu um novo método de sutura de vasos sanguíneos. Por esta descoberta mereceu o Prémio Nobel de Medicina e Fisiologia de 1912. Para uma biografia mais completa ver, entre outros, o site:
http://www.conocereisdeverdad.org/website/índex.php?id=854, (15/04/2007/ /17.00).

pelos esforços de alguns homens de génio, segundo a forma do seu espírito e do caminho que tomou a sua curiosidade. Ela não foi de modo nenhum inspirada pelo desejo de melhorar o estado dos seres humanos"[92].

Segundo Carrell, não houve a estruturação de um plano prévio de desenvolvimento estratégico e a humanidade não foi encarada no seu todo, corpo e alma. A vida imposta pela máquina da industrialização global remete o ser humano para uma existência sem objectivos, que não sejam os da imediata sobrevivência material, levando o ser humano a ser utilizado apenas como eficaz, ou não, instrumento de trabalho.

O autor retoma o seu pensamento referindo-se à onda materialista que varre o seu tempo em contraposição à preocupação social que deve constituir a missão de todo o ser humano, gerando uma cadeia de solidariedade universal que redunde numa real, e não artificial, melhoria das condições de vida de todos à escala planetária.

Carlos Taquenho esclarece: "Nós, católicos, temos uma doutrina onde se há-de alicerçar qualquer política social. (...) A Igreja foca a necessidade de harmonia entre o capital e o trabalho e acentua que o conflito entre eles resulta de erros que é indispensável corrigir"[93].

Portanto, a universidade, na opinião dos autores referidos, deve contribuir para encontrar o caminho de uma política social, de um desenvolvimento mais justo e equitativo, de uma existência humana mais concordante com os valores cristãos. A investigação científica que a Universidade deve orientar e promover contribuirá para retomar os equilíbrios da sociedade, corrigindo os erros que foram cometidos pelo materialismo e capitalismo desenfreados. Ainda de acordo com a visão desse autor, o corporativismo deverá ser restaurado, pois ele poderá dar resposta à conjuntura que se vive no século XX. E, para a Universidade "o caminho está portanto traçado, mas é necessário que a Universidade estude e investigue para bem servir o ideal nacional e cristão (...)"[94]. No que diz respeito à investigação universitária, no contexto da Universidade de Coimbra, Luís Reis Torgal afirma que, "a Universidade, no seu todo, esteve perfeitamente integrada no Estado Novo, que foi tendo, naturalmente a sua evolução, a "renovação na continuidade" (...) Nos anos 50, nota-se

---

[92] Comunicação de Carlos Taquenho, *op. cit.*

[93] *Idem.*

[94] *Idem.*

Contextualização Histórica da Crise Académica dos Anos 1950 75

particularmente o acentuar da vigilância (relativamente aos professores)"[95]. Este clima de censura não era, portanto, propício à investigação.

O que se tornava absolutamente imprescindível, para a inversão da tendência de crise nesta instituição, era a promoção da independência crítica doutrinária e expositiva e que os processos pedagógicos estivessem assentes na prática e na experiência. Só assim se conseguiria cumprir a tão almejada função social e intelectual da universidade.

J. Keating reforça estas palavras referindo que "como católico, acredito pois que a investigação é para nós uma obrigação que decorre da própria essência da doutrina cristã – a marcha para a verdade (...)"[96].

---

[95] Luís Reis Torgal, *A Universidade e o Estado Novo*, Coimbra, Minerva História, 1999, pp. 176 e 179.

[96] J. Keating, "Universidade – Contribuição para o estudo das possibilidades de investigação na Universidade Portuguesa", *Revista Estudos*, fasc. I, n.º 313, Coimbra, Jan. 1953, pp. 31-37.

4. – O I Congresso Nacional da Juventude Universitária Católica de 1953 e o papel de Maria de Lourdes Pintasilgo

4.1. – Objectivos e finalidades

Tal como determinam os estatutos da JUCF, Maria de Lourdes Pintasilgo foi nomeada pelo Episcopado Português para presidente deste organismo em 1952, por um período de dois anos, segundo o mesmo regulamento.

Já há muito que a ideia de se organizar um congresso para discutir e reflectir sobre a situação da vida universitária em Portugal, da Universidade e da Igreja, se vinha impondo, uma vez que, segundo Maria de Lourdes, "(...) aferir o norte é somar todos os esforços passados, é pesá-los na dura balança da realidade tangível; nenhum sacrifício foi demais, se se está no rumo certo, tudo foi de menos se se está fora dele. Ora um congresso é uma medição de distância zenital, um usar do sextante para verificar em que ponto se está. A J.U.C vai fazer o seu Congresso. Em que ponto estará?"[97].

A iniciativa surgiu, então, da imperiosa necessidade de se "aferir o rumo" e definir o caminho a seguir, corrigindo, modernizando, inventando e reinventando, porque "nas Universidades reúnem-se – pelo menos quando são completas – todas as formas, as competências, todos os aspectos da cultura" (Leclercq). Por isso a Universidade tem o dever – como proclamou o XIX Congresso da Pax Romana –(...) de ser foco irradiante de valores culturais e fermento de novas orientações de vida"[98].

---

[97] Arquivo da *Fundação Cuidar o Futuro*, espólio de MLP, Pasta "Congresso da JUC", *Boletim de Informação do I Congresso da Juventude Universitária Católica*, Lisboa, n.º 1, 21 de Abril de 1952.

[98] *I Congresso, op. cit.*, p. 22.

78   *Maria de Lourdes Pintasilgo – Os Anos da Juventude Universitária*

Tendo como base o tema geral "O pensamento católico e a Universidade" e como lema "Estar presente – servir a Igreja", os objectivos do congresso são muito claros: situar a Universidade em face do homem e da vida; desenvolver no estudante a consciência universitária; estudar as responsabilidades apostólicas da JUC e da JUCF e preparar o universitário católico para o apostolado intelectual; contribuir para uma estruturação mais perfeita de cada um dos referidos organismos no plano nacional.

Este congresso enquadra-se na linha dos que se realizaram anteriormente no âmbito da ACP, os quais "constituíram espaços importantes de formação de dirigentes e de divulgação de ideais, agitando problemas e preconizando reformas, marcando indiscutivelmente uma geração – em particular a nível dos jovens universitários e operários e uma época da Igreja Católica em Portugal"[99].

A Igreja dava prossecução à sua intenção de "formar chefes", criar um escol intelectual, que pudesse, paulatinamente, ocupar todos os sectores da sociedade e exercer a sua influência, assim como cumprir a sua missão de recristianização da nação portuguesa. Para Guilherme Braga da Cruz tornava-se imperioso que "a Universidade e a Igreja, olhando para o seu passado glorioso e para a grande obra que se ajudaram a realizar, voltem a dar-se as mãos, conscientes de que não têm caminhos diferentes a trilhar, mas um único e mesmo caminho: o caminho da Verdade (...)"[100].

4.2. – Estrutura organizativa do Congresso

O congresso realiza-se sob a presidência de uma Comissão de Honra e sob a direcção de uma Comissão Executiva, tutelada pelas Direcções Gerais da JUC e da JUCF, sendo presidida por Maria de Lourdes Pintasilgo.

Esta comissão repartia as funções organizativas por subcomissões especializadas e era representada por Delegações Diocesanas, nos três centros universitários do país. A representação da Comissão Executiva, nos respectivos centros universitários, estava a cargo dessas delegações. A elas caberia também fazer a divulgação e a preparação local do congresso através da constituição de Delegações de Escola nas diversas faculdades.

---

[99]António Matos Ferreira e Paulo de Oliveira Fontes, "Acção Católica Portuguesa", *Dicionário de História Religiosa de Portugal*, Vol. I, *op. cit.*, p. 14.
[100] *I Congresso, op. cit.*, p. 104.

O I Congresso Nacional da Juventude Universitária Católica de 1953...   79

Existiam ainda os Assistentes Gerais e Diocesanos dos Organismos, que tinham como principal função a assistência eclesiástica, quer à Comissão Executiva, quer às Delegações Diocesanas.

Nos manuscritos de Maria de Lourdes Pintasilgo (MLP), arquivados na "Fundação Cuidar o Futuro", em Lisboa, encontram-se as suas notas sobre as reuniões de preparação do congresso. Estas notas têm passagens truncadas e, por vezes, limitam-se a esboçar ideias, ainda pouco claras e imprecisas. A mais antiga, a que tivemos acesso, remonta a 19 de Março de 1952, data anterior ao número um do boletim informativo do congresso, que é publicado a 21 de Abril de 1952. Nele pode ler-se: "Com a publicação do presente Boletim de Informação e dos que se lhe seguirem pretende-se, estabelecendo um sólido elo de ligação entre os três centros universitários, manter ao corrente dos trabalhos do I Congresso Nacional todos os estudantes portugueses e levá-los a colaborarem consciente e entusiasticamente para o seu maior êxito. Para que Cristo reine na Universidade"[101].

Nessa reunião, tal como nas outras subsequentes, vão aparecendo as grandes questões relativas à preparação do congresso, que serão reiteradamente discutidas e acordadas, nomeadamente: composição e função da comissão executiva (CE); definição do tema principal, das teses e dos objectivos; constituição das sub-comissões organizadoras do Congresso; nomeação dos oradores das sessões plenárias, realização dos inquéritos; temas de comunicações complementares em torno das teses principais; inscrição dos congressistas; angariação de receitas: actividades e benfeitores; constituição da Comissão de Honra; elaboração do programa do congresso e emblema; preparação do Jucista para o congresso; esquematização das reuniões (plenárias e parciais); organização das publicações e redacção da oração de consagração; definição de regras para a recepção dos congressistas; apoio internacional. Estes aspectos da organização serão analisados no decurso desta dissertação, com base nas referidas notas e boletins informativos.

A confirmar a autenticidade das notas redigidas por Maria de Lourdes Pintasilgo, é possível verificar-se a seguinte referência "8/IV/-52 – (Adérito[102] e eu em minha casa)", numa alusão explícita ao presidente do congresso.

---

[101] Boletim de Informação, op. cit..

[102] Adérito Sedas Nunes nasceu em Lisboa em 1928 e licenciou-se em Economia e Finanças pelo ISCEF (1955), onde começou a sua carreira académica, tendo passado,

4.2.1. – Composição e função da Comissão Executiva

No primeiro boletim já referido, na rubrica intitulada "A Comissão Executiva informa (...)", encontram-se alguns nomes que a constituem. No entanto, a informação não está completa e só se encontra, posteriormente, no *Livro do Congressista*[103], a constituição da "Comissão Executiva". Esta integra as seguintes individualidades: como Presidentes (da JUC e da JUCF) Adérito Sedas Nunes e Maria de Lourdes Pintasilgo, respectivamente; como Vice-presidentes, os presidentes diocesanos da JUCF e da JUC, mais especificamente, Maria Filomena Cruz (da JUCF de Coimbra), Hermes Augusto dos Santos (do CADC de Coimbra), Maria Adelaide Vasconcelos (da JUCF de Lisboa), José Manuel Pinto Correia (da JUC de Lisboa), Maria de Jesus Pacheco da Cunha (da JUC do Porto) e António de Jesus Fernandes (também da JUC do Porto); como Secretários Gerais, Manuel Paulo Marques e Maria Higina Nunes da Silva; como Tesoureiros Gerais, Fernando José Monteiro, Marcelino Pereira da Rocha e Maria da Eucaristia Lencastre e, como Assistentes Eclesiásticos, os Padres Dr. Domingos Maurício Gomes dos Santos e o Dr. António dos Reis Rodrigues.

Esta comissão executiva (CE) tinha como principais funções planear todos os aspectos referentes à organização, à propaganda e ao funcionamento do Congresso e confiar a sua execução às subcomissões; dirigir os serviços de secretaria e de tesouraria; nomear as subcomissões e atribuir-lhes funções, de acordo com as direcções da JUC e da JUCF de Coimbra, Lisboa e Porto, bem como das Delegações Diocesanas; designar

---

em 1973, para o ISCTE. Exerceu a docência também na Faculdade de Ciências Humanas da Universidade Católica e na Faculdade de Ciências Sociais e Humanas da Universidade Nova de Lisboa. Foi fundador e director do Gabinete de Investigações Sociais da Universidade de Lisboa e da sua revista *Análise Social*. Fez parte da "ala liberal" na Câmara Corporativa (1969-1973), assumiu a presidência da Junta Nacional de Investigação Científica e Tecnológica de 1976 a 1977. No V Governo Constitucional (1979--1980) foi ministro da Cultura e Ciência e da Coordenação Cultural. É considerado o pai das modernas Ciências Sociais em Portugal, especialmente da Sociologia. Faleceu em Lisboa em 1991. As suas obras principais intitulam-se *Situação e Problema do Corporativismo* (1954), *Sociologia e Ideologia do Desenvolvimento* (1968), *A Situação Universitária Portuguesa* (1971) e *Questões Preliminares sobre as Ciências Sociais* (1972). www.netsaber.com/biografias (7/12/07 – 14.00 horas).

[103] Arquivo da *Fundação Cuidar o Futuro*, espólio de MLP, Pasta "Congresso da JUC", *Livro do congressista*.

O *I Congresso Nacional da Juventude Universitária Católica de 1953...* 81

os presidentes das mesas das reuniões de trabalho do congresso; receber e aprovar as comunicações apresentadas pelos congressistas; redigir, em colaboração com a Comissão de Redacção e Publicações, as conclusões e votos do congresso, assim como apresentá-los aos congressistas na reunião de encerramento; publicar as teses e comunicações apresentadas, bem como todos os documentos considerados relevantes.

Mais adiante, numa nota intitulada "Revisão plenária da CE", a qual não está datada, percebe-se que estava nas intenções de MLP fazer um balanço da actividade da Comissão Executiva e da sua linha de acção, assim como uma apreciação global do estado dos trabalhos. As palavras de MLP recolhidas das suas notas são elucidativas quanto a essa finalidade, bem como quanto à abrangência que se pretendia dar ao Congresso, só possível com uma articulação estreita e continuada entre a Comissão Executiva e as Direcções Diocesanas, como se pode deduzir das seguintes palavras: "É toda a JUC que faz o congresso não apenas a CE; O congresso é para todos, não se deve limitar aos congressistas. Está já a realizar-se, não é uma tarefa a mais, colocada mais ou menos artificialmente sobre os outros trabalhos da JUC: é uma afirmação de maturidade, porque não basta o entusiasmo da última hora, exige uma séria preparação"[104].

No que respeita à colaboração da Comissão Executiva (CE) com as Delegações Diocesanas (DD), MLP questiona a sua operacionalidade ao interrogar-se se "as informações da CE para as DD são suficientes para que estas vivam o congresso?; as DD têm de facto uma existência real e não apenas formal dentro da CE?; necessidade do contacto da CE com as DD se fazer através dos vogais respectivos e não sempre através de pessoas que nada têm a ver directamente com os problemas?".

Nesta nota é manifesta a vontade de MLP de ter a noção concreta de como as estruturas das diversas universidades estão a trabalhar, porque a sua consciência quanto à responsabilidade do evento é muito clara, bem como também a necessidade de existir uma comissão capaz, que tenha um amplo conhecimento de tudo o que está a acontecer no terreno. Assim, no que respeita ao trabalho no Porto, é referida a "imensa apatia e dificuldade" nas suas respostas. Já em relação a Lisboa, a informação que chega à CE é a de que o congresso é muito mal conhecido, mesmo entre os jucistas e completamente desconhecido para as massas, apesar de ter sido

---

[104] Arquivo da *Fundação Cuidar o Futuro*, espólio de MLP, pasta "Congresso da JUC", Nota de MLP "Revisão Plenária da CE".

82   *Maria de Lourdes Pintasilgo – Os Anos da Juventude Universitária*

referido em todas as reuniões de militantes. Talvez se justificasse uma reunião geral de estudantes para tratar dos problemas universitários, fazê--los "companheiros, não só chamar ao trabalho mas dar o trabalho". Nesta frase é óbvia a vontade de Maria de Lourdes Pintasilgo querer partilhar tudo o que representa e envolve este acontecimento, no sentido de responsabilizar e comprometer todos e cada um pelo seu sucesso ou fracasso.

No que concerne a Coimbra, é referido que o CADC "não tem ainda nada, apenas as linhas gerais na mente dos dirigentes", embora estivessem previstas reuniões de estudo sobre os problemas universitários. Recorremos ao testemunho de D. Eurico Dias Nogueira, à época assistente eclesiástico diocesano da JUCF, que afirma que "Coimbra teve participação muito activa na preparação e efectivação do Congresso. (...) No CADC (Centro Académico de Democracia Cristã), como preparação próxima, destacou-se, para lá de muito mais, um ciclo de seis sessões de estudo, em Março de 1953 (entre 4 e 23), muito concorridas e participadas com entusiasmo"[105].

A propósito da necessidade de um envolvimento e vivência, cita-se uma passagem das notas de MLP, as quais também demonstram uma certa fricção entre as comissões de Porto e Lisboa. Mais concretamente, admite-se que "na verdade não é Lisboa como tal que dá as orientações mas sim as direcções gerais. E que esse desejo de coordenação que o Porto manifesta é com certeza um progresso imenso na vida da JUC e da JUCF, por quanto só poderem ter a certeza de que caminhamos em inteira união quando todos nos firmarmos não só num ideal, mas também na idêntica realização em campanhas e em métodos de trabalho"[106]. Deve-se acrescentar que o congresso se coloca sob o patrocínio de Nossa Senhora de Fátima, padroeira da Acção Católica, e de S. Tomás de Aquino, patrono dos intelectuais.

4.2.2. – *Definição do tema principal, das teses e dos objectivos*

Assim, de 15 a 19 de Abril de 1953, decorreria o I Congresso Nacional da Juventude Universitária Católica, subordinado ao tema geral: "O pensamento católico e a Universidade". Adérito Sedas Nunes, no seu

---

[105] Depoimento de Eurico Dias Nogueira, anexo 10, p. 38.
[106] Arquivo da *Fundação Cuidar o Futuro*, espólio de MLP, pasta "Congresso da JUC", Nota de MLP "Revisão Plenária da CE".

O *I Congresso Nacional da Juventude Universitária Católica de 1953...* 83

discurso de abertura questiona "por que motivo concitam actualmente tão extraordinário interesse os temas referentes à Universidade? Digamos desde já: em primeiro lugar, porque a Universidade é o centro de formação dos universitários; em segundo lugar, por ser também o ponto de mais elevada concentração do saber na sociedade"[107]. A Igreja encara a universidade como um desses locais onde a vocação do homem para a busca do conhecimento e a ligação da humanidade à verdade, como fim do conhecimento, se constituem numa realidade quotidiana para toda a comunidade estudantil.

A universidade, dum modo geral e a cultura universitária, em particular, constituem uma realidade de importância decisiva. Estão em causa questões vitais neste campo e as profundas mudanças culturais trazem como consequência novos desafios à Igreja. Para João Paulo II "A síntese entre cultura e fé não é somente uma exigência da cultura mas também da fé (...) Uma fé que não se torna cultura é uma fé que não é plenamente acolhida, inteiramente pensada e fielmente vivida"[108].

Este tema aglutinador subdividia-se em cinco teses fundamentais, as quais enformariam todo o congresso: "Origem e evolução da universidade"; "Fins da Universidade"; "Vida institucional da Universidade"; "Responsabilidade social da Universidade" e "Universidade e Igreja", sendo cada uma delas atribuída a um professor catedrático convidado.

O congresso tinha como objectivos situar a Universidade em face do homem e da vida; desenvolver no estudante a consciência universitária; estudar as responsabilidades apostólicas da JUC e da JUCF e preparar o universitário católico para o apostolado intelectual. Finalmente, contribuir para uma estruturação mais perfeita de cada um dos referidos organismos no plano nacional.

Na sua comunicação intitulada "Responsabilidade social da Universidade", António de Sousa Câmara refere que "Todos estarão de acordo em crer que sobre a Universidade recai a enorme responsabilidade social de ter de contribuir poderosamente para a elevação da Humanidade (...)"[109].

---

[107] *I Congresso, op. cit.*, p. 12.

[108] João Paulo II, *Carta Autógrafa de instituição do Pontifício Conselho da Cultura*, 20 de Maio de 1982, AAS, 1983, Vaticano, pp. 683-688.

[109] *I Congresso, op. cit.*, p. 149.

84 *Maria de Lourdes Pintasilgo – Os Anos da Juventude Universitária*

A razão destas finalidades é justificada pela própria MLP nas suas notas e expressa no 1º boletim, quando afirma, numa mensagem elaborada sob a forma epistolar, uma vez que se dirige ao leitor como "Meu Caro Amigo. Desculpa não termos espaço para nos alongarmos com algumas considerações sobre a crise universitária (...) O Congresso aparece-te como uma ajuda no cumprimento do teu dever de luta e como uma força a opor--se à propagação dessa crise (...)"[110]. Maria de Lourdes Pintasilgo acentua nesta missiva a sua consciência da crise universitária que se vive e responsabiliza toda a comunidade académica, lançando o repto para se travar a sua generalização. Para Maria de Lourdes a crise universitária consistia, como nos revela no seu discurso final ao Congresso, no facto de: "a Universidade [se ter alheado] por completo do verdadeiro esquema dos fins que a definem (...) nessa Universidade de que Deus está ausente não é plenamente Universidade porque lhe falta o padrão aferidor de todas as aquisições humanas, o fecho da abóbada dos conhecimentos científicos e filosóficos"[111].

Igualmente faz um apelo à participação dos estudantes, ainda que indirectamente, responsabilizando-os pela crise que tanto criticam e pondo-lhes nas mãos um instrumento para aferir a sua dimensão e apresentar alternativas para a debelar. Socorremo-nos do depoimento, para esta tese, do congressista Mário Bento, membro da Direcção do CADC: "Quanto à Universidade portuguesa como um todo, convém ponderar que o Congresso se situa na primeira década após a 2ª Guerra Mundial com todo o séquito de dificuldades e problemas que afligiam os países e suas instituições de topo onde as Universidades têm lugar. Em termos de "crise" guardo a lembrança de que grande parte da massa académica vivia imersa no individualismo, ausente de preocupações formativas, de entreajuda, de partilha cultural minimamente organizada"[112].

O segundo número desse boletim é editado a 12 de Maio de 1952 e tem como título "Estar Presente!". Encontra-se aí um artigo revelador da atitude activa e interveniente que o cristão deve assumir na sociedade em que se integra, ao explicitar-se que "O cristão é alguém profundamente interessado no mundo que o rodeia: (...) não com o cinismo céptico do diletante, que olha as coisas como um naturalista classifica fósseis, mas

---

[110] *Boletim de Informação, op. cit..*
[111] *I Congresso, op. cit.* p. 56-57.
[112] Depoimento de Mário Bento, anexo 10, p. 44.

O I Congresso Nacional da Juventude Universitária Católica de 1953... 85

com um interesse ardente de participação – porque o anima (...) o fogo da caridade, e sabe que a sua acção sobre o mundo é indispensável, não só para a consecução do destino a que o mundo intimamente aspira, mas para a própria realização dos planos que Deus tem a seu respeito"[113].

Mais à frente encontra-se a fundamentação da importância da Universidade para a Igreja, assim como da escolha do tema geral do congresso: "Na Universidade deve realizar-se a nossa educação integral, de espírito, de carácter, ou, se ela com tanto não pode arcar, nela se reflectir: assim estaremos presentes, no aspecto intelectual e no aspecto social. Um dia sairemos formados; isso não significa que abandonamos a "Alma Mater", mas que sob o seu impulso irradiamos dela para mais altos encargos; devemos pensar, e isso é dever que a muitos soará como novidade, que continuamos a estar obrigados a estar presentes, de modo diferente, mas fundamental. (...) Em suma, o mesmo espírito nos deve manter unidos em torno da Universidade que é a nossa vocação – sejamos estudantes, mestres ou diplomados" [114].

Para a Igreja tornava-se premente reexaminar a natureza e os objectivos da educação superior, exposta que estava às novas idolatrias das instituições intelectuais, trazidas pelo mundo emergente da 2ª Guerra Mundial. Portugal não viveu a experiência da resistência, nem a da colaboração como aconteceu noutros países, foi de certa forma poupado neste aspecto, no entanto, sofreu o impacto da guerra e o regime traçou as linhas angulares da "preparação nacional para o pós-guerra"[115] que passavam pela "implacável manutenção da ordem". Assim, em Setembro de 1944, Oliveira Salazar procede a uma remodelação do Governo, sobretudo nas Forças Armadas e na polícia, promove Santos Costa a ministro da Guerra que logo coloca homens da sua confiança, quer nos comandos das Forças Armadas, quer na PSP e na GNR. Este reforço do autoritarismo foi acompanhado com algumas operações de cosmética, como a mudança de designação do Secretariado de Propaganda Nacional (SPN) para Secretariado

---

[113] Arquivo da Fundação Cuidar o Futuro, espólio de MLP, pasta "Congresso da JUC", *Boletim de Informação do I Congresso da Juventude Universitária Católica*, n.º 2, 12 de Maio de 1952.

[114] *Idem*, pp. 1-2.

[115] Cit. em *História de Portugal*, dir. José Mattoso, Vol. VII, Coord. de Fernando Rosas, art.º "O salazarismo na defensiva: aguentar (1943-1945)", Lisboa, Círculo de Leitores, 1994, pp. 375/376.

86   *Maria de Lourdes Pintasilgo – Os Anos da Juventude Universitária*

Nacional de Informação, Cultura Popular e Turismo, vulgo SNI, e a execução de algumas obras públicas.

Mas a crise do regime adensa-se e, com o aparecimento do Movimento de Unidade Democrática (MUD), a 8 de Outubro de 1945, em Lisboa, e a adesão de várias figuras públicas, nomeadamente destacados homens da Igreja, como o Padre Alves Correia, desencadeia-se, então, uma onda de perseguição e de repressão aos signatários desse movimento. Mas, lentamente "as forças do Estado Novo vão recuperando as efeménides disponíveis (comemorações da entrada de Salazar no Governo (...)"[116].

Para além do aspecto político que focámos, as mudanças do pósguerra em Portugal, manifestam-se na "modernização demográfica" com a diminuição da taxa de natalidade de 0,48%, entre 1950 e 1960, e 0, 21% na década seguinte, e o aumento da esperança média de vida, o que prova que as condições de vida das populações melhoram. São desta altura, também, (1944-1945), a promulgação das leis de electrificação e de fomento industrial que começam, lentamente, a mudar a face rural do país. Ao tempo, "a economia portuguesa – sofria a sua mais espectacular metamorfose de sempre. O País entrou em fase de crescimento económico auto-sustentado, a sua indústria desenvolveu-se exponencialmente, a importância relativa da agricultura decaiu em termos drásticos e definitivos, a população começou a fugir em massa dos campos em direcção às cidades[117].

Relativamente às políticas da educação, o período do pós-guerra caracterizou-se por uma total desadequação às necessidades da realidade. Assim, segundo Medina Carreira, quando "a seguir à Segunda Guerra Mundial, se processa aceleradamente, a reconstrução europeia e as economias industrializadas crescem a um ritmo antes desconhecido, começa a evidenciar-se a completa inadequação dos fins, dos instrumentos e dos resultados da política educativa do salazarismo: "inculcador ideológico" de uma doutrina fortemente nacionalista, não preparava os alunos, nem em número, nem em qualidade, para as necessidades dos novos tempos"[118].

---

[116] *Idem.*, p. 380.

[117] *História de Portugal, op. cit.* "Portugal depois da Guerra: Estado velho, Mundo Novo (1950-1974)", p. 440.

[118] Henrique Medina Carreira, "A educação", in *A situação social em Portugal, 1960-1995*, org. António Barreto, Lisboa, Instituto de Ciências Sociais da Universidade de Lisboa, 1996, p. 442.

O I Congresso Nacional da Juventude Universitária Católica de 1953... 87

No que concerne à instituição universitária, em cinquenta anos ela sofreu consideráveis mudanças cujas características, todavia, não devem ser generalizadas para todos os países nem aplicadas, dum modo unívoco, a todos os centros académicos duma mesma região, porque cada universidade é o resultado do seu contexto histórico, cultural, social, económico e político. No caso português, como refere o mesmo autor, "De 1926 até à publicação da lei Veiga Simão[119], durante quase meio século, o ensino superior não mereceu grande empenho do Estado Novo"[120].

Numa época de crise, e depois de duas guerras mundiais, como pode o cristianismo ser trazido de novo para dentro da universidade, e qual deve ser a missão da universidade no nosso tempo? Ortega y Gasset afirma na sua conferência "La pedagogia social como programa politico", proferida em Bilbao, a 12 de Março de 1910, que é preciso transmitir cultura e "Cuando hablamos de mayor o menor cultura queremos decir mayor o menor capacidad de producir cosas, de trabajo. Las cosas, los productos son la medida y el sintoma de la cultura"[121].

A escolha deste tema para o congresso vem reafirmar, mais uma vez, o conceito de universidade para os cristãos, como o centro da formação superior que deve perseguir apenas um objectivo: a verdade, encarada sob o ponto de vista do catolicismo, a qual implica a aproximação de Deus e o caminho para a perfeição divina ajudando, nesse caminho, os que necessitem dos conhecimentos dos "mestres, estudantes ou diplomados". O saber ao serviço da sociedade é, pois, um instrumento na construção de um mundo mais justo para todos.

Cerca de um mês antes da publicação do número 3 do Boletim Informativo, a 10 de Outubro de 1952, definiu-se a estrutura relativa à apresentação das teses e reiterou-se que todas se deveriam cingir às orientações fornecidas pela Comissão Executiva. Teriam, pois, de ser elaboradas tendo em vista os esquemas das restantes de "modo a uniformizar o conjunto doutrinário".

---

[119] A reforma do sistema educativo português, com base na proposta do ministro Veiga Simão, só foi aprovada em 1973. Assim, foi atribuído aos cidadãos portugueses, sem distinções de qualquer tipo, o acesso a todos os graus de ensino, incluindo a educação pré-escolar, escolar e permanente, o ensino obrigatório passa também dos 6 anos, fixados em 1964, para os 8 anos.

[120] Henrique Medina Ferreira, *op. cit.*, p. 442.

[121] Ortega e Gasset, *La pedagogia social como programa politico*, publicado em "El Sitio" de Bilbao, a 12 de Março de 1910, Vol. I, pp. 5 e 6.

Da análise deste conjunto de "fragmentos pessoais" poder-se-á concluir que está presente a ideia da importância da universidade na formação de uma elite, a qual se pretende que venha a alicerçar e a difundir a influência da Igreja na sociedade portuguesa. Entende-se, pois, a universidade, como o centro de onde deve irradiar o saber e o conhecimento plasmado no dogma cristão. Não se tratava de uma nova missão da universidade, mas de um novo entendimento do papel da Igreja no seio daquela instituição, salientando a pertinência da educação para a decisão, tanto em termos sociais como políticos.

Adérito Sedas Nunes no discurso inaugural do Congresso, a que já aludimos, refere que "É no ponto de encontro destes dois problemas capitais – o do escol dirigente e o da unidade ou síntese do saber – que se situa o problema universitário (...) A formação duma personalidade intelectual completa requer, porém, a cooperação de três elementos distintos: ciência, cultura e profissionalismo"[122].

4.2.3. – *A constituição das sub-comissões organizadoras do Congresso*

As notas pertencentes a Maria de Lourdes Pintasilgo que se têm vindo a analisar, não referem quem são os intervenientes nas reuniões de preparação do congresso. No entanto, subentende-se que devem estar presentes os elementos da Comissão Executiva, uma vez que é a esta que cabe as grandes decisões como, por exemplo, a composição das diversas subcomissões, as quais deveriam todas trabalhar durante as férias, de modo a poderem apresentar o plano do ano seguinte.

As diversas tarefas foram distribuídas por estudantes universitários jucistas, das várias instituições superiores participantes, da forma como se representa no quadro seguinte:

---

[122] *I Congresso, op. cit.*, p. 15.

Quadro V – As sub-comissões e seus responsáveis

Propaganda e imprensa	Instalações e protocolo	Recepção e alojamento	Transportes	Serviços religiosos	Actividades culturais	Redacção e publicações	Elaboração de inquéritos	Apuramento dos inquéritos	Serviços de secretaria
Domingos Rebelo	José Maria Cruz de Carvalho	Fernando Lima Bello	Miguel Líbano Monteiro	Fernanda Rodrigues Povoas	Henrique Martins da Cunha,	Adérito Sedas Nunes	Adérito Sedas Nunes (Lic. Economia)	José Manuel Antelo (Lic. Economia)	Maria Alice Rendeiro Marques
Fernando José Monteiro	Manuel Neves e Castro	Maria Fernanda Paz		Miguel Líbano Monteiro	Luís Appleton Figueira	Francisco Moura (Lic. Economia)	Armando Nogueira	Grupo de 76 jucistas	Maria da Conceição de Almeida Ferro
Maria Joana Emiliano	Pedro Andrade	Maria José Medeiros			Maria Helena da Graça Mira	Manuel Paulo Marques	Maria Isabel Soares		Grupo de 30 jucistas
						Hermes Augusto dos Santos	Maria Manuela Silva (Lic. Economia)		
						Maria Higina Nunes da Silva	Sara Porto		
						Maria Judith Pacheco			
						Maria de Lourdes Pintasilgo			
						Rogério Martins (Lic. em Engenharia)			

FONTE: Arquivo da Fundação Cuidar o Futuro, espólio de MLP, pasta "Congresso da JUC", *Livro dos Congressistas*

90 Maria de Lourdes Pintasilgo – Os Anos da Juventude Universitária

O facto de grande parte da Comissão Executiva estar integrada na subcomissão da redacção e publicações, nomeadamente os dois presidentes, revela, de um modo inequívoco, a sua importância.

Em algumas reuniões é problematizada a questão de verificação de poderes atribuídos a estas subcomissões, bem como a cooperação entre si, nomeadamente no que respeita às acções de propaganda, fundamentais para o sucesso do evento.

4.2.4. – *Nomeação dos oradores das sessões plenárias*

No decurso destes meses de preparação vão sendo referidos, nas notas de MLP, vários professores catedráticos a convidar para apresentarem as cinco teses. Finalmente, no Boletim de Informação n.º 3, de 20 de Novembro[123], são indicados os conferencistas e as respectivas temáticas: Guilherme Braga da Cruz que discursará sobre a "Origem e evolução da Universidade portuguesa", Manuel Corrêa de Barros sobre os "Fins da Universidade"; Inocêncio Galvão Teles sobre a "Vida institucional da Universidade"; António de Sousa da Câmara sobre as "Responsabilidades sociais da Universidade" e Augusto Vaz Serra sobre a "Universidade e a Igreja"[124].

Depreende-se, ainda que, em Coimbra, levantou polémica a possibilidade da participação de Marcelo Caetano como orador, questão que acaba por ser resolvida com a sua renúncia. Na realidade, Marcelo Caetano nunca constou dos cinco professores designados para a apresentação das teses. Estas opções prendem-se com o facto de estes nomes serem já personalidades destacadas do meio universitário, professores e intelectuais, como, aliás, já referimos, e pode ser confirmado pela consulta das suas biografias em anexo. Marcelo Caetano[125] desempenhava, em 1952,

---

[123] Arquivo da *Fundação Cuidar o Futuro, Boletim de Informação*, n.º 3, *op. cit.*
[124] Ver Biografias, anexo 8, pp. 32-33.
[125] Marcelo José das Neves Caetano (1906-1980), licenciou-se em Direito na Universidade de Coimbra e aderiu ao Salazarismo e ao Estado Novo, sendo com 23 anos, já em 1929, colaborador de Salazar. Em 1931 faz parte da primeira Comissão Executiva da União Nacional e destaca-se na redacção da Constituição de 1933. Nos anos quarenta acaba por ser uma das figuras mais destacadas da ala reformista do regime e, em 1955, Salazar chama-o para Ministro da Presidência, seu braço direito e possível sucessor. Em 1968 é nomeado sucessor de Salazar e, até 1974, dará corpo ao designado período da "Primavera Marcelista". Fernando Rosas, "Caetano, José Marcelo das Neves", *Dicionário de História do Estado Novo, op. cit.*, pp. 110-112.

O I Congresso Nacional da Juventude Universitária Católica de 1953... 91

o cargo de presidente da Câmara Corporativa, portanto era uma figura politicamente comprometida com o regime, talvez por isso não tenha sido convidado para orador, esta é apenas uma hipótese que levantamos, mas não podemos fundamentar.

4.2.5. – *Realização dos inquéritos*

O manuscrito datado de 4 de Maio de 1952 dá-nos conta da importância que assumiam as relações com as Associações Académicas (AA), da sua atitude relativamente ao congresso, bem como da premência de se saber quando se podiam lançar os inquéritos, em que moldes se deveriam redigir e se se poderiam, ou não, abordar questões morais e religiosas. É ainda realçada a necessidade de obter autorização dos reitores das respectivas universidades para se colherem os dados nas secretarias. Manuela Silva, uma das jucistas que fazia parte da sub-comissão dos inquéritos, citada por Luísa Beltrão, refere: "A novidade é que foram os estudantes a realizarem-nos na íntegra: concebemos, elaborámos, aplicámos e fizemos o tratamento estatístico de dois mil inquéritos de forma muito empírica e caseira (...) Não se calcula o trabalho que deu, mas o entusiasmo inesgotável permitiu que o fizéssemos. Certo é que se realizou um levantamento sério sobre a situação e os problemas da Universidade. A partir daí podíamos pensar com realismo para mudar as estruturas (...)"[126].

Alude-se nessas notas, repetidamente, à importância crucial dos inquéritos como forma de aferir da situação do sistema universitário em Portugal, assim como se chama a atenção para a necessidade de participação do maior número de estudantes. Esse papel estratégico dos inquéritos está bem expresso na passagem das referidas notas, como adiante se refere: "No final do ano lectivo passado e durante as férias foram lançados os primeiros desses inquéritos, cujos resultados estão neste momento a ser estudados e se revelam, pelo que se conhece já, duma importância excepcional. (...) Não nos interessam nomes. Interessa-nos simplesmente conhecer, com números e dados tanto quanto possível exactos, a condição real do universitário português (...) E ver-se-à, a seu tempo, a contribuição que ele representa para a verdadeira reforma da Universidade, que todos desejamos".

---

[126] Luísa Beltrão e Harry Hatton, *Uma história para o futuro, Maria de Lourdes Pintasilgo*, Lisboa, Tribuna, 2007, p. 79.

Segundo a CE, as comissões de escola deveriam ser responsáveis pelos inquéritos, desde a elaboração dos quesitos, à sua recolha, análise e divulgação no "Boletim Informativo". Estes inquéritos seriam divididos em quatro tipos: directos aos estudantes; a jucistas e ex-jucistas; às equipas; e às delegações da Comissão Executiva.

4.2.6. – *Temas de comunicações complementares em torno das teses principais*

Além da selecção das cinco teses e dos respectivos oradores impunha-se também escolher outros temas de comunicações secundários. Com esse objectivo encontra-se, no segundo boletim, um apelo à participação de todos, no sentido de apresentarem uma comunicação pois "o Congresso será o que nós, Universitários, quisermos que ele seja, lembramos a seguir alguns *temas de comunicações*, que os congressistas poderão apresentar, em redor das teses fundamentais. Ultrapassada a época absorvente dos exames, as férias surgem e são altura magnífica de nos lançarmos *a fundo* na preparação entusiástica dessas comunicações – ou doutras que porventura se prefiram (...)[127].

O quadro seguinte apresenta os títulos das comunicações que se enquadram nas quatro teses principais.

Em relação à quinta tese, "Universidade e Igreja", a organização optou por não aceitar comunicações uma vez que estava previsto ser a última a ser lida na sessão de encerramento.

---

[127] Arquivo da *Fundação Cuidar o Futuro, Boletim de Informação n.º 2, op. cit.*

O I Congresso Nacional da Juventude Universitária Católica de 1953... 93

Quadro VI – Comunicações complementares

"Origem e evolução da universidade portuguesa"	"Fins da Universidade"	"Vida institucional da Universidade"	"Responsabilidades sociais da Universidade"
A presença da Universidade portuguesa na expansão ultramarina	A formação da personalidade intelectual dos estudantes e a neutralidade ideológica da Universidade	A "comunidade universitária" e as condições de vida dos estudantes	A Universidade, escola de chefes
A Reforma Pombalina e a sua repercussão na cultura portuguesa	A formação da personalidade intelectual e as exigências de especialização no ensino	A "comunidade universitária" e a organização material do ensino	A Universidade perante os grandes problemas da vida nacional: estudar e orientar
Vida e projecção da Faculdade de Teologia de Coimbra	Pedagogia universitária: ensino predominantemente prático ou teórico? Frequência livre ou obrigatória?	Aproximação de professores e alunos em actividades comuns	Responsabilidade da Universidade na orientação ideológica da vida social
O pensamento filosófico na Universidade portuguesa, nos sécs. XVI e XVII	Regime de estudos universitários e desenvolvimento intelectual dos estudantes	A "comunidade universitária" e a mentalidade dos estudantes	A Universidade e a formação nos estudantes da consciência nacional
Projecção europeia da Universidade portuguesa, nas várias épocas da sua história	Meios práticos de realizar a síntese cultural na Universidade	Intercâmbio intelectual entre as várias Escolas Superiores	Dever da Universidade contribuir para a justa evolução política da sociedade
Contributos da Universidade portuguesa, para o progresso das Ciências	Função dos estudos teológicos na realização da síntese cultural	As "cidades universitárias" e a realização da comunidade entre as várias faculdades	
A participação dos estudantes na vida da Universidade portuguesa, nos vários períodos da sua evolução	Possibilidades de investigação na Universidade portuguesa actual	Autonomia pedagógica da Universidade	A Universidade e o planeamento das grandes actividades nacionais
Os privilégios da antiga Universidade portuguesa	O regime de "seminário universitário" como meio de ensino e de preparação de investigadores	Representação dos estudantes no governo da Universidade	As condições de acesso à Universidade e a criação de um autêntico escol nacional
	Meios de a Universidade manter o contacto com os diplomados para efeitos de investigação		
	O ensino universitário e a prática profissional		
	Participação dos estudantes na investigação		

FONTE: I Congresso, op. cit.

94 *Maria de Lourdes Pintasilgo – Os Anos da Juventude Universitária*

Os sub-temas propostos estão em perfeita consonância, como anteriormente fundamentamos, com a visão da Igreja acerca do papel da Universidade na sociedade e também com as problemáticas que o sistema universitário levantava ao tempo.

Como refere o então vice-reitor da Universidade do Porto, Fernando Magano, na sua intervenção no congresso: "Herdamos uma escola de indiferença, sonhamos uma escola de responsabilidade[128]" e prossegue "Urge colocar novamente, e com toda a agudeza, o problema. Os tempos já não permitem, evidentemente, um regresso total à antiga autonomia universitária. Mas é necessário marcar os justos limites em que deve enquadrar-se a intervenção do Estado na vida da Universidade (...)"[129]. Responsabilização e autonomia são os dois pontos-chave desta comunicação e, segundo o autor, a ausência das mesmas constitui os dois grandes males da Universidade da época.

Na opinião deste congressista, para responder à sua vocação, a universidade carece de uma ideia directriz, de um fio condutor entre as múltiplas actividades. É nesse contexto que se situa a raiz da crise actual de identidade e finalidade de uma instituição orientada, pela sua própria natureza, para a investigação.

Este apelo à Universidade, em situações de crise, é recorrente, talvez porque se reconhece tratar-se de uma criação estruturante do mundo ocidental, assumindo-se, simultaneamente, que a sua natureza institucional – a ideia de obra ou empresa que se realiza e perdura no meio social – demanda que as intervenções exteriores, nomeadamente do Estado, tenham o sentido de auto-delimitação necessária para preservar a integridade dos valores institucionais.

A posição da Igreja em relação à Universidade está claramente expressa no discurso de Pio XII aos universitários, como se depreende do pequeno texto que se cita:

"É um facto patente e inegável que aos círculos universitários, às classes de cultura superior está reservado um posto de cultura singular, uma parte relevante da ordem social. Não quere isto dizer que todos os que se dedicam aos altos estudos do saber e das ciências sobressaiam

---

[128] *I Congresso, op. cit.*, p. 31.
[129] *Idem*, p. 84.

O *I Congresso Nacional da Juventude Universitária Católica de 1953...* 95

sempre e obtenham a primasia sobre os demais. Deus não modificou o modo natural de criar os vários graus de agudeza das mentes e dos génios humanos. (...) A sociedade humana é um corpo que, à semelhança do homem, tem cérebro e diversos órgãos, como os pulmões e os rins; mas o cérebro no seu múltiplo ofício, exerce a superintendência directiva, coordenadora e reguladora dos fenómenos vitais; se bem que nem por estar tão alto é tudo, nem o único necessário no composto humano (...)"[130].

Não é por acaso que, sobretudo os sub-temas apresentados neste Congresso, gravitem muito em torno da influência que a Universidade e os estudantes devem exercer na sociedade portuguesa, tendo em conta que serão os futuros quadros superiores do país.

A título de exemplo, remeto para os temas relativos à tese "Responsabilidades sociais da Universidade", insertos no quadro acima representado e realço o primeiro "A Universidade escola de chefes". Está presente, e é transversal a todas as intervenções deste Congresso, o conceito de que a Universidade deverá orientar e educar a sociedade, por isso tem de ser ouvida nas grandes decisões de planeamento nacional. Alguns títulos das comunicações apresentadas nesse congresso são bastante sugestivos: "Meios práticos de realizar a síntese cultural na universidade"; "Universidade, escola de profissionais"; "Pedagogia universitária"; "Problemas económico-sociais do estudante"; "O congresso e a renovação da universidade", os quais são também esclarecedores quanto à vontade de transformação interna das estruturas universitárias, envolvendo todos os que as compõem.

De entre as realizações deste congresso, constam os primeiros inquéritos efectuados aos estudantes universitários que, depois de amplamente divulgados, forneceram dados objectivos sobre a situação social do estudante universitário, antes de ingressar na universidade e durante a sua permanência na instituição.

O grande afastamento entre o que a Universidade deveria ser, e o que ela efectivamente é, em 1950, faz surgir a ideia de crise. No dizer de Aristides de Amorim Girão, "Na época de crise como a nossa, a Universidade não pode nem deve limitar-se, efectivamente, a preparar burocratas ou técnicos especializados que se encerrem nas suas torres de marfim.

---

[130] *Boletim de informação n.º 1, op. cit.*

96 *Maria de Lourdes Pintasilgo – Os Anos da Juventude Universitária*

Deve assumir, nesta época tão cheia de incertezas, o papel que assinalou a sua fundação nos conturbados tempos medievais, cultivando as inteligências, iluminando o caminho das gerações, fortalecendo e apertando os laços da comunidade nacional"[131].

É esse papel decididamente interventivo, liderante, que se espera desta instituição e que estava longe de ser cumprido nos anos 50, quiçá, ainda hoje. Aliás, no que diz respeito a um aspecto fundamental da Universidade, que é a investigação, J. Keating pergunta, reportando-se aos anos cinquenta: "Concluindo, quais são as possibilidades da investigação na actual Universidade Portuguesa? A meu ver, essas possibilidades, consideradas em bloco, são fracas. Encaremo-las. (...) Os homens que actualmente ocupam as posições onde teoricamente se poderia investigar, regra geral, não investigam por falta de meios ou outras razões. Olhando agora para o problema real do aluno existente, vê-se também que este não tem na maioria dos casos um caminho para seguir em frente"[132].

---

[131] Aristides de Amorim Girão, *Portugal e a Universidade perante as condições geográficas da Idade Nova*, Coimbra, Universidade de Coimbra, 1950, p. 23.

[132] J. Keating, "Contribuição para o estudo das possibilidades de investigação na Universidade Portuguesa, Estudos, Fascículo I, n.º 313, Janeiro, Coimbra, 1953, p. 37.

5. – O Congresso e os seus aspectos de natureza operacional

5.1. – Inscrição dos congressistas

Uma das páginas mais interessantes do boletim informativo é aquela que apresenta uma nota introdutória intitulada "À maneira de justificação (...)", na qual se fundamenta a necessidade de organização do congresso "como uma ajuda no cumprimento do teu dever de luta e como uma força a opor-se à propagação dessa crise (...)"[133]. Por outras palavras, a realização do congresso é encarada como um travão à crise universitária, na medida em que é seu objectivo fazer um diagnóstico, tão preciso quanto possível, dos factores dessa mesma crise, cujas consequências "estão patentes: visão unilateral dos problemas, universitários incultos, sem qualquer espécie de mentalidade, que, lançados na vida prática, passam por vezes a transmitir erros, sem espírito crítico, sem a menor capacidade de discernimento. Conclusão: os católicos portugueses não estão preparados para poderem ter presença na cultura portuguesa"[134]. Destas palavras, de Maria Isabel de Vasconcelos Nogueira, licenciada pela Faculdade de Letras de Coimbra e apresentadora da comunicação intitulada "Universidade Católica", podemos inferir que os universitários católicos não estão em condições de integrar o escol intelectual que, a crer-se na opinião veiculada pelos organizadores deste congresso, tanta falta fazia à sociedade portuguesa de então.

É precisamente esse o intuito da Igreja e também do Estado, através da Universidade, formar os futuros dirigentes da sociedade. Como esclarece Luís Reis Torgal: "A Universidade aparece, numa concepção de unidade mítica, como a afirmação das virtudes da civilização ocidental e

---

[133] *Boletim de Informação, op. cit.*
[134] *I Congresso, op. cit.*, p. 219.

cristã que o Estado Novo dizia representar, ao mesmo tempo que Salazar significava, no domínio da política, a projecção da Universidade, assim como Cerejeira correspondia ao seu prolongamento no domínio da fé"[135].

IMAGEM 11 – Cartão de congressista de MLP.
FONTE: Arquivo da *Fundação Cuidar o Futuro*, espólio MLP, pasta "Congresso da JUC" anexo 3, p. 13.

No quesito "Quem faz o Congresso" a resposta é muito clara e apela, mais uma vez, à mobilização de massas, conforme se explicita, não compete às Direcções Gerais da JUC e da JUCF promovê-la, mas "todos unidos num só", o que nos remete, em última instância, para o lema da ACP: *cor unum et anima una*, um só corpo, uma só alma.

Nesse primeiro boletim consta já a data definitiva do Congresso. À interrogação "Quando se faz o Congresso?" adiantam-se as datas de 16 a 20 de Abril, as quais acabariam por ser corrigidas para 15 a 19 de Abril, como período oficial, embora funcione durante "todo o tempo que até lá decorrer". Conclui-se, pois, que a sua preparação terá levado mais de um ano, o que exigiu o empenhamento de todos os que nele participaram, de uma forma mais ou menos activa.

Neste boletim renova-se o apelo directo aos universitários, no sentido da sua inscrição como congressistas, de modo a converterem em "seu" o Congresso. São expressivas, a este nível, as frases que se citam

---

[135] Luís Reis Torgal, *op. cit.*, p. 121.

O Congresso e os seus Aspectos de Natureza Operacional 99

num chamamento muito marcial: "Universitário!... – vem connosco – inscreve-te como Congressista junto dos dirigentes da J.U.C. ou da J.U.C.F. da tua Faculdade (é que – bem vês – nós não temos *receita* e já começámos com a *despesa*) junto dos teus amigos e colegas, fá-los tomar consciência destes assuntos"[136].

Em rigor, adoptaram-se critérios precisos quanto à aceitação de congressistas não jucistas. Estes deviam ser aprovados pela Delegação Diocesana, através de informação prestada pelos presidentes de secção. Estabeleceu-se, ainda, que qualquer estudante poderia ser congressista, mas a admissão de rapazes e raparigas dos últimos anos do ensino liceal (6° e 7° anos) só poderia ser feita com a recomendação do respectivo professor da disciplina de "Religião e Moral".

Neste boletim ainda é referido que todos os estudantes universitários se podem inscrever como congressistas, desde que as Delegações Diocesanas o consintam, exceptuando os jucistas, que são automaticamente admitidos. Depreende-se destes critérios que não se poderia correr o risco de inscrever um congressista que não fosse da "confiança" da JUC ou das estruturas eclesiásticas. O que faz todo o sentido à luz do catolicismo português da altura, cuja principal missão era a recristianização da sociedade. Como escreve Paulo Fontes "O mal, pois, está na organização da sociedade que exige reforma; e urge providenciar, mas pelo modo que o caso pede e consente"[137].

5.2. – Angariação de receitas: actividades e benfeitores

A inscrição no Congresso era da maior importância como fonte de angariação de fundos que permitisse a sua realização. A obtenção de subsídios é igualmente uma preocupação constante que se depreende da leitura destas notas.

Na reunião realizada a 29 de Maio de 1952, em que se faz o balanço das receitas obtidas, reitera-se a importância da realização de uma festa, a organizar pela Juventude Independente Católica Feminina (JICF), tendo este organismo, como contrapartida, cinquenta por cento dos lucros.

---

[136] *Boletim de Informação, op. cit.*

[137] Paulo de Oliveira Fontes, "Catolicismo social", in *Dicionário de História Religiosa de Portugal, op. cit.*, p. 314.

Inclusive coloca-se a hipótese de se solicitar aos "senhores ricos" para serem congressistas beneméritos, contactando primeiro os "senhores e senhoras que conheçamos bem e que não se escandalizam"[138].

Da análise documental, depreende-se ainda que, em Coimbra, havia grande entusiasmo entre todos aqueles que foram encarregados de contactar os potenciais oradores. No que respeita aos fundos monetários, a documentação permite concluir que se obteria, em breve, dois mil escudos e, a fim de angariar receitas, colocava-se a hipótese de promover, no ano de 1953, duas sessões de cinema, uma em cada período: "À dúzia sai mais barato", comenta-se nas entrelinhas. Nessas reuniões decidiu-se ainda que os "membros benfeitores" deveriam pagar uma inscrição no congresso no valor de duzentos e cinquenta escudos (250$00), uma quantia que, ao tempo, poderia ser considerada avultada. Basta lembrar que nos anos de 1950 uma aprendiz, numa fábrica de calçado em Avintes, segundo o depoimento de Júlia da Conceição dos Santos Leite, ganhava por semana quinze escudos (15$00) e um pão custava vinte centavos (20 centavos).

5.3. – Constituição da Comissão de Honra

Em relação à Comissão de Honra decidiu-se convidar docentes universitários, mais especificamente "professores e assistentes". Convinha ainda que as Delegações Diocesanas dessem conhecimento, nas universidades, da realização do congresso e convidassem os respectivos reitores para integrarem a Comissão de Honra.

No Boletim de Informação n.º 2, para além de outras notícias, encontra-se o endereço da sede oficial da CE, no Campo Mártires da Pátria, 43, em Lisboa, bem como se informa que o Cardeal Patriarca de Lisboa aceita o convite para presidir à Comissão de Honra e abençoa os trabalhos. Dá-se ainda conhecimento que o presidente da Junta Central da Acção Católica, o Arcebispo de Mitilene, presidente da Junta Central da Acção Católica, aprova também a realização do congresso, elogiando a iniciativa. Esclarece-se que alguns dos reitores convidados apelam para o facto de, nas temáticas previstas, não se discutir apenas os "defeitos na Universidade".

---

[138] Arquivo da Fundação Cuidar o Futuro, "Notas de Maria de Lourdes Pintasilgo", pasta "Congresso da JUC", Lisboa.

O Congresso e os seus Aspectos de Natureza Operacional 101

Desta Comissão de Honra passariam a fazer parte, como se pode verificar pelo *Livro do Congressista*[139], alguns cardeais, entre os quais, o cardeal-patriarca e Director Nacional da Acção Católica, D. Manuel Gonçalves Cerejeira, assim como o sub-secretário de Estado da Educação Nacional, Veiga de Macedo, para além de reitores das universidades, do presidente da Câmara Municipal de Lisboa (Tenente-Coronel Manuel Salvação Barreto), o presidente da Junta Central da Acção Católica, o Arcebispo de Mitilene, D. Manuel Trindade Salgueiro, a presidente nacional da Juventude Católica Feminina, Júlia Guedes, entre muitas outras individualidades. De entre os reitores que fazem parte da Comissão de Honra referimos o da Universidade de Coimbra, (Maximino Correia), o de Lisboa, (José Gabriel Pinto Coelho), o da Universidade do Porto, (Amândio Tavares) e o Vice-Reitor em exercício da Universidade Técnica de Lisboa (Moses Amzalak).

5.4. – Elaboração do programa do Congresso e do seu símbolo

A avaliar pela documentação disponível, terá sido aberto um concurso para a elaboração do emblema do Congresso. Não tendo o júri seleccionado qualquer candidato, foi reaberto novo concurso, cujo regulamento estipulava que "O emblema deverá conter as seguintes indicações: "ESTAR PRESENTE – SERVIR A IGREJA"[140].

O concurso terá tido como vencedores os artistas plásticos António Leal e Manuel Cargaleiro[141]. O emblema, como se pode verificar, é constituído pelo símbolo cristão da cruz e ainda por uma lamparina, representando a luz e a verdade do Verbo de Jesus Cristo.

---

[139] *Livro do Congressista, op. cit.*
[140] *Boletim de Informação, op. cit.*
[141] Manuel Cargaleiro nasceu no concelho de Vila Velha de Ródão, distrito de Castelo Branco, em 1927, onde viveu desde criança. Iniciou a sua actividade como ceramista e só quando de mudou para Paris, em 1957, é que se dedicou exclusivamente à pintura. Encontra-se representado no Museu de Arte Contemporânea e as suas aguarelas e pastéis conquistaram vários prémios em competições internacionais, sendo considerado um dos mais notáveis intérpretes do mar português. Para uma biografia mais completa veja-se a obra *O Grande Livro dos Portugueses*, Lisboa, Círculo de leitores, 1991, p. 127.

IMAGEM 12 – Emblema do Congresso.
FONTE: Página de rosto do *Livro do Congressista*, Arquivo da *Fundação Cuidar o Futuro*, espólio MLP, pasta "Congresso da JUC".

Na reunião de 19 de Junho, um dos pontos fortes da agenda foram as actividades culturais e festivas a integrarem o programa do Congresso, bem como as diligências efectuadas no sentido de se conseguir arranjar salas de espectáculo.

Focou-se ainda a urgência da conclusão do emblema e seleccionaram-se as publicações a distribuir pelos congressistas: mapas e apêndices; o *Livro do congressista* a entregar em simultâneo com o cartão de congressista; o regulamento do congresso, a distribuir no momento da inscrição. Finalmente, o programa do congresso com a esquematização das reuniões parciais e plenárias, o qual foi enviado aos professores responsáveis das sessões. Quanto aos resumos das reuniões parciais, apêndices e conclusões optou-se por os colocar, na altura, em cima das cadeiras.

A 1 de Outubro de 1952 esta comissão volta a reunir para definir o local de realização do congresso, que viria a ser o Instituto Superior Técnico. Reflectiu-se também acerca da sessão de abertura, a tese de entre as cinco que deveria ser apresentada em primeiro lugar e o discurso inaugural de Adérito Sedas Nunes e de Maria de Lourdes Pintasilgo, como presidentes das direcções da JUC e JUCF, respectivamente, bem como sobre o programa definitivo e a presidência das sessões plenárias.

Nessa reunião ficou ainda definido qual o "programa das festas". Antes do congresso realizar-se-ia, no Teatro Nacional, um espectáculo, com o coro da JUCF e o teatro da Mocidade Portuguesa e, no Teatro Politeama, teria lugar no dia 15 de Dezembro, uma sessão de cinema seguida de palestra.

O Congresso e os seus Aspectos de Natureza Operacional   103

Quantos aos serviços religiosos, estes teriam lugar em várias igrejas e com um programa muito variado, nomeadamente a consagração do congresso na Igreja da Nossa Senhora, em Lisboa, com cânticos e a presença do bispo de Coimbra. Far-se-ia, ainda, uma peregrinação da JUC e da JUCF em acção de graças a Fátima, já considerado, ao tempo, o grande centro da vida católica portuguesa.

Contextualizando a importância das cerimónias religiosas deste Congresso, recorremos às palavras de Marcelo Caetano, citadas por Joaquim Vilaça: "A Universidade deve ter um espírito, ou se quiserem, uma alma, com a sua memória de tradições representativas da experiência passada (...) Dizer-se que a Universidade tem que possuir uma doutrina não significa que abrace um partido político (...) significa, sim, que a Universidade, não pode deixar de definir e de professar aqueles princípios essencialmente constitutivos do património espiritual do povo de quem vive e para o qual trabalha"[142].

5.5. – Preparação do "Jucista" para o Congresso

Dos manuscritos de MLP depreende-se a importância que assumia a preparação do jucista para o Congresso. Nas suas notas alinhavam-se alguns tópicos que enfatizam a "preparação espiritual com a oração, a preparação litúrgica, com diálogo e cânticos, a preparação intelectual com a leitura de livros (compra de livros para as bibliotecas sobre orientação da universidade e problemas afins), temas de estudo: quanto ao tema e métodos seguidos"[143]. Na senda do que Daniel Serrão, na sua comunicação ao Congresso refere, quando se reporta à JUC, é de esperar "que não se hesite em difundir, na Universidade, de todos os modos, a mundividência cristã que completa e integra os dados fragmentados da ciência (...)"[144].

Os próprios boletins informativos incluem uma lista de sugestões bibliográficas para um melhor acompanhamento e preparação dos temas que irão ser abordados durante o congresso. Por exemplo, no Boletim n.º 3 são elencadas várias obras que vão de encontro aos sub-temas que

---

[142] *I Congresso, op. cit.,* p. 281.
[143] Arquivo da *Fundação Cuidar o Futuro*, espólio de MLP, pasta "Congresso da JUC", Notas de Maria de Lourdes Pintasilgo".
[144] *I Congresso, op. cit.*, p. 210.

104   *Maria de Lourdes Pintasilgo – Os Anos da Juventude Universitária*

serão tratados, como: Eusébio Diaz "Mision Social de la Universidad"; Stephan D´Irsay "Histoire des Universités"; John Coleman "The task of a Christian in the university"; S. J. Guerreiro "La ensenanza religiosa en la Universidad"; Walter Moberly "The crisis in the University" e J. Ortega e Gasset, "Mision de la Universidad".

Estas publicações datam dos anos de 1940 e 1950 e demonstram a cultura abrangente de MLP relativamente à questão da Universidade pois, todas elas, se centram sobre esse tema. Mais adiante faremos várias referências a algumas destas obras.

A preparação do jucista para o congresso era encarada de uma forma muito responsável e consciente, dela dependia o maior ou menor sucesso do congresso, uma vez que constituíam a massa aderente, do seio da qual sairiam os elementos de todas as estruturas organizativas.

Com essa finalidade, Daniel Serrão admitia que "a J.U.C. deve ter um especial cuidado em criar as condições necessárias para que os seus membros possuam intensa vida de piedade, vida interior sem a qual não há apostolado de carácter sobrenatural (...)[145]. Talvez que o prestígio intelectual seja a mais poderosa arma de influência e de conquista (...)"[146].

Assim é reconhecida a necessidade da JUC formar os seus membros, moral e culturalmente pois, só assim, poderão desempenhar o papel de cristianização da Universidade e da sociedade portuguesa.

Para MLP, o/a jucista, na linha da importância de uma educação com base nos valores, devia ser, em primeiro lugar, um estudante universitário exemplar, uma vez que considera que os exemplos são importantes, sem os quais não é possível haver referências. Num dos seus manuscritos intitulado "A moral na vida de cada um de nós" a nossa autora refere que "o primeiro dos nossos deveres – e o nosso verdadeiro fim – é amar a Deus e glorificá-lo"[147]. Como cristão, o jucista deveria ter esse dever como primordial e dele decorreriam todos os outros, como o seu empenhamento e envolvimento nas questões da Universidade já que, na opinião de Maria de Lourdes Pintasilgo, para a existência de uma verdadeira "comunidade universitária" tornava-se necessário alicerçar as bases cristãs dessa instituição e os elementos da JUC seriam os obreiros, concretizando, assim, a sua vocação e apostolado universitário.

---

[145] *Idem*, pp. 212 e 213.
[146] *Idem*, p. 212.
[147] *Notas de MLP, op. cit.*

O Congresso e os seus Aspectos de Natureza Operacional   105

Ao longo do seu percurso universitário, os jucistas não deviam criar uma auto-suficiência que os conduzisse a um menor esforço pessoal, mas sim continuar esforçando-se por desenvolver a sua cultura secular e religiosa, frequentando cursos de teologia organizados pela própria JUC. A este organismo caberia, segundo a mesma fonte, também o papel de "dar cultura aos jucistas, um conceito de cultura autêntico (...) e prepará--los para a doutrinação social"[148].

Da consulta desta documentação inferimos que, na formação pessoal destes *apóstolos*, a dimensão espiritual era de extrema importância, bem como a caridade, a vida de piedade e de imitação de Cristo. Não a caridade egoísta suscitada pelo desconforto de presenciar misérias, nem a que dita "soluções de conjunto passando por cima das pessoas. É esse o mal de certas instituições humanitárias. A eficiência nem sempre é critério"[149].

Segundo Maria de Lourdes Pintasilgo, aos jucistas cabe a missão de estarem atentos a essas questões, numa "integração de toda a perfeição em Cristo". Nesse aspecto, as responsabilidades dos estudantes católicos, como refere Joaquim Vilaça Delgado "tocam profundamente as suas responsabilidades apostólicas (...) deve ser, deste modo, uma verdadeira apologética do Cristianismo actuante (...)[150].

5.6. – Esquematização das reuniões (plenárias e parciais)

As notas manuscritas relativas à organização do congresso terminam com a reunião da Comissão Executiva, a 27 de Março de 1953, onde, para além de outros pontos já referidos, se define o modo como se espera que decorram as sessões plenárias, ou seja, a sua ordem de trabalhos.

Assim, a iniciá-las haveria a " Invocação do Divino Espírito Santo". De seguida, o presidente assumiria a direcção da reunião, mandando ler as disposições do regulamento respeitantes ao funcionamento do congresso (transcritas no programa do congressista). Após essa leitura, o presidente apresenta o relator e dá-lhe a palavra. No momento seguinte, o secretário da reunião lê a lista das comunicações aprovadas, respectivos resumos, conclusões e votos e o presidente enumera as comunicações que foram

---

[148] *Idem.*
[149] *Idem.*
[150] *I Congresso, op. cit.*, p. 290.

106   *Maria de Lourdes Pintasilgo – Os Anos da Juventude Universitária*

seleccionadas para ser apresentadas, tendo em conta as finalidades do congresso e o tempo disponível. Procede-se, então, à leitura das comunicações seleccionadas, dando-se a palavra aos respectivos autores. Se estes não estiverem presentes, as comunicações serão lidas pelo leitor oficial do congresso. Seguidamente, a comunicação é posta à discussão pelo presidente, de acordo com as disposições do regulamento que só permitem a participação na discussão aos congressistas. Feitas as observações, o autor da comunicação, se estiver presente, deverá responder de uma só vez. No momento seguinte, o presidente inquirirá o relator da reunião se tem algum esclarecimento ou observação a fazer. Por fim, o presidente deve fazer o resumo da reunião, indicando as "ideias centrais" que nela se desenvolveram e os "votos" que dela resultaram, pondo fim à reunião, depois de ter perguntado aos Assistentes Eclesiásticos se têm alguma observação ou correcção a fazer[151].

A previsão minuciosa de todas as etapas das reuniões dá conta do pormenor com que o assunto foi tratado e, também, da preocupação dos organizadores para que tudo decorresse com a maior ordem e disciplina, tendo em conta os cerca de 2000 congressistas presentes. Nota-se neste exemplo, sem sombra de dúvida, o carácter meticuloso e disciplinado de MLP e a consciência da sua responsabilidade como presidente da Comissão Executiva. Acerca dela diz-nos D. Eurico Dias Nogueira: "Apercebi-me, de imediato, da invulgar personalidade de Maria de Lourdes: cultura extraordinária (foi por ela que conheci o simpático Sebastião da Gama, falecido havia pouco), facilidade de comunicação e capacidade organizativa, poder de decisão, fé profunda e esclarecida, amor e fidelidade à Igreja, permanente boa disposição, com um sorriso inconfundível que a todos encantava"[152]. Relativamente a MLP, o nosso outro depoente, Mário Bento, reitera: "Não convivi com Maria de Lourdes Pintasilgo, mas recordo com toda a segurança a imagem de que gozava nos meios académicos, designadamente na juventude universitária católica: intelectualmente dotada acima da média; capacidade natural de liderança, entrega generosa aos seus ideais; fé esclarecida vivida em coerência; fidelidade e dedicação à Igreja"[153].

---

[151] *Notas MLP.*
[152] Depoimento de Eurico Dias Nogueira, anexo 10, p. 37.
[153] Depoimento de Mário Bento, anexo 10, pp. 45-46.

O *Congresso e os seus Aspectos de Natureza Operacional* 107

As palavras de MLP revelam a sua forma de estar nos diversos contextos da vida e o que esperava dos outros: "O trabalho em equipa permitia a intervenção de muitos olhares diferentes sobre a mesma realidade e ajudava a respeitar a opinião alheia sem nunca a nivelar"[154].

Na verdade, sem uma prévia organização, não seria difícil a instalação do caos, quer nas intervenções dos oradores, quer no momento da discussão e do debate. Através dos seus escritos podemos correr o risco de identificarmos responsabilização com autoridade e não sem fundamento porque é ela própria que nos diz, no texto "Autoridade partilhada" que "Autoridade e responsabilidade conjugam-se ao mesmo tempo (...) A autoridade só pode ter legitimidade quando nasce da responsabilidade realmente exercida. A responsabilidade não se exerce sem assumir algum grau de autoridade. Nessa dupla dimensão do poder, cimenta-se e constrói-se um ser em liberdade"[155].

Na documentação sobre a organização das reuniões parciais, disponível no espólio da "Fundação Cuidar o Futuro", é possível concluir que, em reuniões simultâneas, se trataram temáticas distintas tais como organizações universitárias de estudantes; condição económico-social do estudante português; o estado religioso e moral dos estudantes; entre outras. Cada uma destas sessões encontra-se formatada de acordo com o esquema base, ou seja, introdução, factos, crítica, orientações e conclusões.

Adoptando as palavras de Pio XI que afirmava que a "autoridade não impulsiona, não cria, não é órgão gerador de energia", poder-se-á concluir que a organização deste congresso foi um exemplo de cidadania, pela forma como decorreu perante a mais alta hierarquia da Igreja, da Universidade e do Governo de então.

Em face das informações recolhidas, afigura-se possível concluir que, no contexto da conjuntura socio-política que se vivia na época, este congresso foi uma iniciativa que provou a capacidade de mobilização, de organização e de intervenção da Igreja Católica e dos seus organismos estudantis. No entanto, é de salientar que, as notas mencionadas, a partir das quais se pôde construir a malha organizativa do congresso de 1953, apesar de terem sido escritas por Maria de Lourdes Pintasilgo, resultam da discussão no âmbito da Comissão Executiva e das Delegações Diocesanas.

---

[154] Maria de Lourdes Pintasilgo, *Palavras dadas*, Livros Horizonte, Lisboa, 2005, p. 83.

[155] *Idem*, p. 165.

Mais tarde ela refere que "Foi um trabalho incessante e fascinante, baseado em propostas, teses, seu feed-back e sua construção final. Foi uma forma de trabalho democrático, mas poucos deram por isso. Não foi o caso do Governo de então"[156].

Nas palavras do depoente Eurico Dias Nogueira, já citado, o congresso teve "preparação muito cuidada – nos aspectos cultural e espiritual – desenvolveu-se ao longo de dois anos, com conferências, sessões de estudo seguidas de debates, além de inquéritos, subsídios e esquemas, por escrito, estes a cargo da Comissão organizadora, presidida pela Maria de Lourdes Pintasilgo e Adérito Sedas Nunes"[157].

Nenhuma das decisões tomadas foi da exclusiva responsabilidade de MLP, mas reflectem, sem dúvida, uma concepção cristã muito arreigada, quer nos princípios que lhes estão subjacentes, quer no *modus faciendi* de todos os intervenientes. Aliás, outra orientação não seria de esperar, uma vez que é de um congresso da juventude católica que se trata.

5.7. – Organização das publicações e redacção da oração de consagração

Impunha-se redigir um livro do congresso, definir o seu conteúdo, fazer os resumos das comunicações, assim como o sumário das teses fundamentais e das conclusões. Finalmente, tratar da sua eventual publicação. Dever-se-ia, ainda, seleccionar quais as publicações que se entregariam na altura da inscrição e as que integrariam a pasta do congresso.

De acordo com a documentação analisada, é possível concluir que, na pasta, se incluiriam os seguintes documentos: mapas e apêndices, livro do congressista, o cartão de congressista, regulamento e o programa do congresso, com o esquema das reuniões parciais e das reuniões plenárias. Os resumos das reuniões parciais, apêndices e conclusões, deveriam ser colocados na altura, em cima das cadeiras.

Na reunião de 15 de Dezembro de 1952 transcreve-se, pela primeira vez, a oração do Congresso, da autoria do Arcebispo Mitilene, presidente da Junta Central da Acção Católica, a qual se cita na íntegra:

---

[156] *Idem*, p. 194.
[157] Eurico Dias Nogueira, anexo 10, p. 39.

O Congresso e os seus Aspectos de Natureza Operacional　109

"Senhor Jesus!

Neste ano do nosso primeiro Congresso, eis-nos prostrados aos Vossos pés, com redobrada confiança.

Para a missão de luz e amor, de que Vos dignastes fazer-nos mensageiros, suplicamos que nos envieis o Espírito Santo Consolador, que prometestes aos Apóstolos. Que Ele nos ilumine, Senhor, e nos una intimamente ao Pai e a Vós, a fim de conseguirmos, com proveito para os interesses do Vosso Reino, realizar a tarefa que nos impusemos. Que o nosso espírito e o nosso coração se transfigurem, sendo prontos, generosos e fiéis.

Queremos guardar no Vosso amor a pureza do nosso trabalho, ao serviço da Igreja. Queremos estar presentes, altivos do Evangelho que nos destes a conhecer, nos difíceis combates da inteligência, em defesa da Verdade. Aceitai a dádiva dos nossos propósitos e abençoai-os, tomando este Congresso como Vosso.

Pelas mãos puríssimas da Virgem Mãe do Bom Conselho, Vo-lo consagramos, para dele dispordes em louvor de Deus, bem da Pátria e renovação da Universidade portuguesa. Ámen"[158].

Com a organização deste Congresso, a Igreja pretende provar que pode estar na vanguarda de todos os movimentos intelectuais da época e recuperar o seu lugar cimeiro na sociedade.

5.8. – Definição de regras para a recepção dos congressistas

Numa das últimas reuniões da Comissão Executiva, a 21 de Fevereiro de 1953, é feito o balanço da situação no que respeita ao número de inscrições, bem como do emblema e determinam-se os passos a seguir na recepção dos congressistas, de forma a poder-se dar orientações precisas à sub-comissão encarregue dessa complexa tarefa. Assim, no item intitulado "Como fazer a recepção?", MLP menciona "saber qual o comboio em que vem o grosso da coluna de Coimbra e Porto, saber quais os outros comboios que podem trazer congressistas, (comboios especiais), convocar para a estação do Rossio, no primeiro caso, todas as pessoas que alojam congressistas em suas casas e o número possível de jucistas de Lisboa, com os respectivos dirigentes, em especial comissão de recepção, delegação diocesana de Lisboa, protocolo e presidentes da CE".

---

[158] *Livro do Congressista, op. cit.*

No momento da chegada, segundo estas notas, deviam ser dadas as informações relevantes e a equipa de recepção estaria identificada com uma braçadeira. Todos os congressistas seriam ainda informados que quando chegassem à sede deveriam dirigir-se ao balcão da documentação, a qual se organizaria por faculdade, informar-se do seu alojamento e ser apresentado ao hospedeiro.

Conclui-se, por estas notas, que a recepção não deveria ter falhas por forma a que o congressista fosse bem recebido e integrado no ambiente que iria frequentar. No fundo, este grupo de trabalho seria o primeiro teste à organização do congresso e a primeira impressão que os congressistas teriam dele, por isso, nada podia correr mal.

5.9. – Apoio internacional

Desde logo é perceptível nas notas que vêm sendo analisadas, que os organismos católicos nacionais estão em permanente contacto com os seus congéneres europeus, através da participação dos delegados nas iniciativas que são promovidas nesses países. Assim, desde o início, que o I Congresso da Juventude Universitária Católica, de 1953, conta com o apoio, não só do próprio Vaticano, mas também de organismos católicos internacionais.

Na intervenção ao Congresso, Manuel Corrêa de Barros, cita a proclamação da Pax Romana[159] no seu XIX Congresso Mundial: "A Universidade deve (...) ter em conta a vida total e harmónica do homem (...) condição necessária para o êxito e florescimento da vida institucional universitária (...)"[160].

A corroborar a tese da urgência de discutir os problemas relativos à Universidade encontra-se, no *Boletim Informativo* de 12 de Maio de 1952, uma referência ao apoio internacional que esta iniciativa estava a ter porque, efectivamente, "Não estamos sós (...) Uma das razões que, na realidade, contribuíram para a proposta, pelas Direcções Gerais de tema tão urgente, foi o facto de a Assembleia Interfederal da Pax Romana, reunida em Bouvigne em 1950, com a presença de Rogério Martins,

---

[159] Ver Biografias, anexo 8, p. 31.
[160] *I Congresso, op. cit.* p. 132.

O Congresso e os seus Aspectos de Natureza Operacional 111

como delegado da J.U.C., ter adoptado como tema geral de estudo para o período 1950-52, a "Missão da Universidade (...), coroando o trabalho assim realizado com o Congresso Mundial de 1952, no Canadá".

O tema geral do congresso em Portugal é, por conseguinte, convergente com as preocupações da "Pax Romana". Nesse boletim indicam-se também trabalhos em curso em vários países (França, Itália, Paraguai, Bélgica, Suiça) relacionados com a situação do respectivo sistema universitário.

Aliás, na saudação final aos congressistas estrangeiros, Adérito Sedas Nunes dá conta da "consoladora certeza de que, ao menos neste campo, o sentido da cooperação da comunidade internacional é um facto indiscutível"[161].

A presença estrangeira concretizou-se de diversas maneiras, quer por intermédio das cartas com votos de êxito para o Congresso e a pedirem o envio das suas conclusões, quer sob a forma presencial, sobretudo das delegações estrangeiras, tanto de Madrid e Salamanca, como de França e do Paraguai.

Na sessão de encerramento, Adérito Sedas Nunes dirige-se ao próprio Bernard Ducret, secretário-geral da Pax Romana, sugerindo-lhe de "apporter à Fribourg une certitude et une esperance: la certitude de notre volonté de bien travailler au sein de la Pax Romana, pour devenir plus riches avec l´expérience des autres, pour que notre propre puisse les enrichir (...)"[162]. Trata-se de uma declaração inequívoca de enriquecimento mútuo e de partilha de experiências entre a "Pax Romana" e a JUC.

Respondendo ao repto lançado, o secretário-geral da Pax Romana, reforça os objectivos dessa instituição, sedeada em Friburgo, como sendo "uma ideia e um serviço", materializado em cerca de 77 federações católicas espalhadas pelo mundo inteiro. Salienta, porém, que às muitas iniciativas internacionais "manquent probablement de portée, car elles ne reposent pas sur des solides fondements locaux et nationaux"[163]. Impunha-se, pois, multiplicar as realizações locais e nacionais para fortalecer esse espírito que fecunda a "Pax Romana", constituindo o congresso um excelente exemplo desse serviço.

---

[161] *Idem*, p. 43.
[162] *Idem*, p. 44.
[163] *Idem*, p. 48.

Este destacado orador aponta críticas a todos os católicos que não utilizam o seu conhecimento e a sua ciência para melhorar o mundo e torná-lo mais justo e solidário traindo, assim, a sua missão de cristãos. Apela, ainda, ao espírito de caridade universal de todos os estudantes universitários e à sua vontade de procurar "la lumière de la Verité, la solution chrétienne aux problèmes qui se posent au monde; enfin, dans l´ordre moral, en obtenant de chaque universitaire qu´il mette dans l´exercice de sa profession la force morale d´une profonde vocation"[164].

Finalmente, formula o voto de que o Congresso seja um exemplo pleno de entusiasmo e de novas contribuições para a reflexão sobre a Universidade, bem como um incentivo para uma maior responsabilização e acção apostólica mais intensa, quer a nível nacional, quer internacional.

---

[164] *Idem*, p. 49.

6. – O Congresso

6.1. – O programa de 15 a 19 de Abril de 1953

IMAGEM 13 – Senha para
o *Livro do Congressista*.

IMAGEM 14 – Página de rosto
do *Livro do Congressista*.

FONTE: Arquivo da *Fundação Cuidar o Futuro*.

O programa definitivo encontra-se descrito no *Livro do Congressista*[165]. O congresso começou a 15 de Abril, tendo principiado com a Sessão Solene inaugural nas oficinas do Instituto Superior Técnico, presidida pelo Cardeal Patriarca de Lisboa. Esse alto destacado da hierarquia cardeal abriu a sessão com a leitura de uma mensagem de Pio XII, na qual

---

[165] *Livro do Congressista, op. cit.*

114 *Maria de Lourdes Pintasilgo – Os Anos da Juventude Universitária*

se afirma explicitamente que "É tarefa das Organizações da Acção Católica Universitária, preparar para a Igreja e para a Pátria tais apóstolos, cujo pensamento humilde e firme se deixe prender apenas da verdade e cujo coração se abra largamente às necessidades espirituais e temporais de seus irmãos"[166].

No dia seguinte, 16 de Abril, os trabalhos principiaram com a Missa de Abertura do Espírito Santo na Sé Patriarcal, celebrada pelo Arcebispo de Mitilene, à qual se seguiu a primeira reunião plenária, com a apresentação da primeira tese de Guilherme Braga da Cruz, lida por Pires Cardoso[167].

A sua tese intitula-se "Origem e evolução da Universidade" e traça o evoluir histórico da instituição, terminando com a sua qualificação como "criação eclesiástica", dado ter prestado grandes serviços à Igreja, enquanto o poder absolutista não a dominou e usou para os seus propósitos.

A segunda reunião plenária, subordinada à tese com o título "Os fins da Universidade", de Manuel Correia de Barros, decorreu da parte da tarde desse mesmo dia. Como ideias fundamentais veiculadas, salientamos o conceito corporativo. A clarificação desse conceito, foi a temática central. No entender do autor, esta noção define claramente a universidade e dela decorrem alguns princípios que devem ser respeitados, entre os quais inclui a liberdade de fundação de institutos universitários. Por outras palavras, subentende-se subliminarmente a vontade explícita de criação de uma Universidade Católica. A terminar a sessão, foram apresentadas várias comunicações, as quais serão objecto de análise no decurso desta dissertação: a "Acção da mulher universitária na formação da personalidade intelectual feminina", de Celinda Rosa Esteves Lourenço, e "A cultura e a mulher", de Maria Clotilde Teixeira da Rocha.

Encerrou o dia um espectáculo com a serenata dos Estudantes de Coimbra, no "Auditorium" do Instituto Superior de Agronomia, na Tapada da Ajuda.

O dia 17 começou com a missa na Igreja da S. João de Deus celebrada pelo Bispo do Porto e continuou com as primeiras reuniões parciais de vários autores. A terceira reunião plenária, à tarde, foi da responsabilidade de Galvão Teles e intitulava-se "A vida institucional da Universidade".

---

[166] *Idem.*

[167] Por razões de luto recente, o autor não participou nas actividades.

O Congresso 115

Do texto ressalta a necessidade de recuperar "as tradições comunitárias da Universidade", em contraposição ao individualismo reinante nas instituições, apelando-se ao contributo dos estudantes para desempenharem um papel mais activo na "realização dos fins universitários". Só assim a instituição pode deixar de ser o mero serviço público-administrativo em que se converteu.

Dando continuidade aos trabalhos, seguiram-se as comunicações, das quais se salienta, pelo seu carácter abrangente, aquela que foi apresentada por Maria Helena Teves Costa e intitulado "Curriculum universitário e a cultura superior da mulher cristã".

No fim do dia, por volta das 18.30 horas, teve lugar, no Cinema Império, a exibição do filme francês "Journal d´un cure de campagne", sobre o romance de Bernanos[168], antecedido do comentário de João Bénard da Costa[169].

O terceiro dia de trabalhos teve início, como habitualmente, com a missa realizada na Igreja de Nossa Senhora de Fátima, celebrada pelo Arcebispo-Bispo de Coimbra. No fim da homília, houve um momento particular, com as direcções do CADC e da JUCF, de Coimbra, a fazerem a oferta do pão e do vinho para o sacrifício. As últimas reuniões parciais, a partir das 11 horas, prosseguiram no mesmo local das anteriores. De entre estas destaca-se aquela que foi subordinada ao tema "A mulher na universidade", da autoria de Maria de Lourdes Pintasilgo e à qual se voltará, devido à sua importância.

A apresentação da quarta tese "Responsabilidade social da Universidade", de António Sousa da Câmara, decorreu à tarde, como quarta

---

[168] Bernanos nasceu em Paris em 1888 e morreu em 1948. Teve uma educação profundamente religiosa e em 1932, adere ao círculo dos católicos-nacionalistas da Acção Francesa. Escreve vários romances e fica célebre com o livro "Diário de um pároco de aldeia", ("Journal d´un cure de campagne"), de 1936, que se centra sobre o conflito que vive um jovem sacerdote minado por uma doença incurável, lutando contra a indiferença e hostilidade dos seus paroquianos. http://www.evene.fr/celebre/biographie/georges-bernanos-357.php, (09-10-2006/18.30).

[169] João Bénard da Costa foi presidente da JUC aos 22 anos, ainda andava na faculdade. "Como tantos outros da sua geração, chegou à política por razões religiosas e morais. A Acção Católica e os bancos da Faculdade foram para João Bénard da Costa os instrumentos primeiros da luta contra o regime, nesses tempos longínquos do final da década de cinquenta. Escritor, cinéfilo e crítico de cinema, continua, apesar de "aposentado" a presidir à Cinemateca Portuguesa. Para uma biografia mais detalhada veja-se, entre outros o site http://www.uc.pt/cd25a/wikka.php?wakka=ejcosta, (09-10-2006/18.30).

116 *Maria de Lourdes Pintasilgo – Os Anos da Juventude Universitária*

reunião plenária. Do seu texto evidencia-se a "influência decisiva na defesa e conservação da cultura, bem como na educação da juventude" da Universidade. Reconhece, no entanto, e a exemplo do que ocorre em vários países, a necessidade da sua reforma. O conferencista finaliza a sua intervenção apelando a uma "urgente" cooperação inter-universidades a nível internacional.

Trata-se, aliás, de um apelo que o autor fundamenta com a opinião de Abdus Salam, Director do "International Center of Theoretical Physics" de Trieste, quando este afirma "que pelo menos uma universidade internacional não tenha sido criada ao mesmo tempo que a ONU em 1945 é algo de que a comunidade científica e académica não pode sentir-se orgulhosa. É imperativo que sejam dados passos seguros no futuro próximo para assegurar que veremos uma ou mais universidades internacionais tomando corpo nos próximos vinte anos"[170].

Das comunicações seguintes salienta-se a de Maria Helena Mariano intitulada "A universitária e os grandes problemas nacionais: estudar e orientar". O Sarau de Arte, com a pianista Nina Marques Pereira e o grupo coral "Polyphonia", dirigido pelo cantor Mário de Sampayo Ribeiro, encerrou as actividades.

O último dia do Congresso, 19 de Abril, abriu com o Pontifical na Sé, presidido pelo Cardeal Patriarca, acompanhado pela "Schola Cantorum" do Seminário dos Olivais. Após o pequeno-almoço, seguiu-se o programa social que incluía diversas excursões ao estuário do Tejo, à Costa do Sol, à Serra de Sintra, a Cascais e à mata de Santo António do Estoril.

"A Universidade e a Igreja" é o tema da quinta e derradeira reunião plenária, da responsabilidade de Augusto Vaz Serra. O seu autor destaca a "coerência" que a doutrina da Igreja tem em relação ao progresso da ciência, concluindo que o "exercício dos direitos da Igreja é providência e não ingerência"[171].

Relativamente às reuniões plenárias, diz-nos Eurico Dias Nogueira "(...) As teses centrais do Congresso, lidas em reuniões plenárias, teste-

---

[170] Abdus Salam (1926), natural do Paquistão, notabilizou-se na área da física e da matemática, tendo sido galardoado, em 1979, com o Prémio Nobel da Física. Para uma biografia mais pormenorizada veja-se, entre outros, o site http://nobelprize.org/ nobel_prizes/physics/laureates/1979/salam_bio.html, (09-10-2006/18.30).

[171] *I congresso, op. cit.*, p. 201.

munharam a participação dos professores universitários, em consonância com as exigências da juventude hodierna de uma Universidade formativa. Embora algumas denunciassem um afago mimalho, em tom comiceiro, que nem sempre alcançam a retribuição por que anseiam, o certo é que a maioria dos professores congressistas impôs-se pela sua actualização magistral"[172].

A sessão solene de encerramento tem início com a entrada do Cardeal Patriarca na sala (que se encontra sentado no meio da mesa, como se pode ver na imagem n.º 15), seguido de Prelados e altas individualidades do meio universitário, nomeadamente directores de faculdades e professores catedráticos.

IMAGEM 15 – A mesa da Presidência da sessão de encerramento.
FONTE: Arquivo da *Fundação Cuidar o Futuro*.

Toma a palavra o presidente da Comissão Executiva, o Secretário-Geral da Pax Romana e, por último, a presidente da JUCF e da Comissão Executiva, Maria de Lourdes Pintasilgo, que realçou a importância do

---

[172] Eurico Dias Nogueira, "Rugas de seriedade", *Estudos*, fascículos VI, VII n.º 318-319, Junho-Julho, Coimbra, CADC, 1953, p. 372.

118 *Maria de Lourdes Pintasilgo – Os Anos da Juventude Universitária*

Congresso para a "renovação da universidade" salientando, ainda, o êxito que constituiu. As suas palavras são eloquentes e simultaneamente esclarecedoras:

"Não podemos ficar à espera de soluções ideais que nunca chegarão, nem esperar, ingenuamente, que as dificuldades se resolvam por si mesmas. Marcamos o esquema dos verdadeiros fins da Universidade; vincamos o seu genuíno carácter corporativo, a sua relevante função social. Frisamos a necessidade da Universidade Católica, porque uma Universidade de que Deus está ausente, não é plenamente Universidade. Não esqueçamos o papel do estudante. Ele não pode limitar-se a pedir e a receber o que a Universidade lhe quiser dar"[173]. Este discurso remete para a acção, depois da reflexão feita, e todos devem empenhar-se nessa tarefa, ninguém pode demitir-se dela.

Finalmente as palavras do Cardeal-Patriarca encerram o Congresso: "Benditos sejam, os que trouxeram esta alegria à terra cristã portuguesa"[174].

6.2. – Intervenções de Maria de Lourdes Pintasilgo no Congresso

6.2.1. – *Comunicação ao Congresso "A mulher na Universidade"*

Maria de Lourdes Pintasilgo teve duas intervenções públicas durante o congresso: a primeira como relatora do tema "A mulher na universidade", nas últimas reuniões parciais do dia 19 de Abril e, a segunda, como Presidente da JUCF, na sessão de encerramento.

A comunicação intitulada "A mulher na universidade" pode ser considerada a sua posição relativamente ao papel da mulher na família, na sociedade em geral, bem como na Universidade e na cultura, em particular. O seu texto possui uma fundamentação teológica, mas também científica, o que denota que essas duas facetas coexistem no seu pensamento e suportam-se mutuamente, definindo a idiossincrasia própria de Maria de Lourdes Pintasilgo e a sua oposição em relação ao pensamento vigente.

Vejamos alguns passos da argumentação expendida. O homem e a mulher como criações divinas estão unidos por um laço indissolúvel de

---

[173] *I Congresso, op. cit.*, p. 44.
[174] *Idem.*

interdependência e complementaridade. No entanto, a mulher "surge-nos assim, no pensamento de Deus, aureolada pelo imenso prestígio desta missão: dar perfeição, dar acabamento, enquadrar na ordem divina todos os valores humanos. Mais do que complemento para o homem, a mulher traz consigo a plenitude do ser humano"[175]. Na sua opinião, a criação da mulher obedeceu, não só ao desejo de complementar o homem, mas também de aproximar a humanidade do divino, possuindo, no entanto, ambos a mesma essência, os mesmos direitos e a mesma liberdade. Está, assim, fundamentada a sua posição relativamente à condição de igualdade na diferença, em clara oposição à ideologia salazarista relativamente ao papel das mulheres, onde os papéis no seio da família estavam claramente distribuídos, o homem mandava, era a cabeça da casa, trabalhava fora, sustentando a família; a mulher obedecia, trabalhava em casa, educava os filhos, zelava pelo lar. Voltaremos a esta ideia mais adiante.

A explicitação do seu pensamento prossegue do seguinte modo: "Se, de certo modo, o homem reproduz Deus, a mulher representa em face dele toda a criação. Daí a diferença essencial entre a missão dum e doutro. Enquanto o homem se multiplica em cada instante na acção criadora, a mulher projecta-se no infinito, transcendendo o tempo"[176].

O homem é *ratio* e a mulher *intellectus*, essência de conhecimento intuitivo, votada para a grande missão que é a maternidade, o instante em que "o tempo toca a eternidade". Não só a maternidade física, como a maternidade espiritual ou, então como diz: "a maternidade das almas e a maternidade das ideias"[177].

A ideia da maternidade espiritual, tão cara às republicanas, é encarada por Maria de Lourdes Pintasilgo, como a maternidade de Maria, a mãe sempre virgem, a qual a Igreja venera de uma forma muito particular, porque foi eleita para ser a mãe de Deus. Há mesmo uma festa no calendário religioso dedicada à "Virgo Paritura", ou festa da "maternal expectação da Virgem", que era celebrada a 18 de Dezembro. Nesse período, a Igreja medita sobre a espiritualidade da Mãe de Deus, a "quoad spiritum", maternidade espiritual, que se iniciou ao mesmo tempo que a "quoad corpus", ou seja, maternidade física.

---

[175] Arquivo da *Fundação Cuidar o Futuro*, espólio de MLP, pasta "Congresso da JUC", *A mulher na universidade*.

[176] *Idem.*

[177] *Idem.*

A Constituição Dogmática *"Lumen Gentium"*[178] institui precisamente esta relação existente entre a maternidade espiritual de Maria e os deveres dos homens para com ela, como Mãe da Igreja e como "nova Eva". É nesta acepção cristã e católica que MLP se refere à maternidade espiritual, como dádiva e partilha duma vida ao serviço dos outros, afastando-se assim, da concepção laica e secular das mulheres republicanas da altura. A nossa autora entende a maternidade espiritual também num contexto filosófico-sociológico. Assim, quando se reporta ao papel das mulheres no mundo, esclarece: "Pede-se-lhes que reatem a tradição milenária da sua cultura, assumindo em termos do nosso tempo a multifuncionalidade e, ao mesmo tempo, que façam entrar por essa via a complexidade como novo paradigma em toda a sociedade"[179].

Em seu entender, a mulher possui uma dignidade própria e, em abono da sua opinião, cita Sertillanges[180], o qual refere que "a mulher é pessoa por si própria, ela não é feita para o homem, tem um destino próprio (e pela mesma razão ela não é feita para a família neste sentido de que ela não teria outra razão de ser senão procriar e criar crianças)"[181]. Subentende-se, pois, que a mulher tem o direito de ser, de decidir e de construir o seu destino, em função de si mesma e não de quaisquer dependências ou servilismos, aliás, tal como o homem. A teóloga feminista Elizabeth Schuessler-Fiorenza, citada por MLP, questiona "Por que é que os homens se sentem ameaçados pelos laços entre as mulheres na sua luta pela emancipação? (...) Não é contra os homens que as

---

[178] A Constituição Dogmática *"Lumen Gentium"*, Luz dos Povos, foi promulgada pelo Papa Paulo VI, em 21 de Novembro de 1964 e constitui um dos mais importantes textos do Concílio Vaticano II. O tema do texto é a Igreja como instituição, tendo por dogma "Cristo é a luz das nações". Para maior informação ver entre outros, o site:
http://www.vatican.va/archive/hist_councils/ii_vatican_council/documents/vat_ii_const_19641121_lumen_gentium_po.html, (01-01-2007/18.30).

[179] Palavras dadas, *op. cit.*, p. 260.

[180] Antonin Gilbert Sertillanges, dominicano e teólogo francês, nasceu em Clermont-Ferrand, a 16 Novembro de 1863 e morreu em Sallanches (Alta Saboya) a 27 Julho de 1948. Inspirado em S. Tomás de Aquino, desenvolveu um amplo trabalho como conferencista e autor de numerosos textos. Em 1900 é titular da cátedra de Moral, no Instituto Católico de París e, em 1918, foi nomeado membro do Instituto de França. Para uma biografia mais completa ver, entre outros, o site:
http://www.bautz.de/bbkl/s/s2/sertillanges_a_g.shtml, (01-01-2007/18.30).

[181] Arquivo da Fundação Cuidar o Futuro, *A mulher na Universidade, op. cit.*

mulheres se reúnem mas para decidirem as questões que afectam a sua própria vida e libertação"[182].

Quando refere a questão da presença da mulher e do impacto cultural do papel feminino, afirma taxativamente que ela tem aptidões para aceder à cultura superior. É um direito que lhe assiste – que esta lhe seja acessível e facultada. O acesso a esse nível cultural superior pode munir a mulher de outros instrumentos, de outra bagagem que lhe permitirão predispor "o espírito para a aquisição da síntese total do saber, para a unificação de todos os ramos parcelares do conhecimento na Verdade, sem a qual não há cultura autêntica"[183]. A palavra Verdade constitui a chave de toda esta tese. Aliás, no seu livro publicado postumamente "Palavras dadas", Maria de Lourdes Pintasilgo a seu respeito diz, na terceira pessoa, que "a verdade foi cada vez mais forte aguilhão na relação com os outros e o mundo, consigo mesma e com Deus. A verdade nunca se tem, está sempre mais longe, e a liberdade também partilha dessa natureza de horizonte sempre em movimento"[184].

Continuando na linha do seu pensamento é na busca da verdade suprema, da verdade divina, que todo o saber e conhecimento se devem orientar, e é nessa busca que a universidade deve investir e formar os seus estudantes. "Experimentara muitas vezes, nas mais diversas tarefas, esse apetite da verdade (...). Teve com a verdade muitos encontros falhados"[185]. Segundo a autora, o caminho a seguir é no encalço da Verdade, pois só ela pode conduzir a Deus e ao plano divino. Está assim exposta a importância que MLP atribui à cultura superior para a mulher. A mulher pode dar à cultura superior continuidade, renovação e inspiração, para que ela não se encerre dentro das suas muralhas e viva só para si, num desprendimento e alheamento total do mundo de que faz parte e do qual e para o qual deve viver.

Num registo menos teórico e mais pragmático, Maria de Lourdes Pintasilgo aborda, neste texto, a questão do exercício da docência universitária pela mulher. À interrogação, estará a mulher, devido à sua estrutura física e psicológica destinada apenas a determinadas profissões? É a própria que responde, esclarecendo que: "a distinção entre profissões

---

[182] Palavras dadas, *op. cit.*, p. 164.
[183] *A mulher na Universidade, op. cit.*
[184] Maria de Lourdes Pintasilgo, *Palavras dadas, op. cit.*, p. 225.
[185] *Idem.*

femininas e não femininas deixa de ter um sentido absoluto. Em todas as profissões a mulher pode valorizar-se e servir (...) na medida em que a Universidade passa a exercer seriamente a sua missão de orientadora da vida social, a presença da mulher se vai tornando mais necessária, pela descoberta de funções onde ela pode, melhor que o homem, contribuir para o engrandecimento dos povos"[186]. Considera, no entanto, que a profissão é uma forma de a mulher realizar a maternidade espiritual que a vincula à Verdade. Estes dois conceitos estão sempre presentes no seu discurso e entram em conflito com a ideologia salazarista sobre o papel da mulher na sociedade e a concepção de família.

A família constituía para o Estado Novo a célula unitária que determinava o todo orgânico que era a Nação. Esta só podia ser coesa, forte, sadia, feliz se as suas famílias o fossem, os indivíduos só existiam enquanto elementos duma família e não enquanto seres individuais, quer pertencessem a uma família biológica, restrita, quer a uma maior, abrangente: a Nação.

Como afirma Ana Nunes de Almeida "Para o Estado Novo, em todo o caso, a família constituía um pilar ideológico de grande importância. Guiada pelos valores católicos, enraizada na simplicidade e modéstia do fechado mundo rural da pequena propriedade, marcada por uma rígida divisão do trabalho entre os sexos, legitimando uma rígida hierarquia de autoridade dos homens sobre as mulheres ou dos pais sobre os filhos, esta família era assim representada (e propagandeada) como uma genuína unidade de virtudes morais e um modelo a atingir"[187].

Os dois textos legais definidores do conceito de família neste período são a Constituição de 1933, que institucionaliza o Estado Novo, e a Concordata de 1940, entre Portugal e a Santa Sé, a que já aludimos, onde se reafirma o comprometimento do Estado português em se orientar pelos cânones da doutrina e moral cristãs, e se regulamenta o casamento civil e o divórcio. No 5º artigo da Constituição podemos ler, em relação ao facto da lei ser igual para todos, salvo "quanto à mulher as diferenças resultantes da sua natureza e do bem da família..." O Estado recusa o direito de cidadania à mulher, reconhecendo-lhe apenas o direito social, enquanto parte duma família e concorrendo para o seu bem, já que o seu

---

[186] *A mulher na Universidade, op. cit.*

[187] Ana Nunes de Almeida, "Família", *Dicionário de História de Portugal*, sup. 8, *op. cit.*, p. 19.

género, a sua natureza, isso determina. De acordo com Luís Vicente Baptista, a esta acepção estão subjacentes valores que se apresentam numa determinada hierarquia e que podemos encontrar na encíclica *Rerum Novarum* de 1891[188].

Assim, estes *valores axiológicos da família* ordenam-se em torno de três questões: a *ideia de salvação do indivíduo,* que só é possível através da dedicação e sacrifício à família, como instituição divina, una e inviolável, tendo no santo matrimónio a sua concretização e, através deste sacramento, garantida a sua indissolubilidade e o seu carácter divino; *a propagação da espécie*, o objectivo do casamento, dessa união sagrada, seria única e exclusivamente o cumprimento do mandamento "ide e multiplicai-vos, enchei a face da terra", compreendemos, por isso, como a família é o garante da continuação e de regeneração da raça e a mulher o seu elemento sustentador; por fim, *o lar*, não a casa enquanto matéria, mas o espaço do lar, enquanto protector e fomentador dos valores cristãos, imune ao mal que vem de fora, construindo no seu seio exemplos de famílias virtuosas, miméticas da Sagrada Família.

Este conceito sagrado de família pressupunha vários deveres e sacrifícios dos seus membros. A ideia medieval de que a felicidade não é para ser vivida na terra, mas sim ganha no mundo terreno e usufruída na vida eterna, está sempre presente, sobretudo na exigência que é feita à mulher, esposa e mãe. A dedicação exclusiva à família, sacrificando-se pelo bem--estar do marido e dos filhos e pela felicidade destes, fazendo da casa o seu reduto, e da família a sua razão de viver, é o que se esperava da mulher. Para que a família cumprisse o seu objectivo de dar continuidade à família maior, a Nação, os laços que uniam os seus membros deviam ser invioláveis, e o espaço onde eles se geravam também. Enquanto a Nação é pública, a família, sua célula vital, é privada. Aí se desenrolam todos os passos da intimidade, aí a mulher é a rainha, a fada, que com migalhas faz pão.

Para Maria de Lourdes Pintasilgo, a mulher tinha o seu lugar a desempenhar, tanto no espaço público, como no privado, contrariando a ideário estadonovista. Ela diz-nos que "Aquilo que milhares de mulheres viveram como pessoal ou privado converte-se, pela convergência das

---

[188] Luís A. Vicente Baptista, "Valores e imagens da família em Portugal, Coimbra", Actas do Colóquio *A mulher na sociedade portuguesa*, Coimbra, Faculdade de Letras, Vol. 1, 1985, p. 196.

124 *Maria de Lourdes Pintasilgo – Os Anos da Juventude Universitária*

histórias individuais, numa ampla problemática social que põe em causa os valores dominantes e ideologia transmitida por todas as instituições. O privado torna-se questão pública"[189], com o eclodir dos movimentos de mulheres.

Segundo Ana Barradas, "A economia de guerra" do governo salazarista tornava a vida quase insuportável para largas camadas do povo. As mulheres, responsáveis pelo "governo da casa", sentiam-no duramente"[190]. Aquela autora continua afirmando que, "Se o homem é o chefe da família e tem por isso um papel importante no lar mais importante ainda, ou pelo menos mais central no âmbito desta instituição, se considera o conjunto de papéis desempenhados pela mulher. É ela que em permanência deve estar no lar organizando e orientando todas as actividades ligadas à casa e directamente aos filhos. Esta nítida distinção dos papéis atribuídos aos dois sexos, assenta na ideia de "distintas naturezas", determinantes do lugar que o homem e mulher devem ocupar na família e na sociedade. Por isso, a importância dada à formação das mulheres, à publicação de obras onde possa encontrar conselhos, orientaçõe*s*. É esta a missão que está destinada à mulher, portanto ela deve estar preparada para a cumprir o melhor possível, este é o seu destino já definido por Deus, pelo Chefe e pelo homem. Em contraposição, Maria de Lourdes Pintasilgo afirma que a mulher veio complementar o homem, ambos possuem a mesma essência e, por isso, os mesmos direitos de ser em liberdade e em igualdade.

A família, na ideologia fascista, é conservadora e inculcadora dos valores e moral cristãos, protectora do mal, baluarte da propaganda, a família-escola, a família numerosa, a família construtora de afectos e fidelidades. Neste aspecto, podemos encontrar afinidades com o pensamento da nossa autora, excepto no que toca ao papel da mulher como sendo exercido exclusivamente no seio dela.

No discurso comemorativo do décimo aniversário do 28 de Maio, intitulado "As grandes certezas nacionais"[191] Salazar, pela primeira vez, fez referência ao postulado "Deus, Pátria, Família, Autoridade, Trabalho" e refere: "Aí nasce o homem, aí se educam as gerações (...) Quando a

---

[189] Maria de Lourdes Pintasilgo, *Os novos feminismos. Interrogação para os cristãos?*, Lisboa, Moraes Editores, 1981, p. 14.

[190] Ana Barradas, *As clandestinas*, Lisboa, Ela por Ela, 2004, p. 17.

[191] *Idem*, pp. 133-134.

família se desfaz, desfaz-se a casa, desfaz-se o lar, desatam-se os laços de parentesco, para ficarem os homens diante do Estado isolados, estranhos, sem arrimo e despidos moralmente de mais de metade de si mesmos; perde-se um nome, adquire-se um número – a vida social toma logo uma feição diferente. (...) Esta, é na verdade, a origem necessária da vida, fonte de riquezas morais, estímulo dos esforços do homem na luta pelo pão de cada dia. Não discutamos a família".

Esta concepção só faz sentido com o regresso das mulheres ao lar. O slogan "o lugar das mulheres é em casa" vai, a partir dos anos 1930 e, sobretudo, depois da II Guerra Mundial, fazer mais sentido do que nunca, não só em Portugal como em toda a Europa. Neste contexto, MLP afirma: "Com a ameaça do desemprego dos homens após o regresso das tropas, os mecanismos económicos puseram-se em marcha para absorver este perigo potencial. Fizeram-no segregando a necessária ideologia que utilizava as mulheres como fulcro de um esquema simplista: as nações têm de se reconstruir, a família é a célula-base dessa reconstrução, a educação dos filhos é tarefa prioritária das mulheres. (Teses que qualquer sistema tendente a perpetuar o statu quo necessariamente assume)"[192].

O Estado Novo encara a mulher como "natureza", em oposição ao homem, do lado da "cultura", frágil, emotiva, maternal, à qual volta a ser exigido que deixe o seu posto de trabalho fora de casa, porque está a roubar o emprego aos homens, e volte a assumir as funções para que foi concebida: dona de casa, esposa e mãe. Maria de Lourdes Pintasilgo, por outro lado, entende que a mulher deve estar sempre presente ao lado do homem porque, só assim, ambos podem cumprir plenamente a sua missão. Refere a nossa autora, mesmo "sem o dizerem ou sem explicitarem de forma clara, as reivindicações das mulheres abrem as portas para uma sociedade totalmente nova"[193].

Nas encíclicas *Rerum Novarum*, de 1891, e *Quadragesimo anno* de 1931, pode ler-se: "é em casa antes de mais, ou nas dependências da casa, e entre as ocupações domésticas que se encontra o trabalho das mães de família"[194]. A missão cristã da mulher era no seu lar, cuidando do marido e educando os filhos, construindo e mantendo as famílias coesas e fortes,

---

[192] *Os novos feminismos, op. cit.*, p. 13.

[193] *Idem*, p. 31.

[194] Anne Cova, "O salazarismo e as mulheres", in Revista *Penélope*, Lisboa, Edições Cosmos, n.º 17, 1997, p. 72.

126 *Maria de Lourdes Pintasilgo – Os Anos da Juventude Universitária*

como guardiã e transmissora dos valores e da moral vigentes, contribuindo assim para o bem-estar e continuidade da Nação-mãe.

Salazar apela às mulheres, tocando-lhes no seu sentido patriótico, revestindo as suas funções da maior importância: elas são o "sustentáculo da Nação" e responsáveis pela "salvaguarda moral das famílias e pela renovação da raça"[195].

O próprio Salazar, na gestão da Nação, identifica-se com uma dona de casa a gerir o seu lar, o que ele designa como "governo doméstico", aproximando-se, como nunca um chefe de Governo fez, das massas femininas, segundo a visão psicanalista assumida por várias autoras, como Maria Belo. Afirma António Salazar: "a mulher casada, como o homem casado, é uma coluna da família, base indispensável de uma obra de reconstrução moral. Dentro do lar, a mulher não é escrava. Deve ser acarinhada, amada e respeitada, porque a sua função de mãe, de educadora dos seus filhos não é inferior à do homem. Nos países ou nos lugares onde a mulher casada concorre com o trabalho do homem – nas fábricas, nas oficinas, nos escritórios, nas profissões liberais – a instituição da família pela qual nos batemos como pedra fundamental de uma sociedade bem organizada ameaça ruína (...) Deixemos, portanto, o homem a lutar com a vida no exterior, na rua (...) E a mulher a defendê--la, a trazê-la nos seus braços, no interior da casa (...) Não sei, afinal, qual dos dois terá o papel mais belo, mais alto e mais útil"[196].

Enquanto que, para o ditador, a mulher não era necessária ao aparelho produtivo, já que havia homens suficientes, e era a eles que devia caber o sustento do lar, para MLP as mulheres têm o direito e o dever de participar na construção da sociedade, na construção do mundo. Quando se refere à entrada das mulheres no ensino superior, nos anos de 1950, diz "As jovens mulheres experimentavam caminhos que até aí não tinham sido percorridos. Não se tratava apenas de abrir portas, onde iam buscar a força necessária para se aventurarem em travessias que lhes eram novidade. É certo que o trabalho intelectual deu um enorme impulso a esse compromisso"[197].

No entanto, paradoxalmente, foi o Estado Novo que concedeu o direito de voto às mulheres, numa atitude pragmática de ganhar assim o

---

[195] Irene Pimentel, *História das organizações femininas no Estado Novo*, Lisboa, Temas e Debates, 2001, p. 15.

[196] Irene Pimentel, *op. cit.*, p. 27.

[197] *Palavras dadas*, *op. cit.*, p. 233.

voto feminino. Sabendo-se que as mulheres são conservadores, Salazar ganharia sempre as eleições com os seus votos.

Assim, o Decreto-Lei n.º 19 694 de 5 de Maio de 1931, permite que "as mulheres, chefes de família viúvas, divorciadas ou separadas judicialmente tendo família a seu cargo, e as mulheres casadas cujo marido está ausente nas colónias ou no estrangeiro"[198], possam fazer parte de corporações administrativas inferiores e das Juntas de Freguesia.

Com o citado decreto-lei, foi possível às mulheres votarem e serem eleitas para a Assembleia Nacional, desde que tivessem mais de 21 anos, fossem solteiras, tivessem rendimento ou trabalhassem, ou então casadas com diploma do secundário e pagassem determinada contribuição predial, ou fossem chefes de família. Nesse ano, as primeiras mulheres a pisar o chão da Assembleia foram Maria Guardiola, Domitília de Carvalho, e Cândida Parreira.

Segundo esta última, António de Oliveira Salazar tinha decretado o sufrágio feminino porque "pressentiu que para tal combate (contra a desmoralização) seria necessário energia superior à do homem. Onde iria encontrá-la? Só uma solução! A mulher cristã! (...) a Mulher Portuguesa! Salazar não hesita (...) Escolhe as que podem colaborar, pela sua profissão, quanto à Família, Assistência e Educação. E abre-lhes as portas da Assembleia Nacional (...) A política é só para os homens, dizem. Porquê? Só se for feminina, já que tantos por ela se apaixonam. A política tem muitas afinidades com a mulher: diplomata, subtil, ora submissa, ora voluntariosa (...) O facto de haver pela primeira vez mulheres no Parlamento não quer dizer que só hoje haja mulheres políticas. A nossa história de oito séculos está cheia. (...) O auxílio da mulher tornava-se mais do que necessário, tornava-se indispensável. Assim o entendeu o Chefe, assim o decretou"[199].

Este direito não foi conquistado, antes decretado. No entanto, é preciso realçar que as áreas de intervenção das mulheres continuavam a ser as tradicionais e nenhumas outras: família, assistência social e educação.

No que respeita às lutas feministas da época, a ideologia do Estado Novo constituiu um retrocesso. Continua em vigor o Código Civil Napoleónico de 1867, designado Código de Seabra, e o que se havia conseguido em termos de direitos cívicos para as mulheres, durante o período

---

[198] Irene Pimentel, *op. cit.*, p. 30.
[199] *Idem*, pp. 31-32.

128   *Maria de Lourdes Pintasilgo – Os Anos da Juventude Universitária*

republicano-liberal, perdeu-se com o Código do Processo Civil de 1939, que se manteve em vigor, inalterável, até 1967. Ou seja, a mulher volta a ser considerada um ser menor, dependente legal e socialmente da autorização do marido. Com a Concordata entre Portugal e a Santa Sé, o divórcio deixa de ser possível para os casamentos celebrados segundo as leis canónicas, o que constituiu o golpe de misericórdia nas conquistas da época republicana.

Com os apelos de regresso ao lar, produziu-se legislação que limitava, quando não interditava, o trabalho às mulheres fora de casa, sobretudo na indústria. Por exemplo, o Decreto-Lei nº 24 402, de 24 de Agosto de 1934, no seu preâmbulo, determina que enquanto houvesse homens no desemprego não se permitia "em muitas indústrias, o recurso abusivo à mão-de-obra mais barata fornecida pelas mulheres e pelos menores"[200]. O mesmo decreto-lei proibia ainda às mulheres trabalharem em certas indústrias com riscos de toxicidade, nas minas e fora do horário entre as 7 e as 20 horas.

O Código Civil de 1967 devolveu à mulher alguma cidadania e independência em relação ao homem. Aquela já não precisava "do consentimento do marido para exercer profissões liberais ou funções públicas, nem para publicar ou fazer representar as suas obras ou dispor de propriedade intelectual" (art. 1976)[201].

A aplicação da convenção da Organização Internacional do Trabalho, em 1966, que estipulava o salário igual para trabalho igual, só três anos depois é que foi introduzida em Portugal. No entanto, todo o tipo de discriminações entre homens e mulheres vão continuar ao longo do Estado Novo e mesmo depois do 25 de Abril. É ainda Maria de Lourdes Pintasilgo que afirma, relativamente à condição da mulher no trabalho: "O segundo factor presente na génese dos novos movimentos de mulheres é a descoberta da ambiguidade da relação da mulher ao mundo do trabalho. Sendo ao mesmo tempo factor de emancipação e instrumento de alienação, expressão contraditória de liberdade e de novas servidões, o trabalho acabou por funcionar para as mulheres como revelador da sua condição de superexploradas"[202].

---

[200] *Idem*, p. 44.
[201] *Idem*, p. 42.
[202] *Os novos feminismos, op. cit.*, p. 14.

António de Oliveira Salazar valorizou a mulher enquanto ela assumisse as funções que lhe estavam, por natureza, destinadas, concorrendo determinantemente para a glória e harmonia da Nação, o engrandecimento e regeneração da raça, e criação do "homem novo".

Optando pelo curso de engenharia onde, no final da década de 1940, se verificava a maior predominância masculina (98,8% de homens[203], em 250 estudantes apenas 3 eram mulheres), MLP foi, ao longo do seu percurso de vida, uma voz diferente, persistente, contra a ideologia estabelecida, que condenava a mulher a uma invisibilidade, anonimato e menoridade totais. Acerca disso escreve: "O facto permanece e parece difícil de extirpar do imaginário colectivo: envolve as mulheres numa nuvem de invisibilidade. O que quer que façam é descartável a não ser que a sua personalidade seja "não ser" (...)"[204].

Maria de Lourdes Pintasilgo assume claramente que o motivo que a levou a escolher essa licenciatura prende-se, mais uma vez, com o seu conceito de dedicação aos outros, no fundo, uma maternidade espiritual, ou seja, um "desejo de melhorar a condição operária (a classe verdadeiramente desfavorecida do princípio da industrialização) e o desafio que representava para uma mulher seguir tal caminho"[205]. Na sua opinião, as engenharias forneciam um quadro de referência que lhe possibilitaria entrar na "vida intelectual" e desenvolver acções em diversas áreas.

Anos depois, MLP adianta que o que a motivou de sobremaneira foi, sobretudo, "a capacidade de entrar em diálogo com os estudantes, a sua produção científica; a sua preocupação de encontrar projectos que estabeleçam a ligação entre a Universidade e a sociedade"[206], exigências que foram adquiridas no curso que escolhera e que a preparara para um intervencionismo activo em vertentes muito diversas.

Por essa razão, a nossa autora "continuava a ver a Universidade como o ponto de entrada para uma transformação da escola (...) e o dinamismo de uma democracia mais participativa. Era sempre o mesmo ideal: mudar a sociedade através das instituições que a estruturam"[207].

---

[203] Victor Ferreira e Adérito Sedas Nunes, "O meio universitário em Portugal, subsídios para a análise sociológica da sua estrutura e evolução no período e de 1945--1967", *Análise Social,* Vol. VI *(22.23.24)* 1968, p. 328.

[204] *Palavras dadas, op. cit.,* p. 309.

[205] *Idem,* p. 81.

[206] *Idem,* p. 83.

[207] *Idem.*

130 Maria de Lourdes Pintasilgo – Os Anos da Juventude Universitária

Os seus objectivos estão bem expressos nestas palavras às quais se manteria fiel ao longo da sua vida, transparecendo nas obras publicadas bem como nas iniciativas em que participou, tanto nacionais, como internacionais. Enfim, "cuidar o futuro".

Fundamentada nos dados dos inquéritos que foram feitos para aferir a situação da vida universitária na época, MLP menciona, com espírito crítico, a escolha aleatória das profissões feitas pelo sexo feminino e acusa a universidade de ignorar as estudantes, não introduzindo qualquer diferença nos programas e nos métodos que são aplicados, indiscriminadamente, aos dois sexos. Na sua opinião, a qual entra novamente em conflito com a situação vigente, como acabámos de expor, a universidade devia "permitir o alargamento da noção de "profissão feminina" e não o progressivo afastamento da mulher das funções públicas como pretendem certas críticas ligeiras e radicais"[208]. Aliás, estas palavras são corroboradas pelas de Adérito Sedas Nunes quando aponta "a inadequação estrutural do sistema de ensino superior português à expansão da procura feminina de estudos pós-secundários"[209] como uma das razões que dificultam o acesso das mulheres à cultura superior, bem como a imagem masculina da Universidade, como instituição, devido ao corpo discente ser composto exclusivamente por homens. Como afirma, "o essencial dos quadros conceituais, teleológicos e institucionais das estruturas universitárias foi estabelecido – e cristalizou – numa época em que as populações discentes eram *exclusivamente masculinas*"[210].

Relativamente ao conceito de ensino diferenciado, Teresa Pinto afirma que "a selecção dos conteúdos do ensino feminino obedecia a dois princípios, o de que para as mulheres era mais importante a educação moral do que a instrução intelectual, pois esta, em demasia, as masculinizava, e o de que toda a educação das raparigas, desde o seu nascimento, tinha como finalidade o exercício da maternidade"[211].

---

[208] A mulher na universidade, op. cit.

[209] Victor Ferreira e Adérito Sedas Nunes, "O meio universitário em Portugal, subsídios para a análise sociológica da sua estrutura e evolução no período e de 1945- -1967", Análise Social, Vol. VI (22.23.24) 1968, p. 409.

[210] Victor Ferreira e Adérito Sedas Nunes, art. cit., p. 409.

[211] Teresa Pinto, "Coeducação e igualdade de oportunidades, Contexto de emergência e desenvolvimento", Cadernos Coeducação, Lisboa, Comissão para a Igualdade e para os Direitos das Mulheres, 1999, p. 9.

Na "Análise da situação actual e conclusões", Maria de Lourdes Pintasilgo é peremptória quando afirma que não se pode ignorar ou assumir, de uma forma superficial, o estatuto e o papel da mulher no mundo moderno, uma vez que a mulher deixou de estar exclusivamente confinada ao seu reduto da vida privada e entrou no espaço público, impondo a sua presença, quebrando barreiras e assumindo o seu lugar no todo social, o que não era aceite pelo Estado Novo.

Todavia, na sua opinião, apenas se deslocou o centro de forças, uma vez que o desequilíbrio se manteve, pois a mulher entrou "no mundo do homem sem o cuidado de continuar a ser mulher. Perfilhou sistemas, adoptou métodos, sem lhes dar a pincelada de feminilidade que os torna eficazes. (...) A mulher entrou numa cultura de que Deus estava excluído. Conformando-se a ela, a mulher não fez mais do que tornar ilusória a sua presença como mulher"[212].

Quanto ao impacto da vida universitária na personalidade feminina, segundo o MLP, as falhas das estudantes decorrem da ineficácia da universidade que não as soube encaminhar. Mas, qual será o motivo que leva as raparigas para a universidade? A questão que a motiva é conhecer as razões do acesso feminino à Universidade, a fim de ter uma ideia mais precisa do público que a frequenta. É neste contexto que procede a uma análise dos resultados do inquérito que foi lançado a toda a população universitária, no ano de 1952 e ao qual regressaremos oportunamente.

A sua "leitura" dos inquéritos permitiu-lhe concluir que as alunas pertencem maioritariamente à classe média e encaram a universidade como a continuação do liceu, do mesmo modo que outras entendem o casamento como um destino natural. A escolha dos cursos é feita de forma aleatória, sem qualquer preparação e, na maior parte dos casos, enveredam pelo caminho mais fácil, sem se questionarem quanto à vocação.

Na ausência de selecção no acesso das raparigas à universidade, a nossa autora reporta-se, noutra comunicação, à existência de diferentes "graus de universitariedade", percebendo-se por esse conceito o maior ou menor envolvimento e entrega dos alunos a todas as actividades académicas que decorrem do seu estatuto de estudantes universitários, de acordo com o 2º inquérito geral, sobre o qual nos deteremos mais adiante. No entanto, o confronto de atitudes relativamente a esta temática entre

---

[212] *A mulher na universidade, op. cit.*

132 *Maria de Lourdes Pintasilgo – Os Anos da Juventude Universitária*

rapazes e raparigas, demonstrou que a situação do sexo masculino não era muito diferente, pois "os universitários a 100%, 90%, 80%, sérios e autênticos, são entre os rapazes quase tão raros como entre as raparigas..."[213].

Na sua opinião, não se detectam conclusões claras quanto às verdadeiras razões que levam as raparigas a seguirem os estudos universitários, com excepção, talvez, da ânsia de cultura. Aliás, é a própria Maria de Lourdes Pintasilgo a esclarecer o que entende por este conceito. Tomando de empréstimo palavras de Paulo Freire, refere na sua obra "Palavras dadas: "A cultura é o acrescentamento que o homem faz ao mundo que não fez"[214]. No entanto, não se trata de um problema exclusivo da mulher, mas da educação dos adolescentes, em geral, e da formação intelectual e moral, em particular, que receberam, da qual está ausente um conceito abrangente de cultura activa e interveniente, no sentido da humanidade dar ao mundo o que ele ainda não tem.

Ao abordar o comportamento da mulher na universidade MLP, releva sobretudo a sua passividade, quase indiferença, em comparação com o sexo oposto. Para converter a rapariga numa verdadeira universitária seria preciso seduzi-la para a investigação pois "não corrigiria só defeitos de mentalidade ou de educação intelectual; desenvolveria também qualidades latentes no espírito feminino que, por ora, estão mal aproveitadas"[215].

O facto indesmentível da percentagem de mulheres nos ramos de letras e de ciências, cerca de 79% e 68%, respectivamente, é fruto também dum ensino superior que não se adaptou a este novo público feminino e não o previu. Assim, "os cursos de Letras e Ciências representam, ao menos para uma grande parte das mulheres que os procuram, um abrigo temporário contra a insegurança e a indeterminação do seu próprio estatuto na vida social e na Universidade – ao mesmo tempo, provavelmente, que uma continuidade na obediência à norma tradicional da "vocação" para o casamento e para a profissão doméstica"[216].

Tudo concorre, no fundo, para uma falta de formação e de educação estrutural, que as impossibilita de querer atingir um nível superior de saber. Conclui, por conseguinte, que se não for a instituição a suprir determinadas deficiências, a universitária não possui instrumentos intelectuais para o conseguir.

---

[213] *Idem.*
[214] *Palavras dadas, op. cit.*, p. 174.
[215] *A mulher na universidade, op. cit.*, p. 3.
[216] Victor Ferreira e Adérito Sedas Nunes, *op. cit.*, p. 411.

Nesse ponto, MLP volta a insistir na ausência "da ideia de Deus" na instituição universitária, a qual é responsável, em seu entender, pela degradação de valores, ou mesmo, a sua inexistência. Impõe-se uma "recristianização da universidade", missão que foi assumida pela JUCF, mas ainda não cumprida.

Afigura-se pois, legítimo aferir, que "a mulher tem na Universidade um papel a desempenhar e uma valorização a adquirir, preparando-se para a missão de maternidade espiritual que é o traço inalienável da sua personalidade"[217]. Voltamos aqui a encontrar o conceito de maternidade espiritual que já abordamos, e que é fulcral no pensamento de MLP relativamente às mulheres. Em vários pontos do seu texto, aponta as medidas a tomar para que tal objectivo seja atingido, nomeadamente a urgência da criação de uma Universidade Católica em Portugal pois, só ela, "permite à mulher a realização completa de acordo com a alta missão que Deus lhe confiou"[218].

6.2.2. – Discurso de encerramento: "O Congresso e a renovação da Universidade"

IMAGEM 16 – Maria de Lourdes Pintasilgo no I Congresso Nacional da JUC, em 1953.
FONTE: Luísa Beltrão, op. cit., p. 63.

---

[217] A mulher na universidade, op. cit., p. 4.
[218] Idem.

Em relação ao seu discurso de encerramento, proferido na qualidade de presidente da JUCF e subordinado ao título "O congresso e a renovação da Universidade", o confronto entre o texto publicado e o rascunho existente no arquivo da "Fundação Cuidar o Futuro", permite verificar que existem diferenças, embora pouco relevantes em termos de conteúdo: o segundo é bem mais informal, espontâneo e com uma orientação espiritual e religiosa inequívocas. Para demonstrar estas afirmações atentemos nos seguintes exemplos:

"Eis, amigos, que a nossa jornada finda". Esta é a primeira frase do rascunho[219], já no documento impresso apresenta-se da forma seguinte: "Eis-nos chegados ao fim dos trabalhos oficiais do nosso congresso"[220].

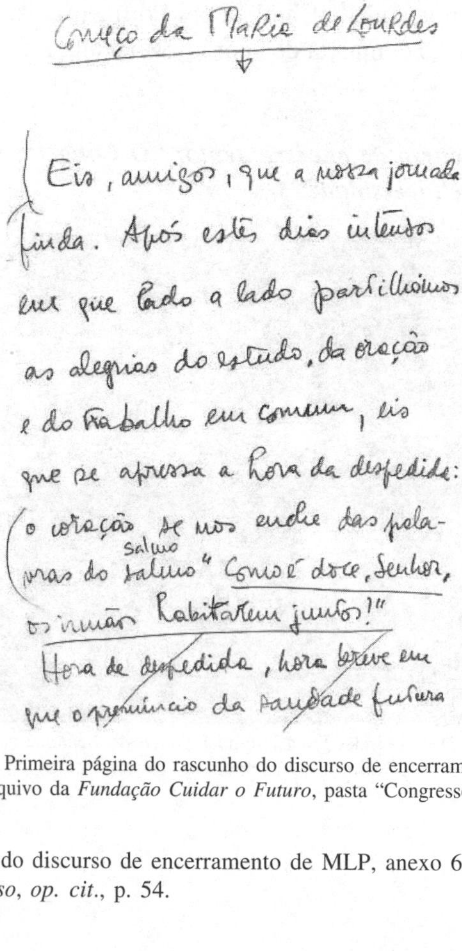
Começo da Maria de Lourdes
Eis, amigos, que a nossa jornada
finda. Após estes dias intensos
em que lado a lado partilhámos
as alegrias do estudo, da oração
e do trabalho em comum, eis
que se apressa a hora da despedida:
o coração se nos enche das palavras do salmo "Como é doce, Senhor,
os irmãos habitarem juntos!"
Hora de despedida, hora breve em
que o prenúncio da saudade futura

Imagem 17 – Primeira página do rascunho do discurso de encerramento de MLP.
Fonte: Arquivo da *Fundação Cuidar o Futuro*, pasta "Congresso da JUC".

[219] Rascunho do discurso de encerramento de MLP, anexo 6.
[220] *I Congresso*, *op. cit.*, p. 54.

O Congresso 135

Torna-se notório o tom mais formal e menos afectivo do segundo exemplo. Inclusive, existem determinadas citações bíblicas que só aparecem no primeiro texto. É o caso, das palavras do salmo "Como é doce, Senhor, os irmãos habitarem juntos"[221], ainda na página inicial. No entanto, ambos os escritos orientam-se por uma directriz religiosa ao agradecerem a Deus a força que tiveram para a concretização deste congresso. Foi dessa "união no Corpo místico"[222] que lhes veio toda a coragem, a alegria que resultou no êxito da iniciativa, conforme se refere na frase: "Alegramo-nos pelo êxito do Congresso. Mas sabemos bem quais os pilares em que assenta o êxito – a oração e o estudo"[223].

Tratando-se de um discurso de encerramento, os agradecimentos fazem parte integrante do conteúdo, sendo referido, em primeiro lugar, o Episcopado Português, bem como todos aqueles que colaboraram na organização e na divulgação do congresso, em especial os órgãos de comunicação social: a imprensa e a rádio. Os agradecimentos são ainda extensivos aos estudantes, aos congressistas, a maioria pertencentes às estruturas da JUC e JUCF, ou seja, os estudantes católicos, que "assim representam já, por si sós, fortes elementos renovadores da Universidade Portuguesa. Que a Universidade os não ignore nem lhes corte as asas"[224].

De acordo com Maria de Lourdes Pintasilgo, o congresso realizado assumia-se como o começo de um novo futuro, uma nova Universidade, cujo perfil foi traçado nas diversas comunicações apresentadas. Seria necessário, daí por diante, iniciar a obra. Este pensamento era corroborado com as palavras actuais, às quais já várias vezes recorremos, de Eurico Dias Nogueira: "Mesmo que em Lisboa comparecessem só algumas dezenas, em vez de dois mil congressistas, ficaríamos sem a festa das colheitas extraordinariamente bela e esperançosa, mas podíamos conservar a certeza de que às fontes da cultura nacional chegara enfim uma água nova"[225].

Sucintamente, a razão da crise universitária, para MLP, reside no facto de se ter reduzido a Universidade a "uma escola de técnicos", demitindo-se de "criar e difundir cultura e promover o pleno desenvolvimento da personalidade intelectual dos universitários"[226].

---

[221] *Idem.*
[222] *Idem.*
[223] *Idem*, p. 55.
[224] *Idem.*
[225] Depoimento de Eurico Dias Nogueira, anexo 10, pp. 40-41.
[226] *I Congresso, op. cit.*, p. 57.

136 Maria de Lourdes Pintasilgo – Os Anos da Juventude Universitária

As principais críticas salientam a inexistência de um verdadeiro espírito comunitário, bem como a pouca preparação dos universitários para a sua integração na sociedade e envolvimento em actividades sociais, de modo a possibilitar a construção de um mundo mais justo e pacífico. Nesse campo, Maria de Lourdes Pintasilgo é de opinião que nem professores, nem estudantes têm trabalhado em conjunto para esse objectivo. Aí reside o ponto fulcral: todos, afinal, são responsáveis pela crise de que se queixam e lamentam: "fácil é, ao criticar a instituição universitária, esquecer cada um de nós que é parte integrante da instituição, factor decisivo nos rumos que tomar"[227].

Segundo a nossa autora, esse processo deve ser uma dádiva recíproca, em que cada um assume o seu papel e a sua missão, só assim seria possível edificar um verdadeiro e genuíno espírito universitário e atingir a Verdade plena em comunhão com Deus. A reforma tem de vir de fora para dentro mas, simultaneamente, de dentro para fora, institucional mas também corporativa.

Maria de Lourdes Pintasilgo, para além de formular os votos de realização de um novo congresso, daí a cinco anos, encerra o seu discurso com um pedido a Deus para que os ajude a cumprir o grande objectivo deste congresso, ou seja, a participar activamente na construção de uma Universidade Nova, a qual exige a "construção" de "novos" docentes e discentes.

Cerca de cinquenta anos mais tarde, MLP, referindo-se a si na terceira pessoa, diria que este congresso "Foi um acontecimento que mobilizou estudantes, professores, bispos. O que os estudantes disseram e escreveram foi escândalo para os poderes constituídos. Com o Adérito Sedas Nunes lá foi ela ouvir o Ministro da Educação a criticar-lhes a crítica e a dizer-lhes que os ideais não se punham em pé num dia. E ambos a explicarem o porquê e o para quê. Com que tristeza viu depois as grandes linhas desse congresso ignoradas pelas autoridades pré e pós-25 de Abril. Até a Universidade Católica, criada 20 anos depois de os estudantes a terem sugerido, nada tinha de comum com o que havia sido proposto"[228].

---

[227] *Idem.*
[228] *Palavras dadas, op. cit.,* pp. 156-157.

Contrapõe-se aqui o entusiasmo que esteve subjacente à organização e realização do congresso, com o desânimo de, passado meio século, não terem sido concretizadas quaisquer das ideias que aí foram expostas e discutidas.

6.3. – Outras intervenções subordinadas ao tema "mulher universitária"

Já se fez referência a outras intervenções apresentadas por conferencistas sobre a "mulher universitária". Destaco quatro, cujo resumo se encontra também na obra que se vem citando: "A mulher e a cultura: sua influência recíproca", "A acção da mulher universitária na formação da personalidade intelectual feminina", "O curriculum universitário e a cultura superior da mulher cristã", "Responsabilidade da universidade na orientação ideológica da vida social", proferidas, respectivamente, por Clotilde Teixeira Rocha, da Faculdade de Letras de Coimbra; Celinda Rosa Esteves Lourenço, da Faculdade de Medicina de Lisboa; Maria Helena de Teves Costa, da Faculdade de Letras de Lisboa e por Maria Amélia Sampaio, licenciada pela Faculdade de Ciências do Porto.

A primeira autora valoriza a importância da reflexão no desenvolvimento espiritual, bem como a deliberada invisibilidade da mulher. Ou seja, na sua opinião, a mulher deve realizar obra, criar, desenvolver, mas sem que a ribalta a conheça, sempre num gesto de abnegação e de amor pelos outros e não de vaidade por si. Aliás, esta ideia é muito conservadora e tradicional, de acordo com a ideologia estadonovista e com os ditames católicos. Ainda hoje ela está presente numa expressão muito usada quando se se pretende referir o sucesso de um homem: "por detrás de um grande homem, está sempre uma grande mulher", mas sem rosto, sem nome.

A autora incide, sobretudo, na importância da cultura para a mulher, sendo esta encarada de uma forma abrangente e sinónimo de saber. A cultura e o saber, ao desenvolver o espírito e razão, tornam a mulher menos dependente dos seus sentimentos e instintos, levando-a a agir, na sua opinião, de uma forma mais racional, calma e confiante.

A segunda comunicação releva o facto de a mulher dever manter as características da sua personalidade, sem se deixar moldar e identificar com os seus colegas. Por sua vez, os programas que a Universidade

138   *Maria de Lourdes Pintasilgo – Os Anos da Juventude Universitária*

oferece devem ser adaptados às alunas, à sua constituição, à sua psicologia e ao que elas pretendem como opção profissional. Daí a importância, segundo a autora, de serem criadas Associações Femininas vocacionadas para tratarem das questões das universitárias.

Maria Helena de Teves Costa reforça novamente a ideia de que a Universidade se deve adaptar à especificidade das suas alunas, no que respeita aos currículos, ou então que se funde uma Universidade Feminina. Esta ideia vem de encontro à tradição inglesa dos colégios universitários como Oxford e Cambridge[229]. Não obstante, segundo a autora, nenhum destes caminhos deve impossibilitar a mulher de aceder à cultura superior, pois esse é um direito e dever inalienável, esquecido durante muitos séculos. A valorização intelectual da mulher torná-la-à uma pessoa mais completa, cujo destino reside em Deus. No entanto, esta adaptação, por que tanto se pugna, não deve nunca, releva a autora, ser sinónimo de inferiorização.

Por último, Maria Amélia Sampaio fala da forma como a estudante universitária chega à universidade, como se educa, como recebe a responsabilidade de mentor na sociedade e como actua face ao lugar que ocupa.

A esmagadora maioria das estudantes, na opinião da autora, chega ao ensino superior depois de uma brusca e impreparada transição, na idade difícil da adolescência e, sem qualquer vocação, seguirá o curso onde conseguir entrar.

Na universidade a desorientação é grande, já que não lhe é dada formação em filosofia, religião e moral o que lhe provoca desmotivação

---

[229] Os colégios universitários ingleses estão alicerçados no conceito de universidade corporativa, como nos diz Guilherme Braga da Cruz, na sua intervenção no congresso: "Estude teologia ou engenharia, o estudante de Cambridge é um Cambridgeman, e sai da escola com a formação humanista a par da instrução técnica, graças ao carácter corporativo da Universidade". Esta opinião é corroborada pela de outro congressista, Inocêncio Galvão Teles: "A Universidade só pode desempenhar cabalmente a sua delicada missão; só pode ficar quite da responsabilidade que sobre ela impende, das contas que a Sociedade tem o direito de lhe exigir; só pode dar-se por satisfeita se se dedicar devotadamente à integral formação dos seus alunos, no plurifacetado das respectivas personalidades". E só a vida comunitária e a partilha contínua do meio entre docentes e discentes pode permitir o cumprimento deste fim maior da Universidade. Em Espanha haveria também a tradição dos colégios universitários, designados de Colégios Maiores. Como refere Joaquim Veríssimo Serrão, "As grandes Universidades, tanto inglesas como italianas, não prescindiam dos seus colégios, para o que estimulavam o mecenato de altas figuras (...)", Joaquim Veríssimo Serrão, *História das Universidades*, Porto, Lello e Irmão, 1983, p. 74.

e desânimo. "Desta forma, para muita rapariga o meio universitário é-lhe indiferente e tudo se passa numa espécie de representação e engenho, porque o que importa é o diploma e outras vezes nem isso – umas horas de *flirt* a suavizar a estopada das aulas, é toda a ambição"[230].

Em conclusão, refere-se à integridade que deve pautar todo o universitário, pois é isso que a sociedade espera dele, no caso da mulher universitária, uma vez mais, a sua missão é viver a vocação da maternidade que lhe é intrínseca e, através dela, exercer o seu apostolado social e caminhar no sentido da verdade. "O homem apaixonado pela verdade sabe que ele é em si um absoluto e como tal não pode sofrer contradição"[231].

As quatro comunicações apresentadas têm como pontos de unidade, a importância atribuída à relação intrínseca da mulher universitária com a fé e a espiritualidade cristã, bem como o papel que a cultura superior pode desempenhar na vida da mulher, no sentido de melhor cumprir a sua missão em Deus. Assim, segundo Maria Amélia Sampaio, a universidade deve adaptar-se à personalidade específica da mulher, uma vez que é um direito dela aceder a formação superior.

As posições defendidas por estas autoras, ao contrário das de MLP vão, de certa forma, ao encontro da ideologia do Estado Novo, uma vez que reforçam a função da mulher como mãe, como esposa, como baluarte forte, lúcido e racional, melhor preparada com a formação universitária para assumir o seu papel na família estadonovista, mas sempre na sombra do homem.

Outra congressista, Maria Helena Mariano, licenciada pela Faculdade de Ciências de Lisboa, bem de acordo com o *statu quo*, diria acerca deste tema que "a mãe de família deve compreender que a Nação e a Igreja contam com ela como educadora dos seus filhos; não deverá, por isso, abandonar o lar pelo trabalho, a menos que uma premente necessidade económica o justifique"[232]. Essa seria, sim, a "mulher nova" para o "homem novo", educado e formatado segundo os moldes do Estado Novo. Aliás, a propósito desta temática, Fernando Rosas escreve: "Esse chefe de família camponês, probo, devoto e ordeiro, era o especial "homem novo" do salazarismo, a resgatar, entre nós, não pela acção do

---

[230] Arquivo da *Fundação Cuidar o Futuro*, espólio MLP, pasta "Congresso da JUC", *Responsabilidade da Universidade na orientação ideológica da vida social*.

[231] *Idem*.

[232] *I Congresso, op. cit.*, p. 390.

140   *Maria de Lourdes Pintasilgo – Os Anos da Juventude Universitária*

partido vanguardista, que nunca houve como tal, mas pela intervenção formativa de órgãos especializados da Administração ou da organização corporativa, em colaboração com a Igreja e na decorrência de uma visão totalizante da sociedade de matriz nacionalista, corporativa, católica, ruralizante e autoritária"[233].

6.4. – Conclusões e objectivos futuros do Congresso

O último *Boletim de Informação* data de 18 de Maio de 1953 e constitui um balanço do Congresso, bem como uma projecção futura. Pode ler-se, logo na primeira página: "Mas feito o Congresso, está tudo por fazer!"[234]. Esse evento foi considerado por essa fonte, completamente "coroado de êxito", já que os seus objectivos foram cumpridos. Foi efectivamente "uma grande reunião geral de universitários católicos"[235], segundo as estatísticas oficiais, acorreram cerca de 2000 congressistas. A "grande reunião de ideias"[236] concretizou-se nas comunicações que, versando os mais diversos temas, lançaram uma panóplia de intenções sobre a vida universitária, a qual foi analisada aprofundadamente através do resultado dos inquéritos. Estes permitiram um melhor conhecimento sobre o que a "Universidade é actualmente"[237], assim como projectaram o que esta "deve ser"[238].

Uma das grandes motivações da organização deste congresso, a qual norteou todas as tarefas inerentes, foi o desejo, expresso pelos seus dirigentes, de acordar da "letargia" a comunidade universitária, mergulhada numa crise profunda, impondo-se "despertar a consciência universitária dos estudantes"[239], e assim implicá-los na superação da "crise" que então se vivia. Tornava-se, contudo, imperioso "procurar uma linha de orientação"[240] que conduzisse o corpo universitário por um caminho seguro,

---

[233] Fernando Rosas, *O Salazarismo e o homem novo: ensaio sobre o Estado Novo e a questão do totalitarismo*, "Análise Social", Vol. XXXV, n.º 157, Lisboa, Instituto de Ciências Sociais da Universidade de Lisboa, 2001, pp. 1053-1054.

[234] Arquivo da *Fundação Cuidar o Futuro*, espólio MLP, Pasta "Congresso da JUC", *Boletim de Informação*, n.º 5.

[235] *Idem.*

[236] *Idem.*

[237] *Idem.*

[238] *Idem.*

[239] *Idem.*

[240] *Idem.*

rumo a uma nova universidade e um "autêntico universitário"[241], entendendo-se por essa expressão, um estudante culto, empenhado na aquisição de saber e comprometido socialmente. Numa palavra: "um só corpo, uma só alma".

Definidos os objectivos, urgia agir. Nesse sentido, vários professores universitários se propuseram, logo no final do congresso, a modificar o seu relacionamento com os discentes, tornando as suas aulas mais interactivas, numa empatia e colaboração entre mestre e estudante. Como afirma Eurico Dias Nogueira acerca deste congresso, no depoimento que teve a amabilidade de nos enviar, "O regresso aos habituais horários de estudo, à vida prosaica de cada um dos centros universitários, fez-se acompanhar de um sonho bruxuleante: um dia virá em que teremos Universidade Nova. Indigno será o congressista que perder esta esperança, ou abandonar a peleja em seu favor. Dois anos de preparação, em que o ideal foi tecnicamente caldeado, não permitem que as mais belas resoluções morram de contentamento autosuficiente"[242].

No entanto, tendo por base um estudo concretizado dez anos mais tarde, concluímos que tudo ficou na mesma. Assim, no Inquérito CODES – Gabinete de Estudos e Projectos de Desenvolvimento Socio-Económico, SCRL, realizado em 1964, os alunos teriam de responder a várias perguntas, entre as quais a seguinte: "como consideras os contactos pessoais que se estabelecem na vida universitária entre os professores e os alunos da tua Faculdade, Instituto ou Escola?". Na sua resposta, os inquiridos deveriam optar entre "bons", "razoáveis" ou "deficientes". As respostas foram o mais claras e contundentes possíveis: 65,6% dos rapazes responderam que as relações eram deficientes e, no caso das raparigas, 58,8%[243]. Estes resultados não deixam margens para dúvidas relativamente ao facto de o Congresso, efectivamente, não ter alterado o *statu quo*.

No que respeita às conclusões do congresso, estas pautam-se pela coerência com tudo o que havia sido gizado no período da sua organização, mantendo-se assim, desde a conceptualização à concretização do evento. Das comunicações apresentadas transparece uma ideia-força constante e transversal, mais precisamente a ideia de que a universidade deve preparar um escol intelectual de futuros dirigentes; orientar a

---

[241] *Idem.*
[242] Depoimento Eurico dias Nogueira, anexo 10, pp. 41-42.
[243] Victor Ferreira e Adérito Sedas Nunes, *op. cit.*, p. 442.

142   *Maria de Lourdes Pintasilgo – Os Anos da Juventude Universitária*

sociedade humana; irradiar cultura, conhecimentos e valores autênticos; assumir a sua autoridade e o seu poder numa exigência de autonomia cada vez maior. No entanto, a universidade só poderá ser verdadeira e cumprir integralmente os seus fins se respeitar "a vida humana na sua dupla dimensão temporal e eterna"[244].

A grande finalidade deste congresso, constituindo uma das suas aspirações, consiste na fundação de uma universidade católica, uma vez que à Igreja "assiste-lhe a liberdade de fundar e manter escolas primárias, inclusive universitárias, ainda que para o ensino de ciências puramente profanas"[245] como, aliás, se estabelece no Código de Direito Canónico[246].

As principais orientações dessas aspirações, "votos", na linguagem oficial do congresso, direccionam-se para as questões profissionais e a imprescindível colaboração entre a universidade e as escolas de grau médio, bem como com as instituições de orientação profissional. Segundo os autores, infere-se dos inquéritos, que os estudantes pouco recorrem a essas entidades para melhor se informarem do mercado de trabalho que os espera. No que respeita à mulher, aconselha-se a que se faça uma "selecção e orientação criteriosa das futuras universitárias". Intenção que vem, aliás, de encontro às ideias expressas na intervenção de Maria de Lourdes Pintasilgo, bem como às críticas que desfere sobre as mulheres que frequentam a universidade.

Relativamente à investigação científica, os "votos" de mudança vão no sentido de despertar essa vocação, tão pouco explorada no estudante universitário, e criar as condições para a sua viabilização, tanto ao corpo docente como ao discente garantindo, entre outras acções, aos docentes que apenas se querem dedicar à investigação, a remuneração adequada. Apela-se ainda à criação de um organismo responsável pelo incremento da investigação em Portugal, o que só algumas décadas mais tarde virá a acontecer.

Quanto às relações entre a universidade e a sociedade, é expressa a vontade de tornar os estudos superiores acessíveis ao maior número, independentemente do seu estrato socio-económico, através de bolsas, de subsídios de alojamento para estudantes, de alimentação e de transportes, que possibilitem aos jovens um curso superior. Nessa missão social,

---

[244] *Boletim Informativo, op. cit.*, p. 2.
[245] *Idem.*
[246] Cânone 1.375, "todo o género de disciplinas em todos os graus da cultura".

considera-se que os católicos devem estar na vanguarda, assim como na reforma estrutural da instituição universitária. Aliás, nas palavras de Ortega y Gasset: "La universidad consiste, primero y por lo pronto, en la ensenanza que debe recibir el hombre médio; hay que hacer del hombre médio, ante todo, un hombre culto, situarlo a la altura de los tiempos (...), hay que hacer del hombre médio un buen Professional (...); no se ve razón ninguna densa para que el hombre médio necesite ni deba ser un hombre cientifico"[247].

Trata-se de uma reflexão bem a propósito da tese exposta, a qual reforça o conceito de que os estudos superiores devem ser acessíveis a todos, sobretudo ao "homem médio". É, por diversas vezes, reiterada a urgência de criar uma Universidade Católica ou, pelo menos, de se pôr termo à absoluta ausência de ensino religioso nas Universidades do Estado, quer pelo estabelecimento de cadeiras apropriadas sob a responsabilidade e direcção da Igreja, quer pelo "apostolado dos mestres e alunos católicos"[248].

As palavras de Augusto Vaz Serra, docente da Faculdade de Medicina de Coimbra, na sua intervenção "A Universidade e a Igreja", são bastante incisivas e claras: "A Universidade Católica quer ser fundamentalmente um centro de cultura e instrução, um foco irradiante de luz e progresso e um meio insuperável de educação cristã"[249].

Efectivamente, pode dizer-se que, da documentação que temos analisado, a exigência da Universidade Católica é uma reivindicação assumida por todos os católicos, bem como por toda a hierarquia eclesiástica portuguesa e pelo próprio Papa Pio XI[250]. Admite-se que "é uma necessidade imperiosa do tempo presente. É imposta pela doutrina e autoridade da Igreja e é reclamada pela angústia do pensar humano, perturbado pela avassaladora marcha da descoberta e conquista"[251].

---

[247] Ortega e Gasset, *"Misíon de la Universidad"*, Conferência pronunciada na Universidade Central de Madrid, Madrid, *Revista de Occidente*, vol 4, 1930, p. 335.

[248] *Boletim Informativo, op. cit.*, p. 3.

[249] *I Congresso, op. cit.*, p. 194.

[250] Na Encíclica *Divini illius Magistri* Pio XI afirma, na página 195, que "é necessário que todo o ensino e toda a organização da escola: mestres, programas e livros, cada disciplina, estejam imbuídos do espírito cristão sob a vigilância materna da Igreja, de modo que a Religião seja verdadeiramente fundamento e coroa de toda a instrução em todos os graus, não só no elementar, mas também no médio e superior (...)"

[251] *I Congresso, op. cit.*, p. 196.

144　　Maria de Lourdes Pintasilgo – Os Anos da Juventude Universitária

Não se pode dizer, no entanto, que fosse apenas uma exigência dos católicos. Está inclusivamente contemplada na Constituição de 1933, uma vez que o parágrafo 3º do artº 43, refere que "o ensino ministrado pelo Estado visa, além do revigoramento físico e do aperfeiçoamento das faculdades intelectuais, a formação do carácter, do valor profissional e de todas as virtudes morais e cívicas, orientadas aqueles pelos princípios da doutrina e moral cristãs, tradicionais do País".

6.4.1. – *Sobre a fundação de uma Universidade Católica*

Os factos que suscitam a criação de uma Universidade Católica em Portugal[252], e que foram apontados no decurso das comunicações apresentadas neste congresso, são vários, nomeadamente a ausência de cadeiras formativas e de síntese no ensino superior, a falta de uma consciência universitária esclarecida e do sentido de missão da Universidade, a orientação liberal e racionalista do pensamento português e a deficiente presença dos católicos na ciência e na cultura portuguesas.

Assim, a universidade católica é entendida como uma exigência do tempo, no sentido de criar cultura e progresso. Todavia, para Augusto Vaz Serra "recusa-se a ser, (...) um organismo político ou centro de oposição ao poder estabelecido, meio de domínio ou instrumento de ditadura religiosa, estabelecimento rival dos do Estado, ou sede de divisão da juventude"[253].

Na opinião da maioria dos congressistas, a universidade católica iria permitir o reforço dos laços entre a Igreja e a instituição de ensino superior, os quais fomentariam uma maior consciência e a prática dos valores e cultura cristãos.

Na comunicação intitulada "Universidade Católica", Maria Isabel de Vasconcelos Nogueira, licenciada pela Faculdade de Letras de Coimbra,

---

[252] Decisivo para a criação da Universidade Católica foi o Congresso da JUC de 1953 e, posteriormente, as Semanas Teológicas de Lisboa de 1955, em que o Episcopado publicou uma Pastoral Colectiva informando que a Universidade Católica Portuguesa iria ser instituída. Em 1967 começou a construção, em Palma de Cima, (Lisboa), tendo sido a Faculdade de Teologia de Braga a primeira a integrar esta Universidade. Para informação mais completa ver, entre outros, *Dicionário de História Religiosa de Portugal*, Vol. IV, apêndices, artigo "Universidade Católica Portuguesa" de António Montes Moreira, pp. 310-314.

[253] *I Congresso, op. cit.*, 194.

O Congresso

refere que as consequências da ausência de uma universidade católica são: "Em primeiro lugar, a concepção pedagógica que preside à elaboração dos nossos programas universitários é o predomínio da informação sobre a formação. (...) visão unilateral dos problemas, universitários incultos, sem qualquer espécie de mentalidade, que, lançados na vida prática, passam por vezes a transmitir erros, sem espírito crítico, sem a menor capacidade de discernimento"[254].

Desta forma, segundo a autora, os católicos portugueses, licenciados pelas universidades existentes, não possuem a cultura necessária para ocuparem lugares cimeiros na sociedade portuguesa, o que representa uma falência grave das estruturas católicas em Portugal.

O "voto" final reforça esse objectivo, com o apelo a todas as direcções gerais da JUC e da JUCF, para que comecem a elaborar, o mais rapidamente possível, as "Bases Cristãs de uma universidade nova", que deverão ser apresentadas ao governo e às instituições universitárias.

Estes votos e conclusões levam-nos a admitir que, para a época, o congresso constituiu um acto de coragem e de liberdade, uma vontade audaz de mudança, enformada por uma ideia moderna e vanguardista da instituição universitária e da comunidade académica, enterradas numa crise à qual já fizemos referência anteriormente.

6.5. – Estatística do Congresso

Os números parecem confirmar, efectivamente, o êxito deste congresso e a adesão massiva da comunidade universitária. A "Estatística dos congressistas"[255] encontra-se ordenada por instituições do ensino superior, (faculdades, institutos superiores, escolas superiores e outras escolas), dos quatro distritos participantes (Coimbra, Lisboa, Porto e Braga), bem como por sexos, o que nos fornece uma informação preciosa para a compreensão deste congresso, no âmbito desta tese.

---

[254] *Idem*, p. 219.
[255] Arquivo da *Fundação Cuidar o Futuro, Livro do Congressista, op., cit.*

Quadro VII – Estatística dos congressistas

Faculdades:	Total			Coimbra			Lisboa			Porto			Braga
	HM	H	M	HM	H	M	HM	H	M	HM	H	M	H
Ciências	296	128	168	69	28	41	100	37	63	127	63	64	
Direito	184	147	37	65	51	14	119	96	23				
Engenharia	30	30								30	30		
Farmácia	66	9	57							66	9	57	
Letras	283	53	232	119		102	166	36	130				
Medicina	312	187	125	32		12	148	85	63	132	82	50	
Pontifício de Filosofia	3	3											3
Institutos Superiores:													
Agronomia	77	71	6				77	71	6				
Ciências económicas e financeiras	114	88	26				114	68	26				
Técnico	121	103	18				121	103	10				
Escolas Superiores:													
Belas-Artes	73	40	33				48	28	20	25	12	13	
Farmácia	51	5	46	6	1	5	45	4	41				
Medicina Veterinária	13	12	1				13	12	1				
Outras escolas:				2									
Conservatórios	6		6				6		6				
Escola do Exército	17	17					17	17					
Instituto Industrial	13		13				15		15				
Instituto de Serviço Social	51		51				51		51				
Liceus:	54	33	21	6	1	5	35	29	6	13	3	10	
Licenciados:	159	67	92	22	12	10	85	33	52	52	22	30	
TOTAL	1.927	993	934	319	130	189	1.160	639	521	143	221	224	3

Fonte: *Livro do Congressista*, Arquivo da *Fundação Cuidar o Futuro*, espólio de MLP, pasta "Congresso da JUC".

O Congresso

Quadro VII A – Quadro recapitulativo

Faculdades:	Total		
	HM	H	M
Ciências	15,2	12,9	18,02
Direito	9,6	14,8	3,9
Engenharia	1,6	3,1	
Farmácia	3,4	0,90	6,2
Letras	14,7	5,4	24,9
Medicina	16,2	18,9	13,4
Pontifício de Filosofia	0,16	0,30	
Institutos Superiores:			
Agronomia	4	7,2	0,64
Ciências económicas e financeiras	5,9	8,9	2,8
Técnico	6,3	10,4	1,93
Escolas Superiores:			
Belas-Artes	3,8	4,2	3,54
Farmácia	2,7	0,50	4,93
Medicina Veterinária	0,73	1,2	0,10
Outras escolas:			
Conservatórios	0,31		0,64
Escola do Exército	0,89	1,7	
Instituto Industrial	0,68		1,4
Instituto de Serviço Social	2,7		5,5
Liceus:	2,8	3,4	2,3
Licenciados:	8,3	6,2	9,8
TOTAL	100%	100%	100%

FONTE: Quadro elaborado pela autora a partir dos dados do anterior.

Assim, Lisboa apresenta os números mais altos de congressistas com 639 homens e 521 mulheres. Segue-se o Porto com 445 (221 homens e 224 mulheres); depois vem Coimbra com 319 (130 homens e 189 mulheres). É interessante verificar nestes dois distritos a superioridade numérica das mulheres. Finalmente, Braga, com 3 homens da Pontifícia de Filosofia, a única instituição bracarense envolvida neste congresso, já que não existia universidade. Consideramos algo surpreendente a participação de alunos dos liceus, ao todo, 108 alunos, relevante é ainda o facto de a maioria dos congressistas serem das Faculdades de Medicina, com 312 representantes, bem como da Faculdade de Ciências com 296, seguindo-se as Letras e, em último lugar, o Pontifício de Filosofia da Universidade de Braga.

148 | Maria de Lourdes Pintasilgo – Os Anos da Juventude Universitária

Dezassete instituições de ensino superior, desses quatro distritos, integraram o congresso o qual, contando com os liceus, somou 1.927 congressistas. Numa população universitária de cerca de 13.500 alunos, representa uma percentagem de 14,1%, Por estes números, percebemos a complexidade da sua organização, bem como a antecedência com que ele começou a ser gizado. Infere-se, ainda, pela análise das notas de Maria de Lourdes Pintasilgo, a sua clara consciência de que, para a consecução de um objectivo desta envergadura, seria necessário alguém estar na posse de toda a informação relativa ao desenrolar da acção. A organização era claramente hierarquizada, em cujo vértice se situavam os presidentes da comissão executiva, ou seja Maria de Lourdes Pintasilgo e Adérito Sedas Nunes.

6.6. – Críticas ao Congresso

A pesquisa efectuada no espólio de Maria de Lourdes Pintasilgo, na Fundação Cuidar o Futuro, em Lisboa, permitiu detectar um documento manuscrito que, desde logo, chamou a nossa atenção. Intitula-se "Crítica – O Congresso da J.U.C." e é assinado por Rui de Carvalho. Infelizmente não nos foi possível saber efectivamente quem é Rui de Carvalho, apenas que está ligado à Faculdade de Medicina uma vez que, na parte final do seu manuscrito, entre parêntesis, alude à JUC de Medicina.

No decurso do seu texto nota-se algum cepticismo em relação ao Congresso, sobretudo pelo facto de ele estar excessivamente conotado com a religião católica. Afirma este autor: "Não acredito que o Congresso da J.U.C. seja de facto o Congresso, onde todos os estudantes Universitários possam apresentar e discutir os problemas da Universidade, sob os critérios mais variáveis e sem tomarem posições de tipo político ou religioso"[256].

Mais à frente, em jeito de justificação, refere o facto de as Organizações Académicas terem tentado realizar, por várias vezes, um congresso universitário, mas sem sucesso, uma vez que eram proibidos pelo regime, não lhes sendo dado hipótese, sequer, de organizar as reuniões preparatórias.

---

[256] Arquivo da *Fundação Cuidar o Futuro*, espólio de MLP, pasta "Congresso da JUC", *Crítica ao Congresso da J.U.C.*

Por essa razão, considera que este Congresso apenas pode mobilizar uma parte dos estudantes, "nunca sendo capaz de interessar e de dinamizar a grande parte dos estudantes transformando-se no nosso congresso Universitário onde todos nós apresentemos as nossas teses e as discutamos"[257].

O desafio à JUC e à JUCF vem a seguir quando sugere a realização de um congresso de "Todos os Universitários, católicos e Não católicos"[258], para que a unidade seja possível e a divisão entre os estudantes se esbata em vez de se acentuar.

A última parte do texto refere que "reserva para conversas directas com as pessoas da Juc as futuras críticas"[259].

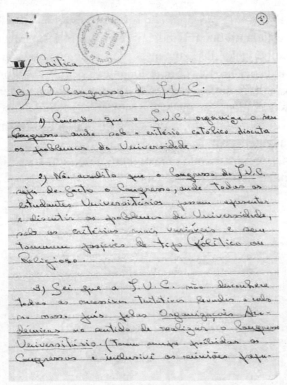

IMAGEM 18 – Carta de crítica ao Congresso.
FONTE: Arquivo da *Fundação Cuidar o Futuro*, espólio MLP.

---

[257] Idem.
[258] Idem.
[259] Idem.

150 Maria de Lourdes Pintasilgo – Os Anos da Juventude Universitária

Esta crítica não é, aliás, descabida de sentido, já que em várias reuniões da Comissão Executiva, se encontram referências ao facto de que devia haver uma mobilização geral dos estudantes e não apenas dos católicos, num apelo a toda a massa estudantil universitária. Inferimos, assim, que esse objectivo não foi conseguido.

Poder-se-á especular sobre alguma acção dos jovens do MUD (Movimento de Unidade Democrática), surgido numa reunião realizada no Centro Escolar Republicano Almirante Reis, no dia 8 de Outubro de 1945, em Lisboa. Foi um movimento de oposição ao Estado Novo, num período de grave isolamento internacional e de recrudescimento da repressão interna[260].

O MUD-juvenil começou, como refere David Lander Raby, "como movimento estudantil que reivindicava eleições livres para as associações académicas, libertação dos estudantes presos, democratização do ensino e outras demandas específicas dos estudantes (...)"[261]. O autor da mencionada crítica poderia bem pertencer às fileiras deste movimento, mas não encontramos documentação que nos permita confirmar esse facto. Um dado inquestionável é, no entanto, a presença de dois mil estudantes no Congresso da Juventude Universitária de 1953, o que significa uma percentagem de 14,1% constituindo, na conjuntura político-social da época, um valor percentual certamente relevante.

---

[260] Fernando Costa, "Movimento de Unidade Democrática (MUD")", *Dicionário de História do Estado Novo*, Vol. II, *op. cit.*, pp. 634-637.

[261] David Lander Raby, "Movimento de Unidade Democrática (MUD)", *Dicionário de História de Portugal*, Vol. 8, *op. cit.*, p. 551.

7 – Análise dos Inquéritos

7.1. – Introdução

No quinto Boletim Informativo do Congresso encontramos referência a duas publicações a editar após o congresso, uma com as comunicações e outra com os inquéritos realizados e a sua análise.

IMAGEM 19 – Folha de rosto do *Boletim de Informação* n.º 5.
FONTE: Arquivo *Fundação Cuidar o Futuro*.

152   *Maria de Lourdes Pintasilgo – Os Anos da Juventude Universitária*

Apesar de inúmeras tentativas em várias bibliotecas e bases de dados bibliográficas, apenas conseguimos descobrir o volume editado em 1953, com as comunicações do congresso, sobre o qual temos trabalhado. Em relação aos inquéritos não descobrimos nada. Pensamos então não nos cingirmos ao ano de 1953, mas alargarmos a nossa pesquisa aos anos posteriores e, assim, localizámos na Biblioteca Nacional, um título que bem poderia ser o que procurávamos: "Situação e opinião dos universitários. Inquérito promovido pelas Direcções Gerais da Juventude Universitária Católica", prefaciado por Adérito Sedas Nunes e editado pelo CODES – Gabinete de Estudos e Projectos de Desenvolvimento Socio-Económico, SCRL, em Lisboa, no ano de 1967.

Da leitura de alguns trechos desta obra, afigura-se-nos poder concluir que se trata dos inquéritos realizados em 1953. Senão vejamos: "A responsabilidade do atraso com que estes resultados aparecem não pode, em boa justiça, imputar-se a ninguém. Era um trabalho grande de mais para os nossos hábitos rotineiros; era um esforço demasiado sério, numa sociedade tão pouco habituada a esforços deste género; (...) Uma geração lançou o inquérito, outra publica os resultados; outras, finalmente, aproveitarão este esforço (...)"[262].

Encontra-se assim, esclarecida, a razão pela qual após o congresso apenas foi editada uma publicação, tendo aparecido a segunda, com a análise dos resultados dos inquéritos, quase uma década e meia depois. Calculamos que, devido à complexidade deste estudo, a direcção técnica e a sua realização coube ao Gabinete que já referimos, (Gabinete de Estudos e Projectos de Desenvolvimento Socio-Económico).

Sem dúvida que a edição dos resultados do II Inquérito Geral à Universidade vem num momento mais do que oportuno, em que todas as atenções se concentram na universidade e, de acordo com esta publicação, "Vêm desfazer algumas ilusões, confirmar alguns factos até agora apenas nebulosamente antevistos (...) Não podia, pois, vir em melhor altura este trabalho que corresponde a anseios oriundos dos mais diversos sectores interessados nos problemas do ensino nacional"[263].

---

[262] *Situação e opinião dos universitários. Inquérito promovido pelas Direcções Gerais da Juventude Universitária Católica*, prefaciado por Adérito Sedas Nunes, Gabinete de Estudos e Projectos de Desenvolvimento Socio-Económico, SCRL, Lisboa, 1967, p. III.
[263] *Idem.*

IMAGEM 20 – Folha de rosto da monografia
"Situação e opinião dos universitários".

É importante referir, que um dos objectivos desse inquérito consistia em reforçar a consciência dos problemas sociais que afectam o acesso ao ensino superior e a "doutrina social universitária", que deve subjazer a qualquer sistema educativo. Esta curta apresentação, assinada pelas Direcções-Gerais das Juventudes Universitárias Católicas, termina com agradecimentos vários, nomeadamente aos universitários que despenderam o seu tempo para responder ao inquérito.

Achamos que seria importante focar alguns pontos relevantes do prefácio, uma vez que é assinado por Adérito Sedas Nunes, presidente da JUC, em 1953, e co-responsável pela realização dos inquéritos e do congresso. O autor esclarece-nos também que: "Onze anos antes, a Comissão Executiva do I Congresso Nacional da Juventude Universitária Católica, emanada das mesmas Direcções-Gerais, havia promovido a realização do I Inquérito, análogo a este de que se apresentam agora os primeiros resultados"[264]. Relativamente à metodologia seguida ficamos a saber que o primeiro recorreu quer aos inquéritos individuais, e não a entrevistas, quer à observação directa do meio universitário por grupos orientados quer, ainda, à informação recolhida de diversos registos. No segundo inquérito

---

[264] *Idem*, p. V.

efectuado apenas se procedeu a questionários individuais, sem entrevista, tal como o primeiro. Na sua opinião, este representa um franco progresso relativamente ao de 1953: "por um lado, o inquérito, tendo sido agora efectuado na base de uma amostragem controlada, permitiu obter resultados cuja fidedignidade ou validade se pode conhecer (...) Por outro, o questionário, por ter sido amplamente acrescentado e revisto, acusa inequívocas melhorias"[265]. Estas modificações vêm possibilitar uma abordagem mais abrangente das complexas variáveis que estão presentes no cenário do meio universitário e, cuja análise, requer uma grande objectividade e o uso de critérios rigorosamente definidos, garantidos apenas pelo trabalho de especialistas. No entanto, subsistem ainda, como refere a direcção do Codes, "algumas dificuldades e insuficiências", sobretudo de natureza técnica e metodológica, decorrentes de os subscritores dos inquéritos, realizados no âmbito do congresso, não possuírem uma formação sociológica, nem terem recursos para recorrerem a esses especialistas.

As palavras introdutórias de Adérito Sedas Nunes terminam com uma ressalva relativamente a esta publicação, já que se trata apenas dos primeiros resultados do inquérito, sendo necessário um aturado estudo, análise e reflexão dos mesmos. "Em suma: aos apuramentos já feitos, outros deveriam vir juntar-se – em tentativas de correlação, de síntese e de passagem do plano da mera constatação ao plano de interpretação"[266]. Ou seja, este tipo de inquéritos deveriam ser continuados e sistemáticos, de forma a poder-se retirar conclusões mais precisas e rigorosas, sobre a instituição universitária e a situação dos estudantes.

Para concluir esta introdução referimos que, no Preâmbulo, da responsabilidade da Direcção do Codes, para além do louvor às direcções gerais da JUC, pela determinação e coragem demonstradas na consecução deste inquérito, são apresentadas as margens de erro, cerca de 2,0% para os resultados totais o que, segundo os autores, representa uma margem que assegura grande rigor e fiabilidade. Relativamente à metodologia seguida enuncia-se que se "Procurou conduzir o inquérito de modo a que os elementos colhidos fossem representativos da realidade social que traduzem, e para o efeito se utilizaram as técnicas de análise consideradas mais adequadas"[267].

---

[265] *Idem*, pp. V e VI.
[266] *Idem*, p. VIII.
[267] *Idem*, p. IX.

Análise dos Inquéritos 155

A introdução da publicação começa com a referência aos objectivos e âmbito do trabalho, os quais são, prioritariamente, conhecer o pensamento e a realidade social da vida do estudante universitário. Assim, os temas do questionário são, respectivamente, a escola e os problemas de estudo; o modo e as condições de vida; as preocupações culturais e os problemas religiosos e morais. As questões apresentadas tinham sido já usadas no I Inquérito, realizado em 1953, ao qual já nos referimos.

Este intróito continua com um esclarecimento sobre a população inquirida e os níveis de análise. Tal como foi dito anteriormente, o inquérito foi realizado por amostragem à população matriculada no ano lectivo de 1963-64, nas universidades de Coimbra, Lisboa (Clássica e Técnica), Porto e, ainda, nas Escolas Superiores de Belas-Artes de Lisboa e do Porto[268]. A análise às questões foi feita ao nível global, das cidades universitárias, anos de curso, ramos de ensino e idades, tendo-se diferenciado a população das três cidades, para uma mais fácil interpretação dos dados. No quesito relativo à precisão dos dados, as margens de erro assinaladas são, para os globais, cerca de 2,0%; para os valores totais e por sexos 3,3%; para os totais respeitantes às cidades universitárias, 3,1% e por sexos 5,2%; no que se refere aos totais dos ramos de ensino, 6,9%.

No entanto é importante, segundo a mesma obra, "salientar que os valores das diferentes margens de erro, atrás indicadas para cada um dos níveis, devem ser tomados como os limites do erro máximo que afecta os resultados do inquérito, e de forma alguma como a margem de erro geral de todas as percentagens"[269]. Seguidamente, no item "apresentação dos resultados", alertam-nos para o facto dos dados que se apresentam serem exclusivamente os que resultaram do inquérito, sem que sobre eles tenha sido realizado algum trabalho de análise ou síntese, servindo os comentários associados apenas para relevar algum aspecto. A apresentação dos resultados cinge-se a três partes: 1ª – População universitária: aspectos estruturais e evolução recente; 2ª – Resultados do inquérito; 3ª – Conclusões gerais.

Nas conclusões gerais, os resultados são apresentados sob a forma percentual para todas as perguntas, somando, portanto, para a sub-população em análise, 100,0%.

---

[268] Neste ano encontravam-se inscritos nas instituições universitárias cerca de 119.500 alunos.

[269] *Inquéritos, op. cit.*, p. 7.

156   *Maria de Lourdes Pintasilgo – Os Anos da Juventude Universitária*

O penúltimo ponto desta introdução incide sobre o processamento geral dos inquéritos. Foram remetidos e recolhidos pelo correio, não tendo havido qualquer contacto com os inquiridos, respeitando rigorosamente o anonimato. A receptividade dos estudantes foi considerada razoável, demonstrada pela correcção com que os questionários foram preenchidos e pela baixa percentagem de perguntas deixadas por responder. Conforme podemos verificar no quadro, a amostra global foi então de 2820 respostas recebidas, 1012 de Coimbra, 854 de Lisboa e 954 do Porto.

Quadro VIII – Inquéritos recebidos das três cidades universitárias e respectivas percentagens

Cidades	Nº de alunos	%
Lisboa	854	30,3
Porto	954	33,8
Coimbra	1012	35,9
Total	2820	100

Fonte: Quadro realizado a partir dos dados acima referidos.

O último quesito da introdução foca, precisamente, as dificuldades encontradas. Em primeiro lugar, a extensão do questionário[270], o que dificulta o seu tratamento, a falta de conhecimento sociológico sobre a realidade em análise e o volume de trabalho que, para ser integralmente estudado, implicaria a existência de meios técnicos de computação que não se encontravam disponíveis.

Queremos deixar aqui claro, que fizemos uma selecção das questões apresentadas, tendo em conta a sua relevância para a melhor compreensão do nosso tema nuclear que se situa, temporalmente, na década de 50. O critério subjacente é sempre a tentativa de uma mais profunda contextualização e maior densidade histórica.

7.2. – "1ª Parte – A população universitária. Aspectos estruturais e evolução recente"

A primeira das três partes que compõem o trabalho recai sobre a evolução da população universitária, baseada nos dados numéricos da

---

[270] Cópia do inquérito, anexo 7.

Análise dos Inquéritos 157

"Estatística da Educação", do INE, de 1960 até ao fim do ano de 1965. Assim, as conclusões abrangem este período de tempo e não apenas o ano lectivo em que o questionário foi realizado. As variáveis a ter em consideração, para traçar esse percurso, incidem sobre a frequência do ensino universitário; conclusões do curso; idade dos universitários; origem geográfica e custo do ensino universitário.

Nesta primeira parte, os objectivos dos autores não consiste, tão só, em caracterizar a população universitária que frequentava o ano lectivo de 1963/64, mas também em analisar os dados de outros anos lectivos, em função da necessidade da abordagem que se pretende fazer. Por esse motivo, apresentamos o quadro que mostra a evolução dos alunos matriculados entre 1961 e 1964.

Quadro IX – Evolução dos alunos matriculados, por graus de ensino, no Continente (1961-62 a 1963-64)

Graus de ensino	Anos lectivos		
	61/62	62/63	63/64
	HM	**HM**	**HM**
Infantil	107,8	123,3	144,3
Primário (menores em idade escolar)	100	99,9	99,6
Secundário e médio	109	119,8	128,6
Superior	104,7	111,7	119,5
Normal	107	102,1	84,8
Conjunto dos graus de ensino	102	104,3	106

FONTE: *Inquéritos, op. cit.*, p. 14.
Números índice tendo como base o ano de 1960/61=100.

No que respeita ao ponto intitulado "frequência de ensino universitário", e como podemos verificar pela tabela que se apresenta, "a população universitária a que se refere o inquérito, aumentou no conjunto das três cidades universitárias um pouco mais de 28% em 4 anos"[271]. No entanto, o facto de ter aumentado a taxa de inscritos nas universidades, não é, por si, razão para a subida proporcional de diplomados, nem tão pouco significa que a posição de Portugal em relação a outros países europeus seja confortável, já que, num conjunto de sete países, entre os

---

[271] *Inquéritos, op. cit*, p. 14.

158 Maria de Lourdes Pintasilgo – Os Anos da Juventude Universitária

quais, Espanha e Grécia, Portugal ocupa o último lugar em relação ao número de universitários por cada 1000 habitantes, com 2,4, antecedido pela Espanha, sendo o primeiro lugar ocupado pela Áustria, com 5,5[272]. Como afirma Medina Carreira, "O próprio ministro Leite Pinto não escondia, nos anos 50, o "deplorável atraso" de Portugal neste domínio, considerando que não poderíamos ir longe no futuro se não acabássemos com "a frase rançosa e vergonhosa de que o tesouro não pode dar prioridade às despesas com a educação"[273].

Um outro aspecto relevante é a maior feminização deste nível de ensino, como verificamos no quadro que se apresenta.

Quadro X – Evolução dos alunos matriculados, segundo o sexo, por centros universitários e ramos de ensino

	Anos lectivos							
	61/62	62/63	63/64	64/65	61/62	62/63	63/64	64/65
	H				M			
Conjunto	100,6	104,6	107,6	113,7	113,6	126,9	145,1	159,2
Coimbra	99,5	92,7	96,3	105,7	**121,9**	127,5	142,5	152,7
Lisboa	100,4	107,6	111	116,9	110,9	124,8	144,2	161,2
Clássica	100,3	107,9	110	115,7	112,8	126	143,5	161,3
Técnica	100,3	109	115	122,4	96,1	123	166,9	188,7
Belas-Artes	102,3	93	86,9	84,1	105,8	109,7	118	114,1
Porto	102,5	111,2	112,4	114,5	108,4	133	152,3	163,8
Universidade	101,9	112,6	114,5	116,1	110	138,4	160,2	172,1
Belas-Artes	110,2	94,4	87	94,9	98,1	98,7	102,6	111,7
Letras	105,8	108,5	124,2	133,7	118,8	**140,6**	160,7	183,2
Direito	92,2	98,8	97,8	102,5	115,9	116,3	127,5	142,4
Ciências Sociais	106,7	**119,8**	**130,9**	**150,6**	114,7	135,3	**178,9**	**197,8**
Ciências Exactas e Naturais	**111,4**	116,6	115,4	121,9	119,1	131,3	152,3	157,3
Engenharia	95,3	99,4	104,4	104,8	80,7	106,4	125,1	142,7
Ciências relativas à medicina	93,6	92,3	93,7	97,1	99,3	95,4	103,3	110,9
Agricultura	101,8	105,4	107,6	110,4	110,2	132,7	169,4	198
Belas-Artes	105,2	93,5	87	88	102,5	105	111,4	113,1

FONTE: *Inquéritos, op. cit.*, p. 17.
Números índice tendo como base o ano de 1960/61=100.

Esse aumento, como constatamos, ocorre em todos os cursos e em todos as universidades, e é muito superior ao acréscimo de estudantes do sexo masculino.

---

[272] *Idem*, p. 15.
[273] Henrique Medina Carreira, *op. cit.*, p. 442.

Análise dos Inquéritos 159

Devem ser realçados os cursos preferidos pela população estudantil feminina: Letras, Ciências Sociais e Ciências Exactas e Naturais, no Porto, ocorrendo, consequentemente, uma diminuição do contingente masculino. No entanto, apesar desse aumento, a população universitária feminina continua a ser inferior à masculina, exceptuando-se o caso da Universidade Clássica de Lisboa. Em relação ao total de alunos, o centro universitário de Lisboa ocupa o primeiro lugar e o do Porto sobrepõe-se ao de Coimbra.

No terceiro quesito, "idade dos universitários", no quadro que se apresenta encontra-se a distribuição dos alunos, em termos percentuais, consoante as diversas faixas etárias, pelos diferentes centros universitários.

Quadro XI – Repartição dos alunos matriculados
segundo os centros universitários e sexos, por grupos de idades (percentagens)

	Coimbra		Lisboa		Porto		Conjunto	
Idade	H	M	H	M	H	M	H	M
Até 19 anos	18,2	18,9	18,7	25,3	21,5	20,8	19,1	22,8
20 - 22 anos	26,5	31,4	28,3	35,8	30,4	35,5	28,2	34,6
23 - 25 anos	30,6	30,1	18	20,2	20,3	22,3	21,4	23,2
26 - 28 anos	11,9	11	13,3	8,9	12,1	8	12,7	9,2
29 e mais anos	12,8	8,6	21,7	9,8	15,7	13,4	18,5	10,1
Total	100	100	100	100	100	100	100	100

FONTE: *Inquéritos*, p. 25.

O que se pode concluir de relevante é que o maior contingente de estudantes se situa na faixa etária dos 20 a 22 anos (57,4%), em todas as universidades. Cerca de metade da população total tem uma idade inferior a 22 anos. Com idades até 25 anos concentram-se sobretudo em Coimbra, com 78,6%; no Porto, atinge 75,3% e, finalmente, em Lisboa 71,1%. Lisboa tem a população universitária mais velha, de 23 a 25 anos. A Universidade do Porto apresenta as faixas etárias mais jovens. Por último, em Coimbra, encontramos idades intermédias.

No que respeita à população feminina, os autores dos inquéritos afirmam que "é ligeiramente mais jovem do que a população masculina, o que se explica, em parte, pelo maior número de abandonos da frequência

160   *Maria de Lourdes Pintasilgo – Os Anos da Juventude Universitária*

escolar do lado das raparigas e ainda, por ser maior, na população masculina, o número dos que continuam a estudar ou frequentam um curso, mesmo depois de casar ou de possuir emprego"[274].

No último ponto analisado, "origem geográfica", mais de metade dos estudantes universitários do continente são oriundos dos distritos de Lisboa, do Porto, de Coimbra e de Aveiro, os quais, em conjunto com as Ilhas, representam a origem geográfica de mais de 60% dos estudantes deste nível de ensino.

Poder-se-á relacionar esses números com o facto de serem os distritos mais urbanizados do país e onde se concentram as famílias da média e alta burguesia, donde sai a esmagadora maioria da população universitária do país, como mais à frente analisaremos.

7.3. – "2ª Parte – Resultados do Inquérito"

Na segunda parte do inquérito, são apresentados os quatro grupos de questões, a saber:

A – A escola e os problemas de estudo
B – O modo e as condições de vida
C – As preocupações culturais
D – Os problemas religiosos.

Devido à extensão do inquérito, que permitiria, por si só, uma outra tese, abordaremos apenas algumas respostas dos grupos A e C, os quais representam, mesmo assim, cerca de cinquenta perguntas[275]. O critério que adoptamos nessa selecção, como já referimos, foi a maior ou menor pertinência, relativamente ao tema e espaço cronológico do nosso trabalho.

Nas instruções que são dadas para o preenchimento é de realçar o apelo à honestidade e à sinceridade, de forma a que as informações prestadas sejam o mais fidedignas possíveis e, também, à resposta a todas as perguntas. Em contrapartida é assegurado o total anonimato.

Relativamente à primeira pergunta "Opinião sobre os fins do ensino universitário", na qual se pedia aos universitários que ordenassem as respostas segundo a sua preferência, cerca de 47,7% dos inquiridos é de

---

[274] *Idem*, p. 24.
[275] Anexo 7.

Análise dos Inquéritos 161

opinião que o ensino universitário devia facultar "a formação de uma cultura superior, possibilitando a compreensão do mundo, da vida e seus problemas"[276].

Por oposição à maioria, cerca de 22,5% respondeu que esse grau de ensino devia "dar uma boa preparação profissional especializada"[277]. É interessante verificar que, enquanto as primeiras informações são influenciadas por uma maioria de respostas do sexo feminino, nos segundos nota-se precisamente o contrário, sendo o sexo masculino quem mais eleva essa percentagem. No quadro que se segue podemos ver os resultados totais, por sexos e por cidades universitárias, e ainda a percentagem, mais ou menos residual, que corresponde a outras opções.

Quadro XII – Opinião sobre os fins do ensino universitário
– conjunto (total e sexos) e cidades universitárias (totais)

	Conjunto			Coimbra	Lisboa	Porto
	HM	H	M	HM	HM	HM
Fins indicados como primordiais:						
Dar uma boa preparação profissional especializada	23	27,2	15	22,9	19,1	31,7
Permitir a formação de uma cultura superior, possibilitando a compreensão do mundo, da vida e seus problemas	48	41	59	50,5	49,5	38,9
Desenvolver a capacidade de investigação do estudante, de forma a que possa contribuir para o progresso da ciência	12	12,6	9,8	9,8	12,4	11,2
Formar os dirigentes da colectividade nacional, nos múltiplos aspectos da vida política, económica e social	15	16,1	14	12,7	16,4	15,2
Sem resposta	3	3,2	2,7	4,1	2,6	2,9
Finalidades do ensino universitário mais referidas:						
Permitir a formação de uma cultura superior, formar os dirigentes da colectividade nacional, desenvolver a capacidade de investigação, dar uma boa preparação profissional	12	9,4	16	12,2	13,1	8,2
Permitir a formação de uma cultura superior, desenvolver a capacidade de investigação, formar os dirigentes da colectividade nacional, dar uma boa preparação profissional	7,7	6,3	10	6,6	9	5,5
Permitir a formação de uma cultura superior, dar uma boa preparação profissional, formar os dirigentes da colectividade nacional, desenvolver a capacidade de investigação	5,5	5,1	6	7,8	4,8	4,4
Dar uma boa preparação profissional, desenvolver a capacidade de investigação, permitir a formação de uma cultura superior, formar os dirigentes da colectividade nacional	5,2	6,8	2,4	5,6	4,3	6,9

FONTE: *Inquéritos*, p. 54.

O que se pode inferir desta análise é que estamos perante a opção de um ensino superior tradicional em que, quer o aspecto técnico-profissional, quer a investigação científica, ficam relegados para um plano secundário, o que denota o tipo de ensino superior que existia, na altura, em Portugal. Os valores percentuais alcançados são maioritariamente influenciados pelas respostas femininas, já que os estudantes do sexo masculino fazem incidir a sua opção na preparação profissional, em especial

---

[276] *Inquéritos, op. cit.*, p. 54.

162 *Maria de Lourdes Pintasilgo – Os Anos da Juventude Universitária*

os da Universidade do Porto. No que concerne a um dos itens, "a formação de dirigentes", as percentagens são mais altas nos alunos que estão a iniciar os cursos e, mais baixa, nos anos finais.

A análise das respostas dos diferentes ramos de ensino leva-nos a afirmar que nos cursos de Letras, de Direito e de Belas Artes, mais de metade dos alunos faz incidir a sua escolha sobre a cultura superior como o fim primordial do ensino universitário. Relembremos que, de acordo com os dados coligidos, a maioria da população destes cursos é do sexo feminino. Para os estudantes de Agricultura, 40% optam pela preparação profissional e, em Engenharia e Ciências Exactas e Naturais, cerca de 18%, pela capacidade de investigação.

Na pergunta número dois relativa à "Atitude do universitário perante a sociedade", a larga maioria das respostas, cerca de 75%, coincide num ponto: "o universitário deve tomar consciência das questões económico-sociais e políticas do seu tempo e desenvolver um esforço em busca de soluções válidas"[278]. Esta percentagem reflecte uma atitude do estudante universitário, preocupado, não só com a formação académica e a vida universitária, mas também com a sociedade e o mundo que o rodeia, no sentido de se preparar para uma plena inserção e comprometimento cívico. É curioso o facto de esta opinião ser partilhada pela maioria dos universitários de Lisboa e Coimbra, acentuando-se no Porto a opinião de que o estudante se deve dedicar mais ao curso e aos estudos.

Como podemos verificar no quadro anterior, a diversidade de respostas perante esta pergunta não é muito grande e pouco ou nada varia em função do sexo, ou do curso. De notar só uma ligeira diferença no que respeita aos estudantes de Agricultura, Engenharia e Ciência que não insistem tanto na participação activa nos problemas do país.

Quadro XIII – Atitude do universitário perante a sociedade

	Conjunto			Coimbra	Lisboa	Porto
	HM	H	M	HM	HM	HM
O universitário há-de preocupar-se apenas com a sua vida escolar mantendo-se alheio a todas as questões políticas e sociais	6,2	7,4	4,3	5,1	6	8,3
O universitário deve tomar consciência das questões económico-sociais e políticas esforçando-se por encontrar as soluções	**76,8**	**74,7**	**80,3**	78,8	78,1	70,7
O universitário deve participar activamente na resolução dos problemas fundamentais da vida do seu país	14,4	15,5	12,6	12	14,3	17,8
Não têm resposta	2,2	1,9	2,7	3,7	1,3	2,8
Sem resposta	0,4	0,5	0,1	0,5	0,4	0,3

FONTE: *Inquéritos*, p. 61.

[277] *Idem.*
[278] *Idem.*

Análise dos Inquéritos

A pergunta número três intitulada "Relações pessoais na Universidade", recai, na sua primeira alínea, sobre a qualidade dessas relações. A maioria das respostas considera-as apenas razoáveis, baixando mesmo quando se referem às relações entre professores e alunos. Atentemos no seguinte e verifiquemos que, caso se refira a alunos da mesma escola, as relações são consideradas "deficientes", devendo entender-se por este qualificativo, "inexistentes", se não mesmo completamente ausentes. Na opinião de mais de 25% dos estudantes, entre os alunos das mesmas escolas essas relações são ainda mais precárias, com excepção do caso de Coimbra. No que respeita ao contacto entre docentes e discentes, cerca de 63% das respostas apontam para uma situação deficitária. As relações entre alunos pioram depois dos dois primeiros anos, provavelmente porque os níveis de concorrência aumentam com a proximidade, cada vez maior, do final do curso, pelo contrário, entre professores e alunos melhoram devido, talvez também, à consciência de que a qualidade dessa relação é determinante para a conclusão do mesmo.

A alínea seguinte foca a importância dessas relações e, neste ponto, há uma grande convergência de opiniões entre os estudantes, sendo as percentagens na ordem dos 95%.

Quadro XIV – Qualidade das relações pessoais

	Conjunto			Coimbra	Lisboa	Porto
	HM	H	M	HM	HM	HM
Entre alunos da mesma Faculdade (Instituto ou Escola)						
Boas	22,2	24,1	19,1	25,7	21,5	19,5
Razoáveis	**49,6**	**46,8**	**54,2**	50,9	49,1	49,5
Deficientes	27,2	28	25,9	21,9	28,3	30,7
Sem resposta	0,8	0,7	0,8	0,5	1,1	0,2
Entre professores e alunos da mesma Faculdade (Instituto ou Escola)						
Boas	7,9	7,7	8,3	8,5	7,3	9,1
Razoáveis	28,4	26	32,2	30,5	27,8	27,5
Deficientes	**63**	**65,6**	**58,8**	60,5	64,1	63,2
Sem resposta	0,7	0,7	0,6	0,5	0,9	0,2
Entre alunos das diversas Faculdades (Instituto ou Escola) da mesma cidade						
Boas	5,3	6	4,1	8,8	4,2	3,9
Razoáveis	26,9	27,5	26,1	44,1	22,4	18,3
Deficientes	**66,9**	**65,6**	**68,9**	45,9	72,5	77,3
Sem resposta	0,9	0,9	1	1,2	0,9	0,5
Entre universitários de diferentes cidades						
Boas	2,8	3	2,6	2,2	2,7	4
Razoáveis	8,8	9,2	8,2	10,7	8,2	8,2
Deficientes	**86,8**	**86,6**	**87,2**	85,1	87,7	86,5
Sem resposta	1,6	1,3	2,1	2,1	1,4	1,4

FONTE: *Inquéritos*, p. 65.

164 *Maria de Lourdes Pintasilgo – Os Anos da Juventude Universitária*

Quanto à pergunta número quatro, a qual incide sobre "Grupos de colegas e suas características", os dados demonstram que a maioria dos estudantes tem o seu grupo de amigos com quem priva diariamente, preferindo as raparigas mais os grupos mistos que os rapazes, com valores da ordem de 50,1% e 41,7%, respectivamente. Esses grupos nem sempre são constituídos por universitários da mesma instituição: nesse caso, são os rapazes que estão mais receptivos a estudantes de outras faculdades, do que as raparigas, e um dado curioso é que as estudantes preferem integrar-se em grupos onde as opiniões convirjam, enquanto os estudantes têm preferência pela diversidade de opiniões.

Vejamos as características que acabamos de apontar, no quadro que se segue:

Quadro XV – Características dos grupos de colegas

	Conjunto			Coimbra	Lisboa	Porto
	HM	H	M	HM	HM	HM
Universitários que não têm um grupo de colegas com quem andam habitualmente	22,1	23,7	19,5	18,4	24,8	18,9
Universitários que têm um grupo de colegas com quem andam habitualmente	**77,3**	**75,8**	**79,8**	81,2	74,5	80,6
Caracterização do grupo						
Misto:	39	32,2	50,1	31,3	38,9	36,5
da mesma faculdade	18,3	13,1	26,6	20,1	17,2	19
Com as mesmas opiniões	8,5	4,6	14,7	5,8	9	10,3
Com opiniões diferentes	9,8	8,5	11,9	14,2	8,2	8,7
de faculdades diferentes	20,8	19,1	23,5	21,2	21,7	17,5
Com as mesmas opiniões	6	3,9	9,2	4,6	6,6	6
Com opiniões diferentes	14,8	15,1	14,3	16,6	15,1	11,5
Não misto:	36,6	41,7	28,4	38	33,8	42,6
da mesma faculdade	19,1	19,3	18,8	21,2	17,1	22
com as mesmas opiniões	11,8	10,3	14,3	11,3	11,2	14,1
com opiniões diferentes	7,3	9	4,5	10	5,9	8
de faculdades diferentes	17,5	22,4	9,6	16,8	16,7	20,6
Com as mesmas opiniões	9,5	10,8	7,4	4,9	11	11
Com opiniões diferentes	8	11,6	2,2	11,9	5,7	9,5
Não definidos	1,7	2	1,3	1,9	1,8	1,5
Sem resposta ou com respostas incompletas	0,6	0,5	0,7	0,4	0,7	0,5
Dos que não têm grupos declaram ter relações de amizade fora do grupo	75,2	73,8	77,5	81,3	70,8	97,9

FONTE: *Inquéritos*, p. 71.

É ainda pertinente referir que, segundo o inquérito, o isolamento dos rapazes é superior ao das raparigas, verificando-se que em Lisboa é mais acentuado do que nos outros centros universitários e, quanto mais avançam

Análise dos Inquéritos 165

no curso, mais esse isolamento se reforça, chegando mesmo a abandonar o grupo, com impacto na diminuição da sua coesão e mesmo extinção. Os que sobrevivem são, sobretudo, os que se caracterizam por terem convergência de opiniões, em vez de opiniões diversas.

Quadro XVI – Comportamento habitual na discussão de problemas entre universitários

	Conjunto			Coimbra	Lisboa	Porto
	HM	II	M	HM	HM	HM
Problemas de estudo:						
aceitam discutir sempre	**94**	**93,5**	**95**	93,2	94,6	93,5
aceitam discutir quando não envolvam questões de princípios	2,7	3,1	2,1	2,8	2,8	2,4
só discutem com amigos íntimos	2,2	2,4	1,8	2,4	1,9	2,7
não aceitam discutir	0,7	0,8	0,5	0,8	0,6	0,7
Sem resposta	0,4	0,3	0,7	0,9	0,1	0,6
Problemas de moral sexual:						
aceitam discutir sempre	32,5	44,1	13,9	31,9	32,9	32,2
aceitam discutir quando não envolvam questões de princípios	11,4	14,1	7	11,2	11	12,7
só discutem com amigos íntimos	**50,2**	**38,2**	**69,5**	50,3	51,4	46,6
não aceitam discutir	5,2	3,1	8,7	5,2	4,3	7,8
Sem resposta	0,7	0,5	0,9	1,4	0,4	0,7
Problemas religiosos:						
aceitam discutir sempre	**46,6**	**44,7**	**49,7**	48,9	47,4	41,4
aceitam discutir quando não envolvam questões de princípios	21,8	22,2	21,2	21,2	21,2	24,2
só discutem com amigos íntimos	19,2	20,9	16,5	18,2	19,9	18,6
não aceitam discutir	11,5	11,6	11,4	10,6	10,9	14,6
Sem resposta	0,8	0,6	1,2	1,1	0,6	1,2
Problemas políticos:						
aceitam discutir sempre	25,9	30,5	18,4	22,9	28,1	23,2
aceitam discutir quando não envolvam questões de princípios	10,5	10,5	10,6	10,6	10,5	10,3
só discutem com amigos íntimos	**32,6**	**38,8**	22,6	32,7	33,8	29,1
não aceitam discutir	30,2	19,7	**47**	32,8	26,7	36,7
Sem resposta	0,8	0,5	1,4	1	0,8	0,7
Problemas económico-sociais:						
aceitam discutir sempre	**57,9**	**61,7**	**51,9**	54,2	59,6	57,9
aceitam discutir quando não envolvam questões de princípios	12	11	13,7	10,3	13,1	11,1
só discutem com amigos íntimos	18,3	19,5	16,4	18,8	19,1	15,6
não aceitam discutir	10,4	7,1	15,8	15	7,3	13,5
Sem resposta	1,3	0,7	2,3	1,7	0,9	1,8

FONTE: *Inquéritos*, p. 75.

166   *Maria de Lourdes Pintasilgo – Os Anos da Juventude Universitária*

A quinta pergunta remete-nos para o "Grau de abertura na discussão de problemas" o qual, dependendo dos temas tratados, apresenta níveis diferentes.

Assim, "os problemas de estudo", é aquele que suscita maior consenso entre os estudantes, sendo debatido pela grande maioria (94,0%); já os "problemas políticos", alcançam baixas percentagens, o que é facilmente compreensível dada a conjuntura política de forte repressão.

No que respeita aos problemas sexuais, as raparigas são mais reservadas do que os rapazes, assim como na discussão de temas políticos, em que raramente participam.

O grau de abertura é mais ou menos semelhante nas três cidades e, com o passar dos anos do curso, nota-se uma maior receptividade, da parte dos rapazes e das raparigas em relação aos problemas sexuais, a qual acompanha a sua maturidade e a aproximação gradual do momento em que se integrarão na vida activa.

Na pergunta número seis intitulada "Filiação em organismos estudantis", são as Associações Académicas que reúnem um maior número de consenso, cerca de 43,3%, logo seguidas pelos cine-clubes com 17%, o que não deixa de ser curioso, porque foi precisamente no âmbito da JUC que, como refere Paulo de Oliveira Fontes, "nasce o movimento cineclubista nacional, nomeadamente com a criação do Centro Cultural de Cinema – Cineclube de Universitários para uma Cultura Cinematográfica Cristã, em meados da década de cinquenta"[279]. Seguem-se, por fim, os organismos da Acção Católica como a JUC, JUCF e CADC, com 15,6%. É sobretudo em Lisboa e em Coimbra que as percentagens de adesão a esses organismos são altas; no Porto metade dos universitários, (50%), não integra qualquer organismo. Os rapazes aderem mais facilmente que as raparigas e optam pelas associações académicas e grupos desportivos, enquanto aquelas têm preferência pelos organismos da Acção Católica, certamente porque a educação religiosa terá uma influência muito maior no sexo feminino.

A "Opinião dos universitários acerca da sua representação no governo da universidade" é o tema da sétima questão e também uma polémica candente no momento que então se vivia. Constitui outro ponto em que existe uma quase unanimidade estudantil, alcançando 96,2%. Considera-se

---

[279] Paulo de Oliveira Fontes "Juventude Universitária Católica", *Dicionário de História de Portugal*, *op. cit.*, p. 348.

Análise dos Inquéritos 167

ainda que os estudantes que representariam a sua classe nos órgãos gover-
nativos da universidade, deveriam ser eleitos pelos seus pares e não nomeados pela hierarquia universitária.

Quadro XVII – Representação dos estudantes no governo da Universidade

	Conjunto			Coimbra	Lisboa	Porto
	HM	H	M	HM	HM	HM
Consideram que os estudantes não devem estar representados no governo da Universidade	2,5	3,1	1,6	2,7	2,5	2,5
Consideram que os estudantes devem estar representados no governo da Universidade	**96,2**	**96**	**97**	**95,3**	**96,7**	96
pelas Associações Académicas	17,5	21	12	13,1	19,6	17
pelas Associações Académicas e outros organismos circum-escolares	18,1	18	19	17,7	19,2	15,2
por órgãos expressamente criados para o efeito	28,7	27	31	30	27,4	31
Sem indicação do organismo	32	30	35	34,4	30,6	32,8
Consideram que os representantes devem:						
ser eleitos pelos cursos	**47,7**	**44**	**53**	**63,9**	**42**	43,6
ser nomeados pelas autoridades universitárias	4,4	3,5	6,1	9	2,9	3
Sem resposta	1,3	0,9	1,9	2,1	0,8	1,5

Fonte: *Inquéritos*, p. 83.

É de relevar, que as raparigas se apresentam mais indecisas relativamente à participação dos estudantes no governo da universidade e são da
opinião que devem ser nomeados e não eleitos, o que denota uma menor
exigência de democratização dos órgãos universitários, por parte do sector feminino.

As respostas relativas à questão número dez, "Modo e local de estudo",
cerca de 70,3% dos inquiridos afirma preferir estudar sozinho, acentuando-
-se esse comportamento entre as raparigas; apenas 24,5% opta por estudar
acompanhada. Quanto aos locais de estudo, encontram-se no topo, a casa
e o café, havendo um número mínimo que recorre às bibliotecas das
escolas. Poder-se-á aglutinar as duas questões seguintes, as quais incidem,
uma sobre "consulta de bibliografia e bibliografia complementar", uma
percentagem relativamente elevada, (20,7%) nunca o faz e, dos 66,8%
que têm esse hábito, a maioria pertence ao sexo feminino e com maior
percentagem na Universidade de Coimbra do que nas restantes.

Uma das perguntas mais relevantes deste inquérito é a número dezassete, que incide sobre os "Motivos de escolha do curso". As principais
respostas recaem nas duas primeiras opções: vocação para o estudo de
determinadas matérias e vocação para a profissão a que o curso habilita,
com 54,9% e 44,1%, respectivamente, concentrando-se as respostas femininas na primeira opção.

168 Maria de Lourdes Pintasilgo – Os Anos da Juventude Universitária

Quadro XVIII – Motivos de escolha do curso

	Conjunto	Coimbra			Lisboa	Porto
	HM	H	M	HM	HM	HM
Vocação para o estudo de determinadas matérias	**54,9**	**47,2**	**67,3**	**57,4**	**55,4**	**50,5**
Vocação para a profissão a que o curso habilita	**44,1**	**49,3**	35,8	**47,4**	**40,7**	**49,6**
Acesso a situações mais bem remuneradas	19,3	21,7	15,4	15	20,7	20,7
Desejo de assumir responsabilidades	14,1	17,1	9,3	11,3	16,3	11,5
Dsejo de alcançar uma posição social de relevo	11,9	13,6	9,1	11,3	12,9	9,7
Correspondência ao desejo da família ou ao incitamento dos amigos	9,1	7,8	11,2	10,5	8,4	9,2
Desejo de tirar um curso qualquer	8,7	7,4	10,7	8,6	9,8	5,5
Compatibilidade de tempo com as actividades profissionais	4,4	5,8	2,3	2,4	4,8	6,1
Inexistência, na cidade onde estuda, do curso que gostaria de tirar	4	4,1	3,8	3,2	3,7	5,9
Impulso irreflectido	3,3	2,8	4,2	4,2	3,2	2,7
Curso menos trabalhoso	1,9	1	3,5	1,5	2,1	2
Curso menos dispendioso que qualquer outro	1,1	1	1,3	2,8	0,5	0,8
Sem resposta	1,3	1	1,8	1	1,4	1,5
Grupos de dois motivos mais referidos:						
Vocação para o estudo de determinadas matérias e vocação para a profissão a que o curso habilita	20	18,6	22,3	23,4	18	21,5
Vocação para o estudo de determinadas matérias, exclusivamente	9	6,7	12,6	10,4	8,8	7,9
Vocação para a profissão a que o curso habilita, exclusivamente	5,2	6,3	3,5	6,4	4	7,2
Vocação para o estudo de determinadas matérias e acesso a situações mais bem remuneradas	6,9	6,2	8,1	5,8	7,5	6,7
Vocação para o estudo de determinadas matérias e desejo de assumir responsabilidades	5,8	6	5,4	4,9	6,8	4
Vocação para a profissão a que o curso habilita e acesso a situações mais bem remuneradas	5,4	6,9	2,9	4,2	5	7,7
Vocação para a profissão a que o curso habilita e desejo de assumir responsabilidades	5,2	6,8	2,6	4,5	5,5	5,1

FONTE: *Inquéritos*, p. 122.

Os restantes motivos são meramente residuais e não chegam a atingir os 10%. Saliente-se que, nos cursos de Letras e de Ciências, a vocação para o estudo encontra-se antes da profissão, enquanto que em Medicina é precisamente o contrário. Estas duas opções não variam significativamente, conforme o curso, a idade, ou a universidade.

Na questão seguinte, relativamente à "Adaptação ao curso escolhido" convém salientar que são as raparigas as mais insatisfeitas porque afirmam preferir outro, que não aquele em que se encontram. Já quanto aos rapazes, cerca de 70% dos estudantes inquiridos manifestam-se satisfeitos.

A pergunta número dezanove recai sobre "O ensino universitário e a preparação profissional" e apresenta várias alíneas, sendo a primeira "A opinião sobre a preparação profissional fornecida pelo ensino universitário". Em termos de respostas predominam as menções de "suficiente" e "sofrível", cerca de 32,3% e 31,5%, respectivamente, o que denota um descontentamento por parte dos universitários, relativamente à preparação profissional que é ministrada pela Universidade, independentemente do ramo de ensino ou do centro universitário, predominando as raparigas com essa opinião.

Quadro XIX – Valor atribuído ao ensino universitário do ponto de vista da preparação profissional

	Conjunto					
	HM	H	M	HM	HM	HM
Muito bom	13	1,5	1,1	0,9	1,3	2
Bom	10,5	20,8	10,1	9,4	10,9	10,8
Suficiente	**32,3**	30,5	35,2	34,8	30,6	34
Sofrível	31,5	30,1	33,6	31,7	32,2	29,1
Medíocre	15,1	16,1	13,4	15,3	15	15
Mau	8,3	9,6	6,2	7,4	8,5	8,8
Sem resposta	1	1,4	0,4	0,5	1,5	0,3

	Coimbra		Lisboa		Porto	
	H	M	H	M	H	M
Muito bom	0,7	1,1	1,3	1,3	2,6	0,7
Bom	8,7	10,2	11,6	9,7	10,6	11,1
Suficiente	**32,6**	37,4	28,8	33,5	32,7	**36,7**
Sofrível	**31,3**	32,2	30,3	**35,4**	28,5	30,2
Medíocre	16,7	13,7	16,1	13,2	15,7	13,4
Mau	9,1	5,4	9,9	6,3	9,4	7,5
Sem resposta	0,9	0	2,1	0,6	0,3	0,3

FONTE: *Inquéritos*, p. 135.

Na questão número vinte e um, intitulada "Opinião sobre a especialização profissional" é alcançado o valor de 55% correspondendo aos que concordam com a especialização profissional. Neste item não existe grande diferença entre os sexos. A frase colocada no inquérito para avaliação dos universitários, relativa à especialização é a seguinte: "A especialização profissional só adquire valor autenticamente humano quando se enquadra numa formação cultural sólida". Podemos aferir destas percentagens que os universitários concordam, pelo menos mais de cinquenta por cento, com a especialização profissional, se ela se revestir de um carácter e valores humanistas os quais só serão adquiridos no caso de existir uma base cultural consistente.

170   *Maria de Lourdes Pintasilgo – Os Anos da Juventude Universitária*

Passando ao grupo de questões, subordinadas ao tema "As preocupações culturais", a primeira interrogação recai precisamente sobre "Leituras recreativas e de cultura geral". Nas várias opções que são apresentadas, os valores registados são mais ou menos semelhantes, exceptuando-se o caso dos romances que acusam uma percentagem de 63,8%, sendo a escolha predominantemente feminina, uma vez que é um género literário preferido por este sexo.

Quadro XX – Leituras recreativas e de cultura geral

	Conjunto			Coimbra	Lisboa	Porto
	HM	H	M	HM	HM	HM
Tratado, tese, trabalho de investigação	26,5	33	16,1	21,5	28,8	26,4
Biografia	17,8	15	22,4	17,8	16,7	21
Ensaio	15	19,2	8,3	11,2	18,7	9,2
Livros e artigos de divulgação	33,3	**42,1**	19,1	28,5	34	37,4
Memórias	5,9	6,2	5,3	5	6,2	5,9
Romance	**63,8**	**55,9**	**76,6**	68,1	63	60,8
Conto	19,1	17,5	21,7	20,9	17,3	21,7
Novela	8,3	6,5	11,2	9	8,7	6,3
Teatro	13,4	11,2	17	17,3	13	9,7
Poesia	32,2	22	48,7	37,9	32,1	25,4
Viagens	8,1	8,6	7,3	6,9	8,1	9,7
Aventuras	5,6	6,3	4,4	6	4,4	8,4
Ficção científica	10,9	11,8	9,5	9,1	11,8	10,5
Romance policial	22,3	24	19,6	22,2	21,1	25,9
Humorístico	14,7	18,4	8,7	16,5	12,3	19,2
Sem resposta	2,9	2,2	4	2	3,4	2,6

FONTE: *Inquéritos*, p. 242.

Nos últimos anos dos cursos aumenta o interesse pelo ensaio. No entanto, estes dados revelam alguma confluência de gostos, exceptuando as diferenças entre os dois sexos que são marcantes.

Na questão intitulada "Secções dos jornais diários com maior interesse" verificamos que o "Noticiário do estrangeiro" tem a preferência por parte dos inquiridos, com cerca de 47,1% das respostas, o que revela a avidez e a curiosidade de saber o que se passava no resto do mundo, para lá das fronteiras fechadas do país. Esse item é seguido pelas "Notícias da vida política e nacional", com 28,3% das respostas, a maioria das quais provém do sector masculino.

Análise dos Inquéritos 171

No caso das raparigas, estas dão preferência às "artes e letras, página feminina e passatempos", opções completamente preteridas pelos rapazes. Na Universidade de Lisboa, o sector masculino interessa-se mais pela "crítica da actualidade internacional". À medida que avançam no curso, vai aumentando o interesse pelas "notícias do estrangeiro", o que se afigura válido para os dois sexos. Em simultâneo, decresce a leitura de "crimes e acontecimentos sensacionais, artigos de divulgação científica, curiosidades e passatempos". E, curiosamente, aumenta o número de rapazes leitores da página feminina e diminui o de raparigas.

Quanto ao item "Índices de cultura", na sua apresentação invoca-se a finalidade dessa questão que "não foi obter a medida exacta da cultura geral dos universitários, em extensão e profundidade, mas antes avaliar uma certa erudição correspondente a um mínimo desejável de cultura e procurar surpreender as grandes linhas de orientação da cultura que os universitários revelam possuir"[280]. Trata-se de uma questão que inclui várias vertentes, mais precisamente personalidades de diferentes campos da cultura, desde o cinema, à música, da filosofia à arquitectura, entre outros aspectos.

Na "Identificação de personalidades célebres, em diferentes domínios da cultura", a maior percentagem de respostas correctas recaiu no realizador de cinema, Fellini[281], enquanto os erros predominaram quanto ao filósofo espanhol, Ortega y Gasset[282] e, sem resposta, ficou em primeiro lugar o arquitecto americano, Lloyd Wright[283].

---

[280] *Inquéritos, op. cit.*, p. 281.

[281] Federico Fellini nasceu em Rimini, na Itália, a 20 de Janeiro de 1920. Foi um dos mais destacados cineastas italianos e os seus filmes são caracterizados pela poesia e pelas duras críticas sociais, que eternizaram a magia do cinema. Faleceu em Roma, a 31 de Outubro de 1993. www.wiki/FedericoFellini (12/1/2008 18.00 horas).

[282] José Ortega y Gasset nasceu em Madrid em 1883. Foi um dos maiores filósofos espanhóis e desempenhou também um papel muito importante como activista político e jornalista. Ficou célebre a sua frase "Debaixo da vida contemporânea encontra-se latente uma injustiça". Faleceu em Madrid, em 1955. www.wiki/José_Ortega y Gasset (16/01/2008 17.00 horas).

[283] Frank Lloyd Wright nasceu em Richland Center, (Estados Unidos da América) a 8 de Junho de 1867 e é considerado um dos maiores arquitectos do século XX. A sua arquitectura orgânica, derivada da arquitectura moderna, contrapunha-se ao "international style" europeu. Para ele cada projecto deve ser único e em consonância com o seu fim e a sua localização. Lloyd Wright influenciou decisivamente todas as escolas de arquitectura. Faleceu em Phoenix, em 1959. www.wiki.Frank_Lloyd_Wright. (14/01/2008 19.00 horas).

Maria de Lourdes Pintasilgo – Os Anos da Juventude Universitária

Quadro XXI a) – Identificação de personalidades célebres, em diferentes domínios da cultura

	Conjunto			Coimbra	Lisboa	Porto
	HM	H	M	HM	HM	HM
Nuno Gonçalves:						
Acertaram	**63,3**	65,9	59,1	56,5	70,8	50,2
Erraram	10,4	9	12,6	10,7	10,4	9,9
Sem resposta	26,4	25,1	28,3	32,8	18,7	40
Paul Claudel:						
Acertaram	**52,7**	46,6	62,4	52,2	57,3	40,3
Erraram	11,2	11,8	10,2	11,7	10,9	11,5
Sem resposta	36,1	41,5	27,4	36,2	31,9	48,2
Fellini:						
Acertaram	**83,6**	85,4	80,8	71,2	90,2	80,6
Erraram	3,3	2,5	4,6	6,6	1,6	3,8
Sem resposta	13,1	12,2	14,6	22,1	8,2	15,6
Miguel Torga:						
Acertaram	**61,4**	61	61,9	63,4	59,4	64,4
Erraram	32,9	35,2	34,1	33,4	34,3	28,3
Sem resposta	5,7	6,8	4	3,2	6,3	7,2
Debussy:						
Acertaram	**78,5**	77,4	80,4	72	85,2	67,5
Erraram	3,6	4	3	5,2	2,5	5
Sem resposta	17,8	18,6	16,6	22,7	12,3	27,5
Sekou Touré:						
Acertaram	**51,5**	62,7	33,4	47,1	58	38,5
Erraram	4,1	3,5	5,2	4,1	4	4,7
Sem resposta	44,4	33,8	61,4	48,8	38,1	56,8
Rodin:						
Acertaram	**58,1**	56,8	60	55,3	61,2	52,4
Erraram	11,5	12,3	10,1	12,5	10,7	12,5
Sem resposta	30,5	30,9	29,9	32,2	28,1	35,2
Poincaré:						
Acertaram	**69,3**	71,7	65,7	66,2	72,5	64,5
Erraram	3,8	3,6	4,1	4,7	3,6	3
Sem resposta	26,8	24,8	30,2	29,1	23,9	32,4
Modigliani:						
Acertaram	**49,6**	50,9	47,6	40,3	56,3	42,3
Erraram	5,5	5,5	5,6	6,5	5,3	5
Sem resposta	44,8	43,6	46,9	53,2	38,4	52,7
Ortega y Gasset:						
Acertaram	30,3	34,1	24,2	29,6	33	23,4
Erraram	33,4	29,3	40,1	38,7	34,7	23,1
Sem resposta	**36,3**	36,6	35,7	31,6	32,3	53,5
Nijinsky:						
Acertaram	41,3	42,8	39,1	36,1	45,8	35,4
Erraram	7	7,3	6,4	7,2	6,8	7,1
Sem resposta	51,7	49,9	54,5	56,7	47,4	57,5
Viana da Mota:						
Acertaram	**61,9**	61,4	62,7	49,9	70,7	51,8
Erraram	8,7	8,9	8,2	10,5	7,8	8,7
Sem resposta	29,4	29,7	29,1	39,6	21,4	39,5
Lloyd Wright:						
Acertaram	15,5	18,1	11,3	9,9	18,1	15

Análise dos Inquéritos

Erraram	17,8	17,3	18,6	15,8	19,9	14,2
Sem resposta	**66,7**	64,6	70,1	74,3	61,9	70,8
Manuel Bandeira						
Acertaram	34,2	36,7	30,3	33,8	36,8	27,5
Erraram	16,1	14,3	19,1	16,9	16,4	14,4
Sem resposta	**49,6**	49	50,6	49,3	46,8	58,1
Disraeli:						
Acertaram	32	34,5	27,9	24	38,6	23,1
Erraram	10,8	10,3	11,6	13,3	9,5	11,3
Sem resposta	**57,2**	55,2	60,5	62,6	51,9	65,6
D. E. Lawrence:						
Acertaram	28,7	29,3	27,8	25,3	33,8	18,4
Erraram	14,9	16,1	13	14,7	14,8	15,5
Sem resposta	**56,4**	54,6	59,2	60	51,4	66,1
Henry Moore:						
Acertaram	17,5	18,6	15,8	14,1	19,2	17
Erraram	21,3	20,6	22,4	21,3	22,2	18,7
Sem resposta	**61,2**	60,8	61,7	64,5	58,5	64,3
Orson Welles:						
Acertaram	**77,2**	78,4	75,1	72,1	80,7	73,6
Erraram	8,8	9,5	7,7	7,6	9,1	9,4
Sem resposta	14	12	17,2	20,3	10,2	17
Fleming:						
Acertaram	**69,4**	73,3	63,1	63,8	70,3	74
Erraram	5,1	4,1	6,7	5,8	5,4	3,3
Sem resposta	25,5	22,7	30,1	30,3	24,4	22,8
Le Corbusier:						
Acertaram	31,9	35,9	25,3	22,4	34,9	35,2
Erraram	8,3	8,8	7,5	9,5	8,5	6
Sem resposta	**59,9**	55,3	67,2	68,1	56,6	58,9
Heidegger:						
Acertaram	39,7	37,9	42,8	44,1	42,4	26,7
Erraram	7,7	8,3	6,7	7,3	8,3	6,4
Sem resposta	**52,6**	53,8	50,5	48,6	49,3	66,9
Bela Bartok:						
Acertaram	**49,3**	49	49,8	45,6	54,8	38,3
Erraram	18,2	18,4	17,9	19,7	16,5	21,3
Sem resposta	32,5	32,6	32,3	34,8	28,7	40,4

Fonte: *Inquéritos*, pp. 282-283.

174 *Maria de Lourdes Pintasilgo – Os Anos da Juventude Universitária*

XXI b) – Quadro síntese realizado a partir dos dados do anterior

Nuno Gonçalves	Acertaram	63,3%
Fellini	Acertaram	83,6%
Miguel Torga	Acertaram	61,4%
Debussy	Acertaram	78,5%
Rodin	Acertaram	58,1%
Poincaré	Acertaram	69,3%
Ortega y Gasset	Sem resposta	36,3%
Viana da Mota	Acertaram	61,9%
Lloyd Wright	Sem resposta	66,7%
Orson Wells	Acertaram	77,2%
Fleming	Acertaram	69,4%

Se procedermos à análise segundo a área artística em que cada personalidade se destaca, os dados revelam que, no tocante a compositores, a maioria dos inquiridos não responde e os que o fazem privilegiam Chopin e Strauss. Em relação aos pintores que são referenciados, cerca de 50% dos estudantes do sexo feminino não os identificam; os restantes 50% reconhecem Malhoa e Da Vinci, enquanto os alunos do sexo masculino identificam Columbano ou Van Gogh. No que concerne ao grupo de escultores referidos, apenas se obtém cerca de 40% de respostas, sobretudo quando toca a estrangeiros. No caso dos arquitectos, cerca de 80% dos inquiridos desconhece-os. Já o grupo de escritores assinalados congregou o maior número de respostas, apenas 22,8% dos inquiridos não responderam. No entanto, no que respeita aos poetas, a situação é mais complexa. Apenas 0,8% não conhecia os poetas portugueses, enquanto no que concerne aos poetas estrangeiros, essa percentagem subiu para 58,1%. Valor percentual semelhante aplica-se aos dramaturgos, sendo em número de 60,5% os estudantes que não deram qualquer resposta.

Da análise dos dados pode-se concluir que, no tocante às questões de natureza cultural, a omissão é superior às respostas afirmativas. Todavia, não sabemos se será por "pouco amadurecimento cultural ou, pelo contrário, fecunda hesitação, própria dos espíritos mais cultivados"[284]. Através

---

[284] *Inquéritos*, p. 293.

Análise dos Inquéritos 175

de um inquérito desta natureza, não conseguiremos, provavelmente, concluir nada de mais afirmativo ou consistente, uma vez que faltam meios indirectos de pesquisa para se poder chegar a outro tipo de conclusões que, aliás, como foi explicado no início, não se incluíam no âmbito deste trabalho. Contudo, afigura-se poder concluir-se por uma escassa cultura geral.

Na impossibilidade de tudo analisar, concentremo-nos na questão número sessenta e quatro, "Opinião sobre a filosofia política do intervencionismo supletivo do Estado", expressa da seguinte forma: "A acção do Estado é supletiva em relação à dos indivíduos, das famílias, e todo um sistema de organismos sociais. O Estado só deve agir na medida em que a actividade dos indivíduos e das famílias, assim como a dos múltiplos organismos não estatais não seja suficiente"[285] o que, de alguma maneira, levanta o problema do Estado providência no nosso país. Na Constituição de 1933, que legitimou o regime de António Salazar, figuram as responsabilidades do Estado em matéria de previdência social, sem que o âmbito da sua aplicação se encontrasse definido. No entanto, como referem José Luís Cardoso e Maria Manuela Rocha, "A instituição de um regime de previdência não implicava uma concepção de Estado providencial, assistencialista. Formalmente, ao Estado ficavam apenas reservadas funções de enquadramento, vigilância e controlo, as quais não deveriam implicar responsabilidade no financiamento e gestão do sistema. Tais funções expressavam, afinal, a componente antecipativa e preventiva do corporativismo, no intuito de se evitarem potenciais desinteligências entre trabalho e capital"[286]. O Estado Novo não assumia assim os princípios basilares do *Welfare State*, que se baseiam na concepção de um sistema económico e social encarado como um todo, no qual, ao mesmo tempo que se incentiva o crescimento económico, se solucionam os conflitos e as desigualdades sociais.

---

[285] *Idem*, p. 320.
[286] José Luís Cardoso e Maria Manuela Rocha, "Corporativismo e Estado-Providência", *in Actas do XXII Encontro da APHES*, Aveiro, 15-16 Nov. 2002, p. 63.

176   Maria de Lourdes Pintasilgo – Os Anos da Juventude Universitária

Quadro XXII – Opinião sobre a filosofia política do intervencionismo supletivo do Estado

	Conjunto			Coimbra	Lisboa	Porto
	HM	H	M	HM	HM	HM
Consideram:						
uma filosofia política correcta e praticável hoje, apesar da crescente necessidade de intervenção do Estado	**31,8**	35,7	25,6	27,6	35,2	27,5
uma filosofia política correcta, mas hoje impraticável e, portanto, inútil, dada a crescente intervenção do Estado	24	25,8	21	24,1	24,7	21,6
uma filosofia política incorrecta, visto limitar as funções do Estado que, dentro da nação, é inteiramente soberano	10,2	11,8	7,5	10,5	10,5	8,7
Não têm opinião	**31,9**	24,6	43,6	35,5	27,5	39,7
Sem resposta	2,2	2,2	2,2	2,4	2	2,5

FONTE: *Inquéritos*, p. 320.

A partir da análise dos dados incluídos no quadro poder-se-á concluir que a percentagem de estudantes sem opinião é bastante elevada, cerca de 31,9%, equiparando-se, ou mesmo suplantando a dos que manifestam a sua opinião, como é o caso das raparigas, 25,8% contra 43,6%, aquelas que não têm opinião. Essa percentagem vai, no entanto, diminuindo à medida que se aproximam do final do curso, relativamente aos dois sexos, o que demonstra, em conjunto com os indicadores das respostas anteriores, uma maior maturidade e interesse pela realidade política portuguesa.

Relativamente à "Opinião sobre a liberdade de ensino", os estudantes optam pela "liberdade de ensino activa" (significa dispor-se de liberdade para procurar e pesquisar a informação de uma forma activa, dentro ou fora da escola), em detrimento do "sistema do monopólio escolar", (pressupunha que o meio escolar deveria fornecer toda a possibilidade de obtenção de informação ao estudante), que apenas obteve 10% das preferências. Finalmente, a opção "sistema da liberdade escolar passiva", (entende-se por uma atitude do estudante de mero receptor da informação), contabiliza apenas cerca de 6,8% das respostas. Congrega, no entanto, um número elevado dos que não têm opinião, 8,8%. É óbvia, portanto, a escolha dos universitários por uma atitude activa e em liberdade, na construção da sua própria escola e do seu próprio saber, em contraponto com uma forma de estar passiva e acrítica que constituía, aliás, uma das razões da designada "crise universitária", a que já nos referimos.

A temática "Interesse pela política nacional e internacional", afigura-se extremamente interessante. Neste item, a análise dos números

Análise dos Inquéritos 177

permitiu concluir que esse interesse aumentava à medida que os estudantes se aproximavam da conclusão do curso. Assim, no que respeita à política nacional, cerca de 26,4% têm um nível de interesse médio, o mesmo acontecendo quanto à política internacional com 25,6%. Mais de metade dos inquiridos possuem algum interesse nesta questão. Assim, apenas 17,2% se interessam muito e 7,2% são completamente indiferentes. Em termos de centros universitários, Lisboa é a cidade onde se verifica a maior preocupação com as questões de ordem política, sobretudo ao nível do sexo masculino. A situação em relação à política internacional não é significativamente diferente, o que nos leva a concluir que quem se interessa pela política, tanto o motiva a política nacional como a internacional.

A pergunta número setenta e cinco incide sobre a "Colaboração em obras sociais ou de assistência", embora apenas no âmbito nacional. Aqui, cerca de 35,8% declararam já ter colaborado episodicamente, como forma de voluntariado, sobretudo as raparigas com uma percentagem de 40,2%. Este dado vem corroborar o que foi dito na questão anterior, ou seja, a maior motivação das raparigas na área da assistência social.

Quadro XXIII – Opinião sobre as relações entre a Igreja e o Estado

	Conjunto	Coimbra		Lisboa		Porto
	HM	H	M	HM	HM	HM
O Estado deve combater a influência da Igreja	3,3	4,5	1,3	1,9	3,9	3,3
O Estado deve desconhecê-la enquanto sociedade	6	7,6	3,5	4,6	7,3	4,1
O Estado e a Igreja não devem estabelecer entre si qualquer espécie de relações	24	27,9	17,6	21,1	25,1	24,3
O Estado e a Igreja devem regular em comum os assuntos em que ambos se atribuem competência (Concordata)	**37,9**	35,8	41,2	38,9	37,8	36,7
Nas nações onde a maioria é católica, o Estado deve reconhecer a religião católica como religião oficial	23,8	19,5	30,9	27,8	21,7	25,1
Não têm opinião	4,5	4,5	4,5	5,2	3,7	5,8
Sem resposta	0,6	0,3	1	0,4	0,6	0,7

Fonte: *Inquéritos*, p. 261.

A última pergunta que seleccionamos tem a ver com as "Relações entre a Igreja e o Estado", esboçada nas suas múltiplas opções no quadro anterior.

Cerca de 37,9% dos inquiridos são da opinião que "O Estado e a Igreja devem regular em comum os assuntos em que ambos se atribuam competências", de acordo, aliás, com os termos da Concordata. Em segundo lugar, com 24%, posiciona-se a opção: "O Estado e a Igreja não

178 *Maria de Lourdes Pintasilgo – Os Anos da Juventude Universitária*

devem estabelecer entre si qualquer espécie de relação", cujas respostas são provenientes, maioritariamente, do sexo masculino, defendendo o sexo feminino a opção que vem imediatamente a seguir em termos de votação (23,8%) e cuja formulação é a seguinte: "nas nações onde a maioria é católica, o Estado deve reconhecer a religião católica como religião oficial". Verifica-se na Universidade de Lisboa, um número maior de opiniões a favor da separação total entre a Igreja e o Estado, o que, aliás, se compagina com a opinião de que "o Estado deve combater a influência da Igreja" ou "o Estado deve desconhecer a Igreja enquanto sociedade temporal".

Sem dúvida que muito ficou por fazer, quanto ao estudo dos resultados deste II Inquérito e respectivos comentários, mas também não é esse o objectivo prioritário deste trabalho. Pretendemos, sobretudo, relevar apenas alguns dados pertinentes que possam contribuir para uma melhor compreensão do público estudantil português, ao tempo do congresso realizado em 1953. Embora dirigido a um período posterior, pudemos perceber, inquestionavelmente, muitas afinidades com os anos cinquenta.

A importância deste inquérito reside no facto de constituir o primeiro levantamento sistemático da situação universitária portuguesa. Apesar de não estar determinado por uma perspectiva sociológica, mas sim de carácter pastoral, é preciso não esquecer que a sociologia religiosa tem um grande desenvolvimento a partir da década de 1950.

O objectivo dos jucistas mentores deste trabalho era, acima de tudo, conhecer para melhor intervir no meio em que viviam, inspirados pelo lema do padre belga J. Cardijn[287] "ver, julgar e agir", que aliás, foi também a máxima do congresso da JUC de 1953 que estamos a analisar.

---

[287] Joseph Cardijn nasceu em Novembro de 1882, em Schaerbeek, na Bélgica, que era, à época, um dos países mais industrializados e prósperos do mundo. O liberalismo económico triunfante impunha condições desumanas à classe trabalhadora. Como reacção, o movimento operário socialista e os cristãos organizam-se e conquistam progressivamente o direito a melhores condições de vida. Cardijn, depois de ter concluído os seus estudos em Hal, entra para o seminário de Malines e mais tarde foi ordenado padre. Após a I Guerra Mundial, impulsiona a fundação da "Juventude sindicalista" que nasce em 1919 e mais tarde se passa a designar "Juventude Operária Católica", sendo Cardijn a figura central desse movimento e o seu lema "ver, julgar e agir". Para mais informação ver, entre outros, o site:

www.carhop.be/0612/Joseph Cardijn: une vie au service de la jeunesse ouvriére.

Este inquérito traz informações que são extremamente pertinentes e que, ontem, tal como hoje, podem ser utilizadas para melhorar o sistema universitário, inovando-o e tornando-o cada vez mais interveniente e activo na evolução da sociedade portuguesa e no progresso da ciência nas suas diferentes áreas.

8. – O congresso na Imprensa da época

8.1. – Confronto entre a cobertura realizada pela imprensa católica e a laica

Ao analisar os principais jornais da época apercebemo-nos que o Congresso teve uma cobertura bastante alargada, quer na imprensa laica, nomeadamente "O Século", o "Diário de Notícias", quer na imprensa religiosa, como é o caso do "Novidades" e de "A Voz". Quase todos os jornais têm chamadas de primeira página, através de foto, ou de palavras de destaque, para a notícia mais alargada no interior, onde muitas vezes colocam transcrições de discursos dos intervenientes. "O Século", de 16 de Abril de 1953, é bem representativo disso, ao transcrever excertos da intervenção de Adérito Sedas Nunes, presidente da JUC e co-organizador: "Formar a personalidade intelectual dos estudantes é o primeiro fim essencial da Universidade, declarou o presidente da J.U.C." e, mais à frente, acerca de outro discurso. "Que poderá ela fazer para salvar a necessária unidade da cultura? Vibrantes aplausos coroaram o discurso do Sr. Vice-Reitor da Universidade do Porto."

Por estas palavras e, sobretudo, pelos adjectivos, percebemos que as notícias eram dadas com gáudio e entusiasmo e não de uma forma indiferente e neutra. Neste mesmo jornal encontramos ainda referências longas às palavras do arcebispo de Mitilene, presidente da Junta da Acção Católica Portuguesa, que afirmou "depois das negações formais e abreviadas do cientismo orgulhoso, se recomeçou nova caminhada no sentido espiritual (...) Demoradamente, e com grande vibração, a assistência ovacionou, o orador"[288]. O jornalista continua neste registo, quando se refere ao discurso do Cardeal-Patriarca que encerra a sessão, registo este muito comum de uma época em que a censura tem as malhas extraordinariamente apertadas.

---

[288] *O Século*, 16 de Abril de 1953, p. 6.

Ao estabelecermos a comparação com outro diário secular, o "Diário de Notícias", podemos concluir que a forma de noticiar o Congresso não é muito diferente. Assim, atentemos no que nos diz o texto que aparece depois da foto da sessão de abertura: "Dois mil estudantes universitários proclamam a necessidade de coordenar as exigências culturais, com as verdades da Igreja(...) Estava cheio, completamente cheio o amplo pavilhão das oficinas do Instituto Superior Técnico. Ali se comprimiam mais de dois mil estudantes das universidades portuguesas (...)"[289].

IMAGEM 21 – Foto da primeira página do *Diário de Notícias* de 16 de Abril de 1953.

---

[289] *Diário de Notícias*, 16 de Abril de 1953, p. 4.

O *Congresso na Imprensa da Época*

Não há margem para dúvidas, quanto à forma como a imprensa laica acolheu esta iniciativa. A pujança dos adjectivos, que devem ser evitados e raros na linguagem jornalística, são abundantes e generosos. Tendo em conta a censura na época e a difícil relação que Oliveira Salazar mantinha com a imprensa, pensamos que este evento foi bem tratado. Mesmo com a Segunda Guerra Mundial o *statu quo* não muda, vejamos o que nos diz Jorge Ramos do Ó: "a Segunda Guerra Mundial trouxe consigo "novas condições" que viriam a impor, "através da Presidência do Conselho, mais estreito contacto" entre os diversos órgãos de comunicação social, o que se traduziu na criação, logo em Março de 1940, de um Gabinete de Coordenação dos Serviços de Propaganda e Informação: as "relações do Estado com a imprensa" e com a "rádio" ficaram "subordinadas" ao chefe do Governo que passou a despachar directamente (...)"[290]

No mesmo periódico, mas no último dia do Congresso, a 19 de Abril, encontramos referência ao discurso de encerramento de Maria de Lourdes Pintasilgo. "Não podemos ficar na contemplação cómoda do que já se fez. A presidente da Comissão Executiva do congresso fez outras considerações sobre a missão do estudante católico, e afirmou que este deve rejeitar a intransigência no estudo e todas as facilidades". Citam-se, ainda, as palavras de Bernard Ducret, presidente da Pax Romana que "agradeceu a Portugal e à J.U.C. o acolhimento caloroso feito aos confrades dos países que vieram colaborar nos trabalhos do congresso. Mais: agradecia também o exemplo significativo de colaboração patente entre mestres e estudantes portugueses. Isso maravilhara os delegados estrangeiros em cujo nome falava"[291].

Passando a referir a imprensa católica começamos pelo "A Voz", que se antecipa ao Congresso, noticiando-o no dia 12 de Abril com as seguintes palavras, na primeira página, "Abre na próxima quarta-feira, o I Congresso da Juventude Universitária Católica"[292] e reproduzindo o próprio emblema do Congresso. No número de 17 de Abril encontrámos uma referência desenvolvida ao programa do segundo dia e ainda às teses apresentadas no dia anterior, por Guilherme Braga da Cruz e Manuel Corrêa Barros.

---

[290] Jorge Ramos do Ó, "Censura", *Dicionário de História do Estado Novo, op. cit.*, p. 140.

[291] *Diário de Notícias*, 19 de Abril de 1953, p. 5.

[292] *A Voz*, 12 de Abril de 1953, p. 1.

IMAGEM 22 – Foto do jornal *A Voz* de 20 de Abril de 1953, pág. 4.

O número de 20 de Abril abre com "Os votos finais do Congresso" e, em seguida, "A Universidade Católica apta como nenhuma outra a realizar a síntese de todos os objectos do saber", e continua na página cinco com o título "A presidente-geral da J.U.C.F. pronunciou um notável discurso sobre "O congresso e a renovação da Universidade". Segue-se "A Sra. D. Maria de Lurdes Pintasilgo, presidente-geral da J.U.C.F. e do Congresso, pronunciou então um discurso (...), que a assistência escutou com grande entusiasmo, manifestado, por diversas vezes, com prolongadas salvas de palmas (...)"[293].

Ainda neste número encontrámos como sub-título "O cardeal Patriarca presidiu à sessão de encerramento que teve excepcional brilho" e, relativamente ao discurso desta entidade, refere: "Finalmente, muito ovacionado, Sua Eminência proferiu um brilhante discurso que noutro local publicou e que a assistência, no final, sublinhou com prolongadas salvas de palmas"[294].

Reporta ainda que a sessão encerra com a entoação do hino da Acção Católica e os congressistas do Porto e de Coimbra partiram de Lisboa, pelas 20.35, num comboio especial.

No que respeita aos jornais regionais, consultamos o "Diário de Coimbra" que, na sua edição de 14 de Abril de 1953, na primeira página,

---

[293] *A Voz*, 20 de Abril de 1953, pp. 1 e 5.
[294] *Idem*.
[295] *Diário de Coimbra*, 14 de Março de 1953, p. 1.

refere que cerca de 300 estudantes universitários de Coimbra participam no I Congresso Nacional da Juventude Universitária "A representação que seguirá amanhã para a capital é acompanhada dos reverendos Cónegos Urbano Duarte e Dr. Eurico Nogueira, assistente eclesiástico do CADC e da Juventude Universitária Católica Feminina"[295]. Na página cinco podemos ainda ler que todos os directores das faculdades estarão presentes, bem como vários professores, entre os quais, Guilherme Braga da Cruz e Augusto Vaz Serra, dois dos cinco oradores principais do Congresso. "Os estudantes de Coimbra farão uma serenata na noite da próxima quinta-feira, dia em que no Instituto Superior Técnico, se efectuam as primeiras reuniões plenárias do congresso"[296]. Neste jornal encontramos, ainda, notícias dos dias 15 e 16, que nos informam da inauguração do Congresso pelo Cardeal Patriarca de Lisboa e do programa que se seguiu, não trazendo nada de relevante, para além do que já foi referido noutros órgãos da imprensa.

IMAGEM 23 – Foto do jornal *Diário do Minho*, 15 de Abril de 1953, p. 1.

[296] *Idem*, p. 5.

O "Diário do Minho" de 15 de Abril de 1953 refere que "Com luzida sessão inaugural começam hoje os trabalhos do primeiro congresso Nacional da Juventude Universitária Católica. Cerca de 2000 estudantes inscreveram-se nas diferentes secções. Em comboio especial seguem hoje centenas de universitários do porto e perto de 400 de Coimbra (...)[297]. A notícia continua com o restante programa do dia.

Um outro jornal consultado, o "Diário da Manhã", dá notícia, inclusivamente, da preparação do Congresso. Assim, no número de 5 de Abril de 1953, podemos ler "Prosseguem com grande intensidade os trabalhos preparatórios do I Congresso Nacional da Juventude Universitária Católica (...) Um dos pontos de mais interesse a tratar é a apreciação de toda a vida universitária portuguesa actual, com base em dezena e meia de inquéritos feitos nos últimos dois anos lectivos (...) – perto de 4000 – responderam aos inquéritos lançados pela Comissão Executiva do Congresso"[298]. Este diário nacional informa, no dia 15, dia da abertura do Congresso, do programa geral e, ainda, da sessão solene inaugural que será presidida pelo Cardeal Patriarca de Lisboa e ainda pelo Ministro da Educação Nacional, Prof. Dr. Pires de Lima. Na notícia da abertura do Congresso pode ler-se "Desnecessário se torna acentuar a transcendente importância desta iniciativa, de que é lícito esperar os mais úteis resultados em prol da solução dos problemas da vida universitária portuguesa"[299]. Pensamos que, com base na imprensa a que nos referimos, esta iniciativa teve uma enorme projecção nacional e gerou muitas expectativas, sobretudo no meio universitário português.

Consultámos ainda o jornal de orientação católica "Novidades", mas não entendemos haver nada de relevante, ou diferente, quando comparado com "A Voz". Em jeito de conclusão, quer a imprensa laica, quer a religiosa, fizeram uma cobertura muito entusiasta e abrangente deste acontecimento, sem que tivéssemos notado diferenças substanciais entre elas, em termos de tratamento noticioso e registos adoptados.

Relativamente à imprensa lousanense, publicava-se, nessa altura, "O Povo da Louzã" e, nos números do mês de Abril, não encontramos qualquer referência ao congresso que estamos a analisar.

---

[297] *Diário do Minho*, 14 de Abril de 1953, p. 1.
[298] *Diário da Manhã*, 5 de Abril de 1953, p. 1.
[299] *Diário da Manhã*, 15 de Abril de 1953, p. 1.

9. – Maria de Lourdes Pintasilgo e os movimentos de mulheres nos anos cinquenta

9.1. – Breve apresentação

Maria de Lourdes Pintasilgo era uma empenhada militante católica preocupada com a questão feminista. Apesar de muito jovem, uma vez que organizou o Congresso com vinte e dois anos, desde cedo se apercebe da condição das mulheres, e o contacto mais flagrante com essa realidade foi quando iniciou a sua vida profissional na CUF, na década de cinquenta, e conheceu as condições de trabalho dos operários e a discriminação das mulheres.

Numa época em que os movimentos feministas estão praticamente imobilizados, MLP diz-nos que "Percebi então que à condição operária que me levara até à engenharia, se sobrepunha, no caso das operárias, a sua condição de mulheres. As condições físicas de trabalho eram inaceitáveis; os abortos chegavam a atingir seis ou sete por cada mulher trabalhando em fábricas, era um sofrimento marcado em rostos envelhecidos de mulheres que ainda não tinham trinta anos. Mas a violência sexual ia mais longe e a luta contra as causas da prostituição tomava aspectos muito diversos"[300].

Estas são as palavras, na primeira pessoa, de alguém preocupado com os graves problemas sociais que assolam o país nos anos cinquenta e que atingem, com maior acuidade, as mulheres, sem que as poucas deputadas na Assembleia Nacional pudessem fazer alguma coisa.

Talvez devido a tomar consciência de que, a nível político, seria difícil conseguir modificar a situação das mulheres, Maria de Lourdes Pintasilgo começa a preparar, em conjunto com Teresa Santa Clara

---

[300] Cit. in *Uma História para o futuro, op. cit.*, p. 98.

Gomes, a criação do movimento Graal (Movimento Internacional de Mulheres Cristãs) em Portugal, que surgirá no ano de 1957, (tendo a nossa autora vinte e seis anos e sendo já presidente do movimento internacional Pax Romana desde 1956). Os seus estatutos apontam no sentido de "proporcionar condições de valorização pessoal e educação permanente a mulheres de todas as condições sociais; estimular a contribuição das mulheres para a" criação de novos modelos de vida em sociedade, tanto ao nível local, como nacional e internacional; promover a compreensão e a solidariedade entre mulheres de diferentes nacionalidades, raças e culturas; suscitar a introdução de valores de ordem ética e transcendental nas tarefas de ordem técnica, social e cultural"[301].

No que concerne a movimentos organizados de mulheres, o primeiro a aparecer em Portugal foi "O Conselho Nacional das Mulheres Portuguesas" fundado em 1914, reclamando-se ser uma instituição "sem escola ou facção filosófica, política ou religiosa"[302]. Segundo a autora, o CNMP terá sido uma organização feminista que surgiu num contexto em que o regime republicano pretendia emancipar as mulheres politicamente, as quais permaneciam sem quaisquer direitos nesse aspecto.

IMAGEM 24 – Maria de Lourdes Pintasilgo, de costas para a câmara, com as colegas do Graal.
FONTE: Arquivo da *Fundação Cuidar o Futuro*.

---

[301] Manuela Tavares, *op. cit.*, p. 58.
[302] Célia Rosa Batista Costa, *O Conselho Nacional das Mulheres Portuguesas (1914-1947) – Uma organização feminista*, Lisboa, Universidade Aberta, 2007, p. 31.

Adelaide Cabete é fundadora e a primeira presidente da instituição que tem por objectivo " reunir, numa grande associação, todas as agremiações e grupos feministas, que se encontrem disseminados pelo país"[303]. É nos anos quarenta que essa organização alcança o maior número de sócias, sob a presidência de Sara Beirão, o que suscita alguma reflexão uma vez que, nessa época, estão já criadas as instituições do Estado Novo para as mulheres, a OMEN (Obra das Mães para a Educação Nacional) e a MPF (Mocidade Portuguesa Feminina) e é um período de reafirmação, por parte da ideologia estadonovista, da maternidade como fim primeiro e último da mulher. De acordo com a autora deste trabalho "as sócias do CNMP inscrevem-se numa elite urbana, de mulheres burguesas, e da classe média, republicanas, maçons, intelectuais, licenciadas, com uma profissão (...)"[304]. O Conselho foi encerrado pelo regime, em 1947, sob a presidência de Maria Lamas.

IMAGEM 25 – Maria de Lourdes Pintasilgo com outras fundadoras do Graal (1959).
FONTE: Luísa Beltrão, op. cit., p. 91.

---

[303] Idem, p. 33.
[304] Idem, p. 73.

190 *Maria de Lourdes Pintasilgo – Os Anos da Juventude Universitária*

O Graal foi o único movimento, com estas características, a surgir em Portugal nos anos cinquenta. Mais tarde, em 1968, surge o Movimento Democrático de Mulheres, com um pendor fortemente político e reivindicativo, até porque se avizinhava o fim do regime e o "grito do Ipiranga" para os movimentos de mulheres em Portugal. Portanto, contemporâneos do Graal, no âmbito temporal deste trabalho, não existem outros movimentos, a não ser a Mocidade Portuguesa Feminina, afecta ao regime.

Essa organização criada em 1937, conta em 1940, com cerca de 14 600 mulheres inscritas, algumas delas vieram a desempenhar papéis muito importantes na sociedade portuguesa, como o caso de Maria de Lurdes Pintassilgo e outras. A partir do seu II Congresso, em 1956, foi reformulado o seu plano de actividades acompanhando assim as mudanças que se iam verificando na mentalidade da juventude.

Ainda no percurso de Maria de Lourdes Pintasilgo, relembremos a síntese da sua biografia, que apresentamos no início desta dissertação, e que refere as inúmeras iniciativas que promoveu, no âmbito do Graal, pela igualdade das mulheres, nomeadamente: "Para uma sociedade activa, no contexto do IV Programa para a Igualdade de Oportunidades entre as Mulheres e os Homens"; – Eixo Now; 1989-2004 – Rede Lien (Rede Mulheres); 1986; 2001-2002 – Trabalho e família – Responsabilidade total; 2001 – Banco de Tempo, tendo a colaboração da Comissão para a Igualdade no Trabalho e no Emprego e da Comissão para a Igualdade e os Direitos das Mulheres. Com a instituição da Comissão para a Política Social relativa à Mulher, mais tarde, designada Comissão da Condição Feminina, foi nomeada para as funções de presidente, as quais exerceu de 1973 a 1974.

De igual modo, de 1989 a 1991, fez parte do Conselho da Ciência e da Tecnologia ao Serviço do Desenvolvimento, do Grupo de Peritos da OCDE sobre "A Mudança Estrutural e o Emprego das Mulheres", convidada pelo Secretário-Geral dessa organização. O facto de ter prefaciado vários livros sobre a temática das mulheres, nomeadamente, a segunda edição das *Novas Cartas Portuguesas*, de Maria Isabel Barreno, Maria Teresa Horta e Maria Velho da Costa, editada em 1974, e também a obra de Maria Regina Tavares da Silva, *A Mulher – Bibliografia Portuguesa Anotada (1518-1998)*, Lisboa, Cosmos, 1999, prova o reconhecimento pelo seu trabalho nesta área.

É pertinente referir que Manuela Tavares abre o capítulo "O papel das associações de mulheres", da obra já citada, desta forma: "Segundo

Maria de Lourdes Pintasilgo as associações de mulheres são indispensáveis a três níveis: na elaboração de pensamento sobre as mulheres e a sua identidade, na intervenção com um sinal próprio, dado que não se desliga a cidadania da identidade, e na criação de espaços próprios para a sua afirmação na sociedade"[305].

Nesta contextualização de MLP nos movimentos de mulheres do seu tempo, gostaríamos de referir aqui as palavras de Mary Nash quando afirma que, no período após a Segunda Guerra Mundial, "A feminilidade identificava-se com o regresso à segurança do lar, com a maternidade como única forma de realização feminina e com o modelo de mãe feliz e dona de casa como único referente válido no projecto de vida feminino. Este discurso coerente da identidade feminina teve tal eficácia que se produziu um retrocesso enorme no que diz respeito à presença das mulheres na vida pública"[306]. A década de cinquenta foi, assim, um período de recuo na luta das mulheres pela igualdade. Na vizinha Espanha, durante o período do Franquismo, que vai de 1939 a 1975, a situação é muito semelhante ao que se passa no resto da Europa, com o regresso das mulheres à esfera do privado. Pilar Folguera Crespo diz-nos que "La sociedad de los años cuarenta restaurará los viejos valores que la II República había intentado transformar. La família se articula a partir de entonces en torno al matrimónio y su función procreadora"[307]. No final dos anos sessenta e, tal como nos demonstra o percurso de Maria de Lurdes Pintasilgo, por exemplo com o recrudescimento das actividades do Graal, as vozes feministas voltam a ouvir-se e os movimentos feministas ganham uma nova força, a par dos movimentos sociais, onde a nossa autora esteve também muito envolvida, sobretudo a nível internacional. Referimos aqui o seu livro "Os novos feminismos. Interrogação para os cristãos?", que constitui uma súmula das várias conferências que proferiu sobre este tema, a maior parte delas na década de sessenta, e que atestam o seu pensamento sobre os movimentos das mulheres.

É interessante verificar, que como esclarece Mary Nash, estes movimentos sociais surgem enquadrados no contexto de outros como os

---

[305] Manuela Tavares, *op. cit.*, p. 80.

[306] Mary Nash, *As mulheres no mundo, História, desafios e movimentos*, V. N. de Gaia, Editora Ausência, 2005, p. 157.

[307] Pilar Folguera Crespo, "El Franquismo. El retorno a la esfera privada (1939--1975" in *Historia de las mujeres en España*, Madrid, Editorial Sintesis, 1997, p. 527.

192 Maria de Lourdes Pintasilgo – Os Anos da Juventude Universitária

movimentos estudantis, movimentos pacifistas e movimentos de descolonização. Nas palavras da mesma autora, "Por oposição ao anterior movimento das mulheres mais estruturado e organizado, o novo movimento destacou-se por uma estratégia que utilizava redes informais nas suas dinâmicas de luta, aspecto fundamental dos novos movimentos sociais que surgiram na década de 1960"[308]. Estas palavras são corroboradas, pelas de Maria de Lourdes Pintasilgo: "Os novos movimentos de mulheres não aparecem, pois, como uma corrente isolada, como uma nova forma de desagregação"[309]. Aliás, lembremos, por exemplo, a Rede Lien em que esteve envolvida. Para MLP, os novos movimentos de mulheres só fariam sentido se lutassem também por outras causas e se se entrosassem num horizonte simultaneamente individual e colectivo, no contexto das causas da sociedade em geral.

Em jeito de conclusão, este capítulo, apresenta, de uma forma sucinta, o papel de Maria de Lourdes Pintasilgo nos movimentos de mulheres dos anos cinquenta e sessenta em Portugal e como o seu pensamento, sobre este tema, se aproxima do das outras autoras. Terminamos com as palavras de Sylvie Fayet-Scribe sobre as associações feministas, as quais vêm também ao encontro das da nossa autora, no sentido das preocupações sociais. "Elles demandent les capacités civiles des femmes, mais aussi elles désirent faire aboutir d´autres réformes législatives: retraites ouvriéres, caisses de compensation et allocations familiales, jardins ouvriers, repos hebdomadaire, lois sur les logements ouvriers"[310].

---

[308] Mary Nash, *op. cit.*, p. 159.

[309] Maria de Lourdes Pintasilgo, *Os novos feminismos. Interrogação para os cristãos?*, Lisboa, Moraes Editores, 1979, p. 66.

[310] Sylvie Fayet-Scribe, *Associations féminines et catholicisme. De la charité à l´ action sociale XIX-XX siécle*, Paris, Les Éditions Ouvriéres, 1990, p. 194.

10. – Tese e afecto, afinal...

Ao chegar ao fim desta dissertação, reconheço, que se não fosse o afecto em crescendo, à medida que percorria os documentos e redigia o texto, provavelmente nunca a teria terminado. Muitos foram os momentos de desânimo, de dúvida, de apreensão, que minaram o caminho, muitas foram as questões que ficaram por responder e muita foi a vontade de continuar a desvendar os segredos que as fontes me reservavam.

Penso que é assim que se faz a História e também assim que se faz um investigador, com passos inseguros, periclitantes mas, afinal, persistentes. Escrevendo e reescrevendo, analisando e questionando, fui construindo um passado que terá provavelmente lacunas, algumas insipiências, algumas debilidades, mas também verdade, rigor e objectividade.

Sobre Maria de Lourdes Pintasilgo ficaram os testemunhos escritos, inéditos, ou não, orais e, muitas vezes, as suas próprias palavras para que todos as conheçam. Da minha parte, ficou um afecto e admiração redobrados, que me incitam e seduzem a continuar este caminho, que agora iniciei tão tremulamente.

Mas esta conclusão só poderá ser assim designada se ficarem registados os resultados a que cheguei, depois de ter elaborado a pesquisa e redigido este texto. Assim, e já que o tema essencial do trabalho é Maria de Lourdes Pintasilgo e a sua acção como presidente da JUCF entre 1952 e 1956, eu começaria por utilizar as palavras de Eurico Dias Nogueira que privou com ela durante esses anos e nos deu o seu testemunho: "Refiro, a propósito, um episódio curioso, ocorrido numa sessão do Congresso a que presidia a Maria de Lourdes. Esta ouve-se com tanto brilho numa sua intervenção que um estudante congressista, todo entusiasmado, interveio no meio da assembleia para fazer o elogio das raparigas universitárias, então em percentagem modesta, comparada com os rapazes: Para mim, a rapariga ideal é a Lourdes Pintasilgo! Uma infindável salva de palmas soltou-se de toda a assistência. No seu lugar, a Presidente respondeu

194 *Maria de Lourdes Pintasilgo – Os Anos da Juventude Universitária*

silenciosamente com o sorriso, simpático e cativante, que lhe era peculiar (...) fazendo lembrar o da Gioconda"[311].

Dos testemunhos que consegui recolher a imagem que fica de MLP é a de uma mulher inteligente, profundamente cristã e empenhada em viver de acordo com essas convicções, com um elevado sentido de serviço à sociedade e grande vontade de tornar o mundo mais justo e mais verdadeiro. É isto que se depreende das palavras e da acção que nos foram dadas conhecer.

Durante o período de 1952 a 1956, que constitui o âmbito temporal do nosso trabalho, a realização mais relevante de Maria de Lourdes Pintasilgo foi o I Congresso Nacional da Juventude Universitária Católica, de 1953, ao qual presidiu, em conjunto com Adérito Sedas Nunes e sobre cuja organização nos debruçamos já exaustivamente. No entanto, pegando nas palavras do congressista e assistente eclesiástico, à altura, Eurico Dias Nogueira: "O trabalho preparatório foi actuando com tanta antecedência, com tal precisão de pormenores, onde não faltava o esquema, o documento, a bibliografia, o inquérito, a estatística, que chegou a parecer pouco atento à psicologia juvenil, pois arredava totalmente um mínimo de improvisação natural à verdura dos anos. Este vinco de seriedade no estudo, esta ascese intelectual, foi para mim a primeira lição do Congresso"[312]. Penso que fica provado, no decurso do trabalho, que o papel de Maria de Lourdes na realização do Congresso foi decisivo, quer devido à sua capacidade de liderança, quer à sua capacidade de trabalho e dedicação a esse projecto. Luísa Beltrão, na sua recente obra, afirma "Em Março de 1953, o sucesso é total, com uma projecção grande na vida do país, extravasando o âmbito universitário. O trabalho realiza-o em simultâneo com as actividades académicas, as investigações, os projectos, os exames (...)"[313].

Através da imprensa fiquei a saber a dimensão deste evento, em que participaram cerca de dois mil congressistas, e da análise da estatística concluí que as universidades mais representadas são Lisboa, Porto e Coimbra, por esta ordem, sendo de relevar que, no caso do Porto e de Coimbra, se verificou uma superioridade numérica das mulheres em relação aos homens, o que pode revelar uma maior disponibilidade das mulheres universitárias em relação à dos homens. Manuela Silva, que

---

[311] Eurico Dias Nogueira, anexo 10, p. 39.
[312] Idem, pp. 40-41.
[313] Luísa Beltrão, *Uma história para o futuro*, op. cit., p. 81.

participou também na organização do Congresso diz que "havia uma energia disponível inacreditável! A nossa convicção era que podíamos mudar o mundo. Eu estava a tirar o curso de Economia, chegava a dar vinte e cinco horas de explicações por semana para ajudar em casa, e toda aquela disponibilidade para a JUCF, presidente de Económicas (...) Foi uma geração que se ultrapassou! E depois foi o Congresso"[314].

Acerca do impacto do congresso refere Paulo Fontes: "É importante sublinhar como as ideias defendidas no Congresso das Juventudes Universitárias Católicas, que terminam com a aprovação de importantes conclusões, foram não apenas uma crítica à situação vigente, mas sobretudo, definiram um quadro de referências que passou a balizar a acção dos seus militantes na Universidade, influenciando desse modo a evolução do associativismo estudantil em geral"[315].

Muitas das reivindicações dos movimentos estudantis posteriores haviam sido já alvo de discussão nesse Congresso, nomeadamente: a abertura da Universidade a todos; a autonomia universitária; uma cultura global, em paralelo com a formação técnica e científica; a assunção da entrada das mulheres na Universidade; a possibilidade de os estudantes terem uma participação activa na construção da Universidade. Luís Reis Torgal refere-se ao Congresso nestas palavras: "Aliás, esse congresso foi precedido de um cuidadoso processo de preparação, iniciado em 1952, indiciador de preocupações culturais e sociais, que contribuíram, por certo, para a formação de uma consciência crítica acerca da situação da Universidade e, nomeadamente, da condição do estudante"[316].

Maria de Lourdes Pintasilgo reporta-se assim ao Congresso, cinquenta anos depois: "Foi um acontecimento que mobilizou estudantes, professores, bispos. O que os estudantes disseram e escreveram foi escândalo para os poderes constituídos"[317]. Relativamente às consequências que esta iniciativa teve, em termos práticos, no sistema universitário e na resolução da "crise" da Universidade, podemos dizer que não houve transformações relevantes. A prova disso são os resultados dos II Inquéritos, promovidos pelas direcções gerais da Juventude Universitária Católica, publicados em 1967, ou seja, mais de uma década depois. Da sua

---

[314] Cit. Luísa Beltrão, *op. cit.*, p. 79.
[315] Paulo Fontes, *Universidade e Estado Novo*, *op. cit.*, p. 149.
[316] Luís Reis Torgal, *op. cit.*, p. 230.
[317] *Palavras dadas*, *op. cit.*, p. 156.

196   *Maria de Lourdes Pintasilgo – Os Anos da Juventude Universitária*

análise, podemos concluir, que os problemas que afectavam a universidade em 1953, continuavam a existir, mais de dez anos depois, como sejam: as questões sociais, neste caso, o elitismo, no acesso ao ensino superior; atraso relativamente à Europa, no que respeita ao número de alunos matriculados no ensino superior; elevada percentagem de alunos inscritos que não chegavam a concluir o curso (mortalidade académica); orçamento estatal para o ensino superior diminuto, relativamente ao dos outros países europeus; investigação científica inexistente; falta de representatividade dos alunos nos órgãos dirigentes das instituições de ensino superior; baixos níveis de cultura geral por parte dos estudantes; espectro da mobilização para a Guerra Colonial e, finalmente, as relações entre a Igreja e o Estado e respectivas esferas de influência, nomeadamente no que respeita ao ensino universitário.

Acerca do elitismo que predominava no ensino superior, Henrique Gariso cita Maria Eduarda Cruzeiro, a qual afirma que "sob uma conjugação de factores que dá forte prioridade de acesso aos grupos sociais mais favorecidos e nestes aos rapazes em relação às raparigas, as raparigas dos grupos sociais menos favorecidos terão que "esperar" que a "democratização" se efective para os seus pares masculinos, a fim de que também a elas sejam abertas as vias de acesso"[318].

Portanto, basicamente, os problemas mantêm-se os mesmos e, deste Congresso o que, efectivamente, chegou a ser concretizado, foi a fundação da Universidade Católica, começada a construir em 1967, coincidindo com a data de publicação destes inquéritos. Era, sem dúvida, o desejo mais veemente de todos os congressistas e, especialmente de Maria Isabel de Vasconcelos Nogueira a qual, na sua comunicação intitulada "Universidade Católica", afirma: "A Universidade Católica é a velha aspiração dos católicos portugueses (...) Porque os católicos sabem, como já se fez notar, que deste problema dependem, afinal, os destinos da Cultura Cristã e em grande parte da Igreja no mundo e em especial (...) no nosso país, outrora cristão, mas hoje na eminência de não saber continuar no rumo que traçou"[319].

---

[318] Henrique Manuel Costa Gariso, *O direito no feminino. As estudantes da Universidade de Coimbra durante o Estado Novo (1933-1960)*, Lisboa, Universidade Aberta, 1999, p. 66.

[319] I Congresso Nacional, *op. cit.* p. 218.

Cinquenta anos depois da realização deste Congresso é a própria Maria de Lourdes Pintasilgo que refere a desilusão que sentiu, quando se apercebeu que o que ficou decidido não iria ter aplicação prática. E diz-nos "Com que tristeza viu depois as grandes linhas desse congresso ignoradas pelas autoridades pré e pós-25 de Abril"[320]. Será que hoje todos os problemas então diagnosticados estão resolvidos, e não terão emergido outros?

Sobre o Congresso, terminaria com as palavras de mais um depoente congressista, Mário Bento: "A memória que guardo da minha vivência pessoal do Congresso é inteiramente positiva face à organização, do primeiro ao último dia, atingindo o deslumbramento interior face a trabalhos da mais alta craveira – alguns apresentados por Mestres insignes de saudosa memória"[321].

O ano de 1953 foi o ano de formatura de Maria de Lourdes Pintasilgo, e o ano do congresso da JUC, dois acontecimentos que irão, decisivamente, mudar a sua vida. Luísa Beltrão refere: "Os contactos com pessoas influentes facultam a Maria de Lourdes uma segurança e uma visibilidade que lhe viriam a servir no futuro. Durante meses a intensidade de um numeroso trabalho de equipa é inacreditável, mas dá frutos"[322]. De 1956 a 1958, ela assumiria a liderança do movimento internacional Pax Romana (primeira mulher a ser nomeada para este cargo), onde continuou a actividade a nível internacional iniciada como presidente da JUC. A mesma autora esclarece que: "Na qualidade de presidente da JUC, Maria de Lourdes Pintasilgo viaja por toda a Europa, o que lhe traz uma consciência cosmopolita que se esforçará por divulgar à sua volta. Num tempo em que as raparigas não saíam de casa sozinhas, ela ia a reuniões no estrangeiro na linha das exigências do cargo. Este facto torna-se incisivo na sua vida"[323].

Imagine-se uma jovem estudante de vinte e três anos, mulher, na conjuntura socio-política da altura, responsável pela organização de um congresso desta dimensão, envolvendo representantes do topo da hierarquia eclesiástica e do governo, personalidades da mais alta craveira científica e intelectual da época, reitores, professores universitários, instituições internacionais. Nesse contexto, e tendo em conta o impacto e

---

[320] *Palavras dadas*, *op. cit.*, pp. 156,157.
[321] Mário Bento, anexo 10, p. 45.
[322] Luísa Beltrão, *op. cit.*, p. 81.
[323] *Idem*, p. 83.

198 Maria de Lourdes Pintasilgo – Os Anos da Juventude Universitária

sucesso do evento, torna-se fácil perceber o convite que lhe foi formulado, em 1956, para a presidência da Pax Romana, a qual viria a colocá-la na ribalta internacional. A este propósito ela afirma: "Comecei a viver às "dimensões do mundo": a descoberta da Europa próxima e distante, latina e anglo-saxónica, a exaltação das primeiras amizades com gentes de outras terras que deram fisionomia humana ao que até então era só geografia"[324]. Sem dúvida, que a década de cinquenta foi fecunda para Maria de Lourdes Pintasilgo e, sobretudo, o congresso da JUC, que a guinda do anonimato, a nome e personalidade dos círculos internacionais. Ela reitera: "Nos anos 50 vivi uma fase decisiva da minha compreensão do mundo e da minha relação aos acontecimentos, ao trabalho, às coisas. Estimulada por professores e colegas excepcionais, procurava o significado das leis do universo físico, a similitude entre os processos que se davam no seio da matéria e os que tinham lugar na sociedade ou mesmo entre duas pessoas (...)"[325].

Muito mais, certamente, haveria para pesquisar, analisar, concluir. Talvez, no âmbito doutro trabalho, seja possível continuar com este tema, que poderá trazer outra luz à história contemporânea portuguesa em geral, e à história das mulheres e da mulher em particular.

Quero acreditar que consegui fazer de um afecto uma tese e, ao mesmo tempo, ampliar os dois, como se a investigação traduzida em palavras, funcionasse qual lupa, aumentando tudo o que a rodeasse. Com modéstia e humildade afirmo que, apesar das dificuldades que encontrei, este tema foi o mais certo para mim e para a minha investigação, porque estes meses de estudo, reflexão e crítica, abriram-me novas perspectivas, reorientaram a minha vida e enriqueceram o meu pensamento e a minha acção.

Termino como comecei, citando António Damásio: "O si aparente emerge como sentimento de outro sentimento. Quando a história é contada pela primeira vez, espontaneamente, sem que esse conto tenha jamais sido solicitado, e a partir daí sempre que a história é repetida, o conhecimento acerca do que o organismo está a viver emerge automaticamente como a reposta a uma pergunta que nunca foi formulada. A partir desse momento começamos a conhecer"[326]. Tese e afecto, afinal...

---

[324] Cit. por Luísa Beltrão, *op. cit.*, p. 100.

[325] Cit. Luísa Beltrão, *op. cit.* p. 89.

[326] António Damásio, *O sentimento de Si*, Lisboa, Publicações Europa-América, 2000, p. 51.

Fontes e Bibliografia

Fontes manuscritas

Arquivo da Fundação Cuidar o Futuro

Documentos inéditos do espólio de Maria de Lourdes Pintasilgo, pasta "Congresso da JUC"

Boletins de Informação do I Congresso da Juventude Universitária Católica, (1952-até Abril de 1953), Arquivo da Fundação Cuidar o Futuro, Lisboa.

Livro do congressista, anexo II, Arquivo da Fundação Cuidar o Futuro, Lisboa.

Fontes impressas

A Voz (1953)

Brotéria (1953)

Diário de Coimbra (Abril 1953)

Diário do Governo (Abril 1956)

Diário da Manhã (Abril 1953)

Diário do Minho (Abril 1953)

Diário de Notícias (Abril 1956)

Didaskalia (Abril 1953)

Encontro (Abril 1956)

Estudos (Abril 1953/1958)

Estatísticas da Educação: Ano lectivo de 1956-1957. Lisboa, INE.

Estatutos do Grémio Feminino de Lisboa, Lisboa, Grémio Feminino de Lisboa, 1933.

Estatutos da Juventude Agrária Feminina, Lisboa, Juventude Agrária Feminina, 1934.

Estatutos da Juventude Universitária Católica, Lisboa, Juventude Universitária Católica, 1935.

Estatutos da Juventude Universitária Católica Feminina, Lisboa, Juventude Universitária católica Feminina, 1934.

200 *Maria de Lourdes Pintasilgo – Os Anos da Juventude Universitária*

João Paulo II – *Carta Autógrafa de instituição do Pontifício Conselho da Cultura*, 20 de Maio de 1982, 1983, Vaticano, pp. 683-688.
"Meus tempos, meus modos", Diário de Notícias, Revista de Livros (1983).
Novidades (1953)
O Povo da Louzã (4, 11 e 18 e 25 de Abril de 1953)
Revista Estudos (Abril 1953)
O Século (Abril 1953)

Bibliografia

"I Congresso Nacional da Juventude Universitária Católica portuguesa", *O Pensamento católico e a Universidade*, Lisboa, Direcções Gerais da JUC e JUCF, Vol. I, 1953.

AMARAL, António Capelo – *Simpósio Profecia e Liberdade em D. António Ferreira Gomes*, Lisboa, Fundação Calouste Gulbenkian, Outubro de 1998.

ALMEIDA, Ana Nunes de – "Família" in *Dicionário de História de Portugal*, Coord. António Barreto e Maria Filomena Mónica, Vol. 8, Porto, Livraria Figueirinhas, 1999, pp. 19-20.

ANTUNES, Manuel Luís Marinho – "Notas sobre a organização e os meios de intervenção da Igreja Católica em Portugal: 1950-80" in *Análise Social*, número 72-73-74, Vol. XVIII, Instituto de Ciências Sociais da Universidade de Lisboa, Lisboa, 1982, pp. 1141-1154.

A situação social em Portugal, 1960-1995, org. António Barreto, Instituto de Ciências Sociais da Universidade de Lisboa, Lisboa.

BAPTISTA, Luís A. Vicente – "Valores e imagens da família em Portugal" Actas do colóquio *A mulher na sociedade Portuguesa*, Coimbra, Faculdade de Letras, Vol. I, 1985, pp. 191-219.

BARRADAS, Ana – *As clandestinas*, Lisboa, Ela por Ela, 2004.

BELTRÃO, Luísa – *Uma História para o Futuro*, Lisboa, Tribuna, 2007.

BELLOTTO, Heloísa Liberalli – "Arquivos pessoais como fonte de pesquisa", in *Arquivos permanentes:: tratamento documental*, São Paulo, T.A. Queiroz, 1991.

CAETANO, Marcello – Minhas memórias de Salazar, Lisboa, Verbo, 1985.

CARDOSO, José Luís e ROCHA, Maria Manuela Rocha, "Corporativismo e Estado-Providência", in *Actas do XXII Encontro da APHES*, Aveiro, 15-16 Nov. 2002, pp. 60-79.

CARR, Anne – *A mulher na Igreja* – Lisboa, Círculo de Leitores, 1994.

Cartas ao Papa, Porto, Figucirinhas, 1987.

Cartas de Salazar a Craveiro Lopes. 1951-1958, Introdução e coordenação Manuel José Homem de Mello, Lisboa, Moraes, 1983.

Cerejeira, Manuel Gonçalves – *Obras Pastorais*, Vol 1, Lisboa, União Gráfica, 1967.

Costa, Célia Rosa Batista – *O Conselho Nacional das Mulheres Portuguesas (1914-1947) – Uma organização feminista*, Lisboa, Universidade Aberta, 2007.

Cova, Anne – "O salazarismo e as mulheres", *Revista Penélope*, Lisboa, Edições Cosmos, n° 17, 1997, pp. 71-94.

Cruz, Manuel Braga – *As origens da democracia cristã e o Salazarismo*, Editorial Presença, Lisboa, s.d.

Cruz, Manuel Braga – "Manuel Gonçalves Cerejeira" in *Dicionário de História do Estado Novo*, Vol.I, dir. Fernando Rosas, Lisboa, Círculo de Leitores, 1996, pp. 142-143.

Cruz, Manuel Braga da Cruz – "Igreja e Estado", *Dicionário de História Religiosa de Portugal*, Vol. II, dir. Carlos Moreira Azevedo, Lisboa, Círculo de Leitores, 2000, pp. 388-410.

Cruz, Manuel Braga – *O Partido e o Estado no Salazarismo*, Lisboa, Ed. Presença, 1988.

Cruzeiro, Maria Manuela – *Anos inquietos, Vozes do Movimento Estudantil em Coimbra (1961-1974)*, Edições Afrontamento, Porto, 2006.

Dias, Maria Otília – "O papel da mulher na família, na sociedade e na Igreja", *Didaskalia*, Revista da Faculdade de Teologia, vol. XXIX, fascículos 1 e 2, Lisboa, Universidade Católica Portuguesa, 1999, pp. 361-373.

Duarte, Marta Benamor, "Movimentos estudantis", *Dicionário de História do Estado Novo*, Vol II, dir. Fernando Rosas e J. M. Brandão de Brito, Círculo de Leitores, Lisboa, 1996, pp. 640-645.

Faria, Cristina – *As lutas estudantis*, Lisboa, Edições Colibri, Lisboa, 2000.

Fayet-Scribe, Sylvie – *Associations féminines et catholicisme. De la charité à l'action sociale XIX-XX siécle*, Paris, Les Éditions Ouvriéres, 1990.

Fernandes, Tiago – *Nem ditadura, nem Revolução. A Ala Liberal e o Marcelismo (1968-1974)*, Lisboa, D. Quixote, 2006.

Ferreira, António Matos – "A Acção Católica questões em torno da organização e da autonomia da acção da igreja católica (1933-1958)", in *O Estado Novo: das origens ao fim da autarcia, 1926-1959*, Vol. II, Lisboa, Fragmentos, 1987, pp. 281-302.

Ferreira, António Matos Ferreira e Paulo de Oliveira Fontes – "Acção Católica Portuguesa" in *Dicionário de História Religiosa de Portugal*, Vol.1, Lisboa, Círculo de Leitores, 2000, pp. 9-18.

Ferreira, Henrique Medina – "A Educação" in *A situação social em Portugal 1960-1965*, org. António Barreto, Lisboa, Instituto de Ciências Sociais da Universidade de Lisboa, 1996, pp. 89-99.

202   *Maria de Lourdes Pintasilgo – Os Anos da Juventude Universitária*

Ferreira, Victor e Adérito Sedas Nunes – "O meio universitário em Portugal: subsídios para a análise sociológica da sua estrutura e evolução no período 1945-1967", *Análise Social*, Vol VI, 22-24, 1968, pp. 526-595.

Folguera, Pilar – "El Franquismo. El retorno a la esfera privada (1939-1975)", in *Historia de las Mujeres en España*, Madrid, Editorial Sintesis, 1997, pp. 527-548.

Fontes, Paulo de Oliveira – "O catolicismo português no século XX: da separação à democracia" in *História Religiosa de Portugal, Vol. 3*, Lisboa, Círculo de Leitores, 2000, pp. 129-351.

Fontes, Paulo de Oliveira – "Juventude Universitária Católica", in *Dicionário de História de Portugal*, Coord. António Barreto e Maria Filomena Mónica, Vol. 8, Porto, Livraria Figueirinhas, 1999, pp. 347-350.

Fontes, Paulo de Oliveira – "Movimentos eclesiais contemporâneos", *Dicionário de História Religiosa de Portugal*, Vol. IV, dir. Carlos Moreira Azevedo, Lisboa, Círculo de Leitores, 2001, pp. 459-470.

Fontes, Paulo de Oliveira – "Catolicismo social", *Dicionário de História Religiosa de Portugal*, Vol. I, dir. Carlos Moreira de Azevedo, Lisboa, Círculo de Leitores, 2001, pp. 310-324.

Fontes, Paulo de Oliveira – "Universidade e Estado Novo nos anos 50: A Crise Académica de 1956-1957 e o Movimento Estudantil" in *Maio de 1968: trinta anos depois. Os Movimentos Estudantis em Portugal*, coord. Maria Cândida Proença, Lisboa, Edições Colibri, 1999.

Franco, José Eduardo – Ensino IV – Época contemporânea", in *Dicionário de História Religiosa,* Vol. II, Lisboa, Círculo de Leitores, 2000, pp. 127-129.

Garrido, Álvaro – *Movimento estudantil e crise do Estado Novo*, Minerva História, Coimbra, 1962.

Gasset e Ortega, *La pedagogia social como programa politico*, conferência lida no "El Sitio" de Bilbao, a 12 de Março de 1910, Vol. I, pp. 5-6.

Gasset e Ortega (1930) – "Misíon de la Universidad", Conferência pronunciada na Universidade Central de Madrid, Madrid, *Revista de Occidente*, Vol IV, p. 335.

Girão, Aristides de Amorim – *Portugal e a Universidade perante as condições geográficas da Idade Nova*, Coimbra, Universidade de Coimbra, 1950.

Grácio, Rui – "Evolução política e sistema de ensino em Portugal: dos anos 60 aos anos 80" *O futuro da Educação nas novas condições sociais, económicas e tecnológicas*, coord. de João Evangelista Loureiro, Aveiro, Universidade de Aveiro, 1985, pp. 217-230.

Henriques, Mendo Castro; Amaral António Campelo, Simpósio *Profecia e Liberdade em D. António Ferreira Mendes*, Lisboa, Fundação Calouste Gulbenkian, 1998.

História de Portugal, dir. José Mattoso, Vol. VII, Lisboa, Círculo de Leitores, 1994.

Keating, J. – "Universidade – Contribuição para o estudo das possibilidades de investigação na Universidade Portuguesa", *Estudos*, fascículo I, nº 313, Coimbra, CADC, 1953, pp. 31-37.

Marini, Marcelle – "O lugar das mulheres na produção cultural. O exemplo de França", *História das mulheres*, Vol. V, dir. Françoise Thébaud, Porto, Edições Afrontamento, 1991, 351-379.

Mattoso, José – "A mulher e a família", Actas do colóquio *A mulher na sociedade Portuguesa*, Coimbra, Faculdade de Letras, Vol. I, 1985, pp. 33-35.

Mattoso, José – *História de Portugal*, Vol. IX, Lisboa, Círculo de Leitores, 1994.

Mónica, Maria Filomena – *Educação e sociedade no Portugal de Salazar*, Lisboa, Editorial Presença, 1978.

Moreira, Adriano – "Universidades", *Dicionário de História de Portugal*, Vol. IX, Coord. António Barreto e Maria Filomena Mónica, Lisboa, Figueirinhas, 2000, pp. 569-574.

Nash, Mary – *As mulheres no mundo. História, desafios e movimentos*, V.N. de Gaia, Editora Ausência, 2005.

Nogueira, Eurico Dias Nogueira, "Rugas de seriedade", *Estudos*, fascículos VI, VII nº 318-319, Junho-Julho, Lisboa, 1953, pp. 372-374.

Nogueira, Franco – *Um político confessa-se, Diário* – 1960-1968, Porto, Civilização, 1986.

Nóvoa, António – "Ensino Superior", *Dicionário de História do Estado Novo*, Dir. Fernando Rosas e J. M. Brandão de Brito, Vol. I, Círculo de Leitores, Lisboa, 1996, pp. 305-307.

Nunes, Adérito Sedas – *A situação universitária portuguesa*, Lisboa, Livros Horizonte, 1968.

Nunes, Adérito Sedas – "O meio universitário em Portugal, subsídios para a análise sociológica da sua estrutura e evolução no período de 1945-1967", in *Análise social*, Vol. VI, (22.23.24), 1968, pp. 278-598.

Nunes, Adérito Sedas – *Princípios de Doutrina Social*, Lisboa, Logos, 1958.

Ó, Jorge Ramos do – *Os anos de ferro. O dispositivo cultural durante a "Política do Espírito" 1933-1949*, Lisboa, Editorial Estampa, 1999.

Ó, Jorge Ramos do – "Censura" in *Dicionário de História do Estado Novo*, Dir. Fernando Rosas e J. M. Brandão de Brito, Vol. I, Lisboa, Círculo de Leitores, 1996, pp. 139-141.

Oliveira, Pe. Miguel – *História Eclesiástica de Portugal*, Lisboa, Publicações Europa – América, 1994.

Pereira, Jorge Miguel – "Universidade e Sociedade: problemas actuais", *O sistema de ensino em Portugal*, Coord. Maria Cândida Proença, Lisboa, Edições Colibri, 1998.

Pimentel, Irene Flunser – *História das organizações femininas do Estado Novo*, Lisboa, Temas e Debates, 2001.

204 *Maria de Lourdes Pintasilgo – Os Anos da Juventude Universitária*

Pinho, Mariano – *Carta magna da Acção Católica Portuguesa*, Apostolado da Oração, Braga, 1999.

Pintasilgo, Maria de Lourdes – *A mulher na universidade*, Lisboa, Arquivo da Fundação Cuidar o Futuro, 1953.

Pintasilgo, Maria de Lourdes – *Os novos feminismos – Interrogação para os cristãos?*, Moraes Editores, Lisboa, 1981.

Pintasilgo, Maria de Lourdes – *Palavras dadas*, Lisboa, Livros Horizonte, 2005.

Pinto, Teresa – "Coeducação e igualdade de oportunidades, Contexto de emergência e desenvolvimento", *Cadernos Coeducação*, Lisboa, Comissão para a Igualdade e para os Direitos das Mulheres, 1999, pp. 9-25.

Quadros, António – *A angústia do nosso tempo e a crise da Universidade*, Lisboa, Cidade Nova, 1956.

Raby, David Lander, "Movimento de Unidade Democrática (MUD)", *Dicionário de História de Portugal*, Vol. 8, Coord. António Barreto e Maria Filomena Mónica, Porto, Figueirinhas, 1999, pp. 550-551.

Rezola, Maria Inácia –"D. António Ferreira Gomes" in *Dicionário de História do Estado Novo*, Vol. 1, Dir. Fernando Rosas, Lisboa, Círculo de Leitores, 1996, pp. 383-384.

Rodrigues, Carlos – "Planos de Fomento", *Dicionário de História do Estado Novo*, Vol. II, dir. Fernando Rosas e J. M. Brandão de Brito, Lisboa, Círculo de Leitores, 1996, pp. 739-742.

Rosas, Fernando – "A lenta agonia do Salazarismo", in *História de Portugal*, Vol. VII, Dir. José Mattoso, Lisboa, Círculo de Leitores, 1994, pp. 503-544.

Rosas, Fernando – Fernando Rosas, "Caetano, José Marcelo das Neves", *Dicionário de História do Estado Novo*, I Vol., Lisboa, Círculo de Leitores, 1996, pp. 110-112.

Rosas, Fernando – *O Salazarismo e o homem novo: ensaio sobre o Estado Novo e a questão do totalitarismo*, "Análise Social", Vol. XXXV, nº 157, Lisboa, Instituto de Ciências Sociais da Universidade de Lisboa, 2001, pp. 1031-1054.

Rosas, Fernando – *Nova História de Portugal, Portugal e o Estado Novo* (1930- -1960), Lisboa, Ed. Presença, 1992.

Seabra, et. al. – *O C.A.D.C. de Coimbra, a Democracia Cristã e os inícios do Estado Novo, 1905-1934*, Coimbra, Faculdade de Letras, 1993.

Serrão, Joaquim Veríssimo, *História das Universidades*, Porto, Lello e Irmão, 1983.

Silva, Manuela – *Dizer Deus – Imagens e Linguagens*, Gótica, Lisboa, 2003.

Tavares, Manuela – *Movimentos de mulheres em Portugal. Décadas de 70 e 80*, Lisboa, Livros Horizonte, 2000.

Situação e opinião dos universitários – Gabinete de Estudos e Projectos de Desenvolvimento Sócio-Económico, SCRL, CODES, Lisboa, 1967.

Fontes e Bibliografia

TOLDY, Teresa Martinho – *Deus e a palavra Deus na teologia feminista*, Lisboa, Paulinas, 1998.

TORGAL, Luís Reis – *A Universidade e o Estado Novo*, Coimbra, Minerva História, 1999.

TORGAL, Luís Reis – "Igreja e o Estado no regime de Salazar entre a 'separata' e a 'concordata', in AA. VV., *A Igreja e o Estado em Portugal: Da Primeira República ao limiar do século XXI*, colecção Cadernos Museu Bernardino Machado, V Encontros de Outono, Vila Nova de Famalicão, Câmara Municipal de V. N. de Famalicão, Editora Ausência, pp. 95-129.

UNESCO, *World Survey of Education* – Handbook of educational organisation and statistics, Evans Brothers Ltd., London, 1955.

Universidade(s). História, Memória, perspectivas, Actas do Congresso História da Universidade, Vol. III e IV, Coimbra, Comissão Organizadora do Congresso "História da Universidade", 1991.

UNESCO, World Survey of Education IV – Higher Education, Paris, 1966, pp. 38-39.

VICENTE, Ana – "Mulheres", *Dicionário de História de Portugal*, Vol. VIII, Coord. António Barreto e Maria Filomena Mónica, Porto, Figueirinhas, 1999, pp. 565-571.

VIEIRA, Joaquim – *Portugal século XX. Crónica em imagens – 1940-1960*, Lisboa, Bertrand Editor, 2007.

Sites Internet

http://www.paxromana.org/, (12/09/2006/18.00).

http://www.evene.fr/celebre/biographie/georges-bernanos-357.php, (09-10-2006/18.30).

http://www.uc.pt/cd25a/wikka.php?wakka=ejcosta, (09-10-2006/18.30).

http://nobelprize.org/nobel_prizes/physics/laureates/1979/salam_bio.html. (09-10-2006/18.30).

http://www.bautz.de/bbkl/s/s2/sertillanges_a_g.shtml, (01-01-2007/18.30).

http://www.conocereisdeverdad.org/website/índex.php?id=854, (15/04/2007/ /17.00).

http://www.vatican.va/archive/hist_councils/ii_vatican_council/documents/ vat_ii_const_19641121_lumen_gentium_po.html, (01-01-2007/18.30).

http://paginas.fe.up.pt/histel/MCB_info.pdf, (10/08/2006/21.20).

http://www.sg.min-edu.pt/expo03/min_01_galvao_teles/expo2.htm, (15/09/ /2006/20.00).

http://alexandrina.balasar.free.fr/guilherme_braga_da_cruz.htm, (17/09/2006/ /19.00).

206 *Maria de Lourdes Pintasilgo – Os Anos da Juventude Universitária*

www.carhop.be/0612/Joseph Cardijn: une vie au service de la jeunesse ouvriére. (20/10/2007/21.00).
www.sgmf.pt/Francisco de Almeida Salgado Zenha (25/10/2007/15.00).
www.fd.unl.pt/jurist/dmulher.htm (12/12/07, 14.00 horas).
www. graal.org.pt/índex (12/12/07, 14.00 horas).
www.graal.org.pt/index_ficheiros (12/12/07, 15.00 horas).
www.wiki/FedericoFellini (12/1/2008, 18.00 horas).
www.wiki/José_Ortega y Gasset (16/01/2008, 17.00 horas).
www.wiki.Frank_Lloyd_Wright. (14/01/2008, 19.00 horas).
www.//debates.parlamento.pt/page.aspx?cid=r2.acc, actas da Câmara Corporativa, legislatura 6, sessão 4, número 101, data da sessão 17-01-1957, data
do diário 17-01-1957, páginas do diário 1015-1026, p. 1024. (27-01-2008,
12.00 horas).

Depoimentos

Eurico Dias Nogueira
Mário Bento

Fotos

Espólio fotográfico da *Fundação Cuidar o Futuro.*

Índice e fonte das imagens

1 – Maria de Lourdes Pintasilgo (Arquivo da Fundação Cuidar o Futuro).. 27
2 – Maria de Lourdes Pintasilgo e Teresa Santa Clara Gomes reunidas com o grupo do Graal (Luísa Beltrão) 29
3 – Maria de Lourdes Pintasilgo com o General Ramalho Eanes na tomada de posse como 1ª Ministra do 5º Governo Provisório (Arquivo da Fundação Cuidar o Futuro) 32
4 – Maria de Lourdes Pintasilgo numa acção de campanha como candidata à Presidência da República (Arquivo da Fundação Cuidar o Futuro) 32
5 – Maria de Lourdes Pintasilgo, embaixadora da UNESCO (Luísa Beltrão) 33
6 – Maria de Lourdes Pintasilgo aquando o seu doutoramento "honoris causa" pela Universidade Católica de Lovaina (Arquivo da Fundação Cuidar o Futuro) 35
7 – Oliveira Salazar no momento da assinatura da Concordata com a Santa Sé (DN – 1987) 38
8 – Capa do *Guia da Acção Católica Portuguesa* (Arquivo da BN) 45
9 – Capa dos Estatutos da Juventude Universitária Católica Feminina (Arquivo da BN).................... 47
10 – Capa dos Estatutos da Juventude Universitária Católica (Arquivo da BN) 51
11 – Cartão de congressista de Maria de Lourdes Pintasilgo (Arquivo da Fundação Cuidar o Futuro) 98
12 – Emblema do Congresso na capa do *Livro do Congressista* (Arquivo da Fundação Cuidar o Futuro).................... 102
13 – Senha para obtenção do Livro do Congressista (Arquivo da Fundação Cuidar o Futuro) 113
14 – Capa do *Livro do Congressista* (Arquivo da Fundação Cuidar o Futuro) 113
15 – A mesa da Presidência na sessão de encerramento do Congresso (Arquivo da Fundação Cuidar o Futuro) 117

208 *Maria de Lourdes Pintasilgo – Os Anos da Juventude Universitária*

16 – Maria de Lourdes Pintasilgo no I Congresso Nacional da JUC, 1953 (Luísa Beltrão) 133

17 – Primeira página do rascunho do discurso de encerramento de MLP (Arquivo da Fundação Cuidar o Futuro) 134

18 – Página da crítica enviada à Comissão Executiva do Congresso (Arquivo da Fundação Cuidar o Futuro) 149

19 – Capa do *Boletim de Informação, n.º 5* (Arquivo da Fundação Cuidar o Futuro) 151

20 – Capa do livro *Situação e opinião dos universitários* 153

21 – Foto da primeira página do *Diário de Notícias* de 16 de Abril de 1953. (Diário de Notícias) 182

22 – Foto do jornal *A Voz* de 20 de Abril de 1953 (A Voz).................... 183

23 – Foto do jornal *Diário do Minho* de 15 de Abril de 1953 (Diário do Minho) 184

24 – Maria de Lourdes Pintasilgo com as companheiras do Graal (Arquivo da Fundação Cuidar o Futuro)... 188

25 – Maria de Lourdes Pintasilgo com outras fundadoras do Graal (Luísa Beltrão) 189

Anexos

Índice de anexos

1 – Estatutos da JUCF 213

2 – Estatutos da JUC 220

3 – Cópia do cartão de congressista de MLP 228

4 – Cópia do boletim de inscrição de congressista 229

5 – Cópia do convite da JUC e JUCF para a sessão solene de abertura 230

6 – Discurso de encerramento de MLP manuscrito 231

7 – Cópia do inquérito 237

8 – Biografias (Guilherme Braga da Cruz, Manuel Corrêa de Barros, Inocêncio Galvão Telles, Augusto Pais da Silva Vaz Serra, António Ferreira Gomes, Manuel Gonçalves Cerejeira 255

9 – Cópia do Questionário 260

10 – Depoimentos (Eurico Dias Nogueira, Mário Bento Martins Soares) 261

1 – Estatutos da JUCF

DCF. LEG.
6 – Estatutos da Juventude Universitária Católica Feminina

APROVAÇÃO

D. *Manuel Gonçalves Cerejeira*, por mercê de Deus e da Santa Sé Apostólica, Cardial Patriarca de Lisboa, Director da Acção Católica Portuguesa, etc.

Tendo-nos sido solicitada, por intermédio da Junta Central, a Nossa aprovação, como Director da Acção Católica, para um projecto de Estatutos pelos quais pretende reger-se o organismo especializado «Juventude Universitária Católica Feminina» (J. U. C. F.) a que se refere o art. 5.º dos Estatutos da J. C. F.;

Atendendo ao que Nos é pedido e tendo em conta que o parecer da Junta Central é inteiramente favorável ao referido projecto;

Havemos por bem, em Nosso Nome e em Nome do Episcopado Português:

Aprovar o supradito projecto de Estatutos, que consta de 24 artigos, pelo qual se há-de reger em todo o País o mencionado organismo especializado de juventude feminina e que entra imediatamente em vigor.

E para constar sejam os mesmos Estatutos, com êste Decreto que os aprova, publicados no Boletim da Acção Católica Portuguesa depois de registados na Secretaria Geral da Junta Central.

Lisboa, Paço Patriarcal, 25 de Maio de 1934.

† M., *Cardial Patriarca*.

ESTATUTOS

Natureza

Art. 1.º   A J. U. C. F. é um dos organismos especializados da J. C. F., a que se refere o art. 5.º do respectivo Estatuto.

§ único   Podem fazer parte da J. U. C. F. tôdas as estudantes das Universidades clássicas e técnicas portuguesas e ainda

2

dos cursos superiores de Portugal, desde que satisfaçam as condições a que se refere o art. 7.º

Art. 2.º A J. U. C. F., como organismo especializado e parte integrante da J. C. F., segue o Estatuto desta em tudo o que se lhe possa referir, adopta os seus princípios e programa, segue as directrizes por ela traçadas, tendo contudo vida autónoma e direcção própria, dentro da esfera da sua especialização, em harmonia com o presente Estatuto e correspondentes regulamentos internos.

Fim

Art. 3.º A J. U. C. F., em harmonia com o art. 3.º dos estatutos da J. C. F., tem por fim :

1.ª a formação das suas associadas no campo religioso, moral, intelectual e social, visando especialmente à sua vida profissional.

2.ª a organização e coordenação da actividade das suas associadas em ordem ao apostolado da Acção Católica, principalmente no meio universitário.

§ único O seu lema é o da J. C. F.: «Levar Jesus às almas, trazer as almas a Jesus»; a sua divisa particular é: «Lux et Veritas»; o seu emblema é também o da J. C. F.

Art. 4.º A J. U. C. F., para a realização dos seus fins, empregará, entre outros meios, reuniões particulares e gerais de piedade, de estudo, de recreio; conferências, cursos, revistas, bibliotecas, semanas de estudo, congressos, etc.

§ único A J. U. C. F. criará os serviços especiais necessários à realização do seu programa.

Divisão

Art. 5.º Em harmonia com o art. 7.º § único, dos Estatutos da J. C. F., a organização da J. U. C. F. será nacional e local.

§ 1.º A J. U. C. F. nacional é constituída pelas diversas associações dos Institutos universitários e superiores do País (Lisboa, Coimbra e Pôrto).

§ 2.º A J. U. C. F. local é constituída pelas associadas das diversas faculdades ou grupos escolares, em cada uma das cidades universitárias do País (Lisboa, Coimbra e Pôrto).

§ 3.º Tendo embora a J. U. C. F. como base normal da sua organização privativa os estabelecimentos escolares frequen-

3

tados pelas respectivas associadas, devem todavia estas na
medida do possível, tomar parte, já individual, já colectivamente, na vida associativa da J. C. F. da diocese e da paróquia a que pertencerem, em harmonia com os regulamentos internos da Associação.

Associadas e Condições de Admissão

Art. 6.º As associadas dividem-se em 4 categorias:

1.ª *aspirantes*—tôdas as estudantes dos cursos universitários e superiores, durante os três primeiros meses depois
da sua inscrição;

2.ª *efectivas* — tôdas as estudantes dos cursos universitários e superiores, que tenham sido associadas aspirantes
pelo menos durante três meses, em harmonia com o regulamento interno;

3.ª *activas* — as do número anterior que pertençam e
tomem parte activa em obras de formação e de apostolado
recomendadas ou adoptadas pela J. C. F. ou J. U. C. F., e
que sejam declaradas tais pela Direcção;

4.ª *benfeitoras* — as pessoas de qualquer idade e nacionalidade que contribuírem com auxílio material para a
organização.

Art. 7.º Para que uma estudante universitária ou de um curso
superior possa ser admitida na J. U. C. F., em qualquer
das categorias a que se refere o art. 6.º, n.ᵒˢ 1, 2 e 3, é
necessário:

1.º ser católica;

2.º frequentar actualmente qualquer dos estabelecimentos
esculares a que se refere o § único do art. 1.º, devendo
transitar para o organismo correspondente da J. A. C. F.
logo que termine o curso, salvo o caso previsto nêste Estatuto, art. 17.º;

3.º pagar a importância do bilhete de identidade e do
emblema da J. U. C. F.;

4.º pagar regularmente as cotas estabelecidas pelo regulamento interno da J. U. C. F.;

5.º aceitar os estatutos, regulamentos, programa e disciplina da J. U. C. F.

4

§ 1.º   As condições especiais para a entrega do emblema e do bilhete de identidade serão fixadas por um regulamento interno.

§ 2.º   Quando uma estudante universitária ou de qualquer curso superior transitar de um centro escolar para outro, em diferente local do País, pode entrar no respectivo grupo da J. U. C. F. para a categoria a que pertencia no grupo de origem, desde que se apresente devidamente acreditada por êste.

§ 3.º   A admissão das associadas a que se refere o art. 6.º é da competência exclusiva da Direcção Local, embora as propostas possam ser feitas por qualquer associada da J. U. C. F.

§ 4.º   Poderá ser admitida como aspirante uma rapariga que ainda não tenha recebido o sacramento do baptismo, se estiver disposta a preparar-se para o receber dentro de três meses.

Orgãos Dirigentes Gerais

Art. 8.º   A J. U. C. F. de todo o país é superiormente dirigida por uma Direcção Geral assistida por um Conselho Geral.

§ 1.º   Tanto a Direcção como o Conselho Geral terão um Assistente Eclesiástico nomeado pelo Episcopado com direito a tomar parte em tôdas as reuniões duma e doutro, como representante da Autoridade Eclesiástica.

§ 2.º   A Direcção Geral será composta por uma Presidente, uma Secretária e uma Tesoureira Gerais.

§ 3.º   A Presidente será nomeada pelo Episcopado e proporá à nomeação dêste para os demais cargos da Direcção Geral as candidatas da sua preferência.

§ 4.º   A Direcção Geral poderá solicitar do Conselho Geral a nomeação de duas vogais, se assim o entender.

Art. 9.º   As nomeações serão feitas por dois anos.

Art. 10.º   Do Conselho Geral, a que se refere o art. 8.º, fazem parte por direito, além dos membros da Direcção, as Presidentes Locais da J. U. C. F. ou suas delegadas.

§ 1.º   O Conselho Geral será convocado tôdas as vezes que a Direcção Geral o entenda conveniente, ou uma direcção local o

5

requeira com aprovação da Autoridade Eclesiástica, devendo reünir pelo menos uma vez por ano.

§ 2.º — A Presidente da Direcção Geral é também Presidente do Conselho Geral.

§ 3.º — Compete ao Conselho Geral:

1.º pronunciar-se sôbre os assuntos que interessem ao bom andamento da vida associativa da J. U. C. F. e que a Direcção Geral entenda própôr-lhe;

2.º estudar e aprovar os regulamentos internos dos diversos organismos locais da J. U. C. F., antes de serem submetidos à aprovação superior;

3.º dar parecer sôbre o relatório e contas de cada ano;

4.º eleger as vogais a que o § 4.º do art. 8.º se refere.

Art. 11.º — Todas as deliberações dos Conselhos, Direcções e Assembleias da J. U. C. F. ficam dependentes da aprovação da Autoridade Eclesiástica, em harmonia com o regulamento interno.

Art. 12.º — Na dependência da Direcção Geral, e dirigido pela Secretária desta, funcionará um Secretariado Geral da J. U. C. F.

§ único — As organizações e funções dêste e dos demais Secretariados da J. U. C. F. constarão dum regulamento especial.

Orgãos Dirigentes Locais

Art. 13.º — A Associação local da J. U. C. F. em cada uma das três cidades universitárias terá uma Direcção Local assistida por um Conselho Local.

§ 1.º — Tanto a Direcção como o Conselho terão um Assistente Eclesiástico nomeado pelo respectivo Prelado Diocesano com direito a tomar parte nas reüniões duma e doutro como representante da Autoridade Eclesiástica.

§ 2.º — A Direcção Geral da J. U. C. F. será constituída por uma Presidente, uma Secretária e uma Tesoureira, podendo ter duas vogais.

§ 3.º — A Presidente será eleita pelas associadas efectivas e activas locais, reünidas em Assembleia Geral, e confirmada pelo Prelado local.

Os restantes membros da Direcção Local serão pro-

6

postos pela Presidente e confirmados pelo Prelado Diocesano, devendo todos exercer as suas funções durante um ano.

§ 4.º   Para a Presidência só pode ser eleita uma associada activa, entre três nomes prèviamente indicados, em eleição secreta, pelo Conselho local, com a anuência do Assistente Eclesiástico.

Art. 14.º   Do Conselho Local fazem parte, além dos membros da Direcção Local, as representantes, ou suas delegadas, de cada uma das diferentes faculdades ou cursos superiores locais.

§ 1.º   Estas representantes das diferentes faculdades ou cursos superiores são, por direito, as dirigentes, em exercício, dêsses mesmos grupos, estabelecidas segundo os regulamentos internos da J. U. C. F. local.

§ 2.º   O Conselho Local será convocado tôdas as vezes que a Direcção local o entenda conveniente, devendo reünir ao menos uma vez por ano.

§ 3.º   Compete ao Conselho Local.

1.º pronunciar-se sôbre assuntos que interessem ao bom andamento do organismo local da J. U. C. F., sobretudo em ordem ao seu desenvolvimento e actividade, e que lhe sejam propostos pela Direcção;

2.º estudar e propor à Direcção Geral as modificações convenientes nos regulamentos internos da associação local;

3.º examinar e aprovar as contas no fim de cada ano;

4.º escolher as representantes de cada uma das faculdades ou cursos e as vogais a que se refere o § 2.º do art. 13.º

Art. 15.º   Na dependência da Direcção Local da J. U. C. F. funcionará um Secretariado, em harmonia com o regulamento a que se refere o § único do art. 12.º

Art. 16.º   De harmonia com o § 2.º do art. 2.º do Estatuto da J. C. F., os cargos da Direcção Geral ou Local da J. U. C. F. podem ser exercidos por associadas que tenham concluído a sua formatura quando, em casos excepcionais, isso fôr superiormente autorizado.

Art. 17.º   Quando, por condições impostas pelos respectivos meios universitários, a organização da J. U. C. F. local tiver de obedecer a uma orientação especial não prevista nêste Estatuto, tal organização deverá ser feita por meio de um regulamento interno e aprovada pela Direcção Geral antes de ser submetida à aprovação superior.

Disposições Gerais

Art. 18.º Todos os organismos locais contribuirão com uma percentagem das cotas das suas associadas para a organização nacional da J. U. C. F. em harmonia com o regulamento interno.

Art. 19.º Todos os cargos da J. U. C. F. serão preenchidos na primeira quinzena do ano social, que começa com a festa de Cristo-Rei.

Art. 20.º A J. U. C. F. prestará todo o seu apoio e colaboração aos movimentos de conjunto da J. C. F. e nêles se fará representar.

Art. 21.º A J. U. C. F. esforçar-se-á por manter com os diversos organismos da Acção Católica, particularmente com os organismos especializados da J. C. F., a maior união das suas associadas e prestar-lhes-á todo o seu apoio e solidariedade.

Art. 22.º Qualquer dificuldade teórica ou prática de ordem geral, não prevista nêste Estatuto, será resolvida pela Direcção Geral da J. U. C. F. ou, em caso de necessidade, pela Direcção Nacional da J. C. F. e em último recurso, será submetida à Junta Central da Acção Católica Portuguesa.

Exclusão dos Membros
e Dissolução da J. U. C. F.

Art. 23.º A Direcção Local da J. U. C. F. pode excluir da Associação ou de qualquer das suas obras de apostolado e de formação física, intelectual, moral ou de assistência social, depois de caridosamente avisadas e com prévia anuência da Autoridade Eclesiástica :

a) as associadas culposamente em atrazo de três meses, durante o curso, ou de seis meses, fora do curso, no pagamento das suas cotas ;

b) as associadas cujo comportamento estiver em contradição com o Estatuto, regulamentos e disciplina da J. U. C. F., ou fôr nocivo à prosperidade e bom nome da Associação.

Art. 24.º Quando qualquer grupo ou organismo local da J. U. C. F. venha a ser dissolvido, reverterá o activo a favor da federação nacional da J. U. C. F., se assim parecer à Autoridade Eclesiástica Local.

2 – Estatutos da JUC

Estatutos da Juventude Universitária Católica
(J. U. C.)

Aprovação

D. MANUEL GONÇALVES CEREJEIRA, POR MERCÊ DE DEUS E DA SANTA SÉ APOSTÓLICA, CARDIAL PATRIARCA DE LISBOA, DIRECTOR DA ACÇÃO CATÓLICA PORTUGUESA, ETC.

Tendo a Junta Central submetido à Nossa aprovação como Director da Acção Católica, um projecto de Estatutos pelos quais se há-de reger a Juventude Universitária Católica, organismo especializado previsto nas Bases da Juventude Católica;

Havemos por bem, em Nosso Nome e em Nome do Episcopado Português:

Aprovar o supradito projecto de Estatutos que constam de 38 artigos e que entram imediatamente em vigor.

E para constar sejam os mesmos Estatutos, com êste Decreto que os aprova, publicados no Boletim da Acção Católica Portuguesa, depois de registados na Secretaria Geral da Junta Central.

Lisboa, Paço Patriarcal, 28 de Janeiro de 1935.

† *Manuel, Card. Patriarca*

— 2 —

Estatutos

Da natureza:

Art.º 1.º — A J. U. C. e um dos organismos especializados da Juventude Católica Masculina (J. C.) a que se Bases desta se referem (1).

Art.º 2.º — Podem fazer parte da J. U. C. todos os estudantes que frequentam as Universidades clássicas e técnicas e ainda os Cursos Superiores de Portugal, desde que satisfaçam às condições a que se refere o artigo 9.º dos presentes Estatutos.

Art.º 3.º — A J. U. C., como organismo especializado e parte integrante da J. C., segue as Bases desta em tudo o que se lhe possa referir, adoptando por isso as regras de disciplina por ela traçadas, mas tem vida autónoma e direcção própria, dentro da esfera da sua especialização em harmonia com os presentes Estatutos e correspondentes regulamentos.

Art.º 4.º — A J. U. C., como tal, está fora e acima de todos os organismos políticos, não lhe sendo permitido filiar-se em nenhum dêles.

§ único — Em harmonia com a doutrina dêste artigo, que é a das Bases da J. C. e da Acção Católica Portuguesa, é vedado o exercício da actividade política a todos os sócios da J. U. C. que façam parte dos respectivos Corpos Gerentes.

Dos fins:

Art.º 5.º — A J. U. C. em harmonia com as Bases da J. C. tem por fim:

1.º — a formação cristã integral dos seus sócios pela piedade, pelo estudo e pela acção, particularmente no respectivo meio universitário;

2.º — a organização, coordenação e intensificação da actividade colectiva da Juventude Universitária no sentido de um programa comum de formação e acção católica, em harmonia com as necessidades do meio universitário português.

§ 1.º — O lema da J. U. C. é o da J. C.: «Piedade, Estudo e Acção».

§ 2.º — A J. U. C. poderá ter, além da divisa geral, que é a da Acção Católica Portuguesa, uma divisa particular que sujeitará à aprovação superior.

§ 3.º — O emblema para todos os sócios das diversas Juventudes Universitárias do País é o da J. C. com bordadura azul-escuro e as iniciais J. U. C.

Art.º 6.º — A J. U. C. para a realização dos seus fins, empregará, entre outros meios, reuniões particulares e gerais de piedade, de estudo, de propaganda e de recreio; bibliotecas, conferências, cursos, semanas de estudo, congressos, publicações, jornais, passeios, etc.

§ 1.º — É da competência da J. U. C. promover trimestralmente um dia de retiro para os seus dirigentes e, pelo menos, um curso anual de exercícios espirituais fechados para estudantes universitários em geral, e particularmente para os seus sócios.

(1) Base C, alínea e).

—3—

§ 2.º — É conteúdo da competência da J. U. C. criar as obras e os serviços necessários e convenientes à realização do seu programa e nomeadamente aquêles a que se refere o art.º 27.º e seguintes.

Da divisão:

Art.º 7.º — Em harmonia com as Bases da J. C., (1) a organização da J. U. C. é:

nacional

local (Universidades: Lisboa, Coimbra, Pôrto) especificando-se, como regra, a organização local em

secções especiais (Faculdades ou Cursos Superiores).

§ 1.º — A J. U. C. nacional é constituída pelas diversas organizações de Juventude Universitária Católica do País.

§ 2.º — A J. U. C. local é a organização da Juventude Universitária Católica de cada um dos centros universitários do País.

§ 3.º — A Secção especial, sempre que possa organizar-se, será constituída pelos sócios que frequentam a mesma Faculdade ou Curso Superior.

§ 4.º — Quando, numa ou mais Faculdades, não haja devidamente organizadas Secções especiais da J. U. C., os respectivos alunos inscrever-se-ão directamente na organização local respectiva.

§ 5.º — Tendo embora a J. U. C. como base de organização os estabelecimentos de ensino superior frequentados pelos respectivos sócios, devem todavia êstes, na medida do possível, tomar parte, já individual já colectivamente, na vida associativa da J. C. da Diocese e da Paróquia a que pertencerem, em harmonia com os regulamentos da J. C.

Dos sócios e das condições de admissão:

Art.º 8.º — Os sócios dividem-se nas seguintes categorias:

a) Aspirantes: Todos, exceptuados os da alínea d), durante, pelo menos, os três primeiros meses depois da sua inscrição, salvo o disposto no art.º 10.º.

b) Efectivos: Os da alínea anterior que tenham, pelo menos, três meses de sócios e que tiverem sido declarados tais pela Direcção.

c) Activos: Os da alínea anterior que pertençam e tomem parte activa em alguma das obras católicas de piedade, de formação ou de apostolado a que se refere o art.º 27.º, e que tiverem sido declarados tais pela Direcção.

d) Benfeitores: Os indivíduos de ambos os sexos e de qualquer idade e nacionalidade que auxiliem a Organização e tiverem sido declarados tais pela Direcção.

Art.º 9.º — Para que um rapaz possa ser sócio da J. U. C. numa das três primeiras categorias a que se refere o artigo anterior é preciso:

a) ser católico e de bom comportamento;

b) frequentar qualquer Universidade ou Curso Superior salvo o preceito no art.º 14 § 2.º;

c) pagar a importância do bilhete de identidade e do emblema da J. U. C.;

(1) Base E. n.º 9.

— 4 —

d) pagar regularmente as cotas estabelecidas pelo regulamento interno;

e) usar habitualmente o emblema;

f) aceitar os estatutos, regulamentos, programa e disciplina da Associação.

§ 1.º — As condições especiais para a entrega do emblema e do bilhete da identidade serão fixadas em regulamento interno.

§ 2.º — Poderá ser admitido como aspirante um aluno que ainda não tenha recebido o sacramento do baptismo se estiver disposto a preparar-se para o receber dentro de três meses.

Art.º 10.º — Quando um estudante de qualquer Faculdade ou Curso Superior transitar de um centro escolar para outro, mesmo em diferente local do País, pode ingressar logo no respectivo organismo da J. U. C. para a mesma categoria a que pertencia no de origem, desde que por êste seja devidamente acreditado e continue a satisfazer as condições exigidas nestes Estatutos para essa categoria.

§ único — Os sócios da J. E. C., quando venham a encontrar-se nas condições do artigo 2.º, têm direito a entrar na J. U. C. com a categoria que anteriormente tinham na respectiva organização da J. E. C., desde que por esta sejam devidamente acreditados e satisfaçam às condições exigidas nestes Estatutos para essa categoria.

Art.º 11.º — Pela sua inscrição como sócio efectivo, cada um dos membros da J. U. C. afirma públicamente a sua adesão aos princípios e verdades ensinadas e defendidas pela Santa Igreja Católica, e a sua inteira submissão aos preceitos da moral católica, reconhecendo a autoridade suprema do Romano Pontífice e dos Bispos em comunhão com Ele para a definição das normas da Fé e da acção pública e particular dos católicos.

Art.º 12.º — A admissão e exclusão dos sócios é normalmente da competência da Direcção da Secção especial, e da Direcção Geral no caso previsto no art.º 19.º § 2.º e no art.º 37, 1.º.

§ único — Podem ser excluídos, depois de caridosamente avisados, tendo todavia direito de recorrer conforme as disposições do regulamento interno:

a) os sócios em atrazo de seis meses, por culpa própria, no pagamento da sua cota;

b) os sócios cujo comportamento estiver em contradição com os estatutos e regulamentos ou fôr nocivo à prosperidade ou bom nome da Associação.

Dos órgãos dirigentes gerais:

Art.º 13.º — A J. U. C. dos diversos centros universitários do País é superiormente regida por uma Direcção Geral e um Conselho Geral.

Art.º 14.º — A Direcção Geral será composta por um Presidente, um Secretário e um Tesoureiro Gerais.

§ 1.º — O Presidente Geral será nomeado pelo Episcopado e proporá à confirmação dêste os outros membros da Direcção.

§ 2.º — De harmonia com o espírito das Bases da J. C. (1).

_____

(1) Base I, n.º 2.

— 5 —

ou cargos da Direcção Geral poderão ser exercidos, quando seja necessário, por sócios que tenham constituído a sua formatura ou curso.

Art.º 15.º — O Conselho Geral é constituído pelos membros da Direcção Geral e pelos Presidentes das diversas organizações locais da J. U. C., como vogais natos, ou pelos seus delegados.

§ 1.º — O Presidente da Direcção Geral é também o Presidente do Conselho Geral.

§ 2.º — O Conselho Geral reúne obrigatoriamente pelo menos uma vez por ano, e será convocado tôdas as vezes que o Presidente Geral o entenda conveniente, ou uma Direcção local a êste o requeira com aprovação do Assistente Eclesiástico.

§ 3.º — Compete ao Conselho Geral

1.º — pronunciar-se sôbre o plano geral de actividade comum apresentado pela Direcção e outros assuntos que interessem ao bom andamento da vida associativa da J. U. C.

2.º — estudar e dar parecer sôbre os regulamentos internos das diversas organizações universitárias da J. U. C., antes de serem submetidos à aprovação superior;

3.º — examinar e dar parecer sôbre o relatório anual da Direcção e as respectivas contas, documentos êstes de que, em seguida, serão enviadas cópias ao Secretariado Nacional da J. C.

Art.º 16.º — Tanto a Direcção como o Conselho poderão agregar a si, dando-lhes apenas voto consultivo, os elementos que julguem conveniente.

Art.º 17.º — Na dependência da Direcção Geral e dirigido pelo Secretário desta, funcionará um Secretariado Geral da J. U. C.

§ único — A organização dêste e dos demais Secretariados da J. U. C. constarão de um regulamento especial.

Dos órgãos dirigentes locais:

Art.º 18.º — Cada organização local da J. U. C. terá como órgãos de govêrno uma Direcção e um Conselho locais.

Art.º 19.º — A Direcção local será composta por um Presidente, um Secretário e um Tesoureiro locais.

§ 1.º — Na organização local especificada em Secções especiais, os Presidentes destas, em harmonia com o art.º 24 § 1.º, são eleitos pelas respectivas Assembleias Gerais e o Presidente local será nomeado pelo respectivo Prelado.

§ 2.º — Na organização local onde não possa haver especificação por Secções especiais, o Presidente será eleito pela Assembleia Geral dos sócios efectivos e activos de entre uma lista tríplice indicada pelo Conselho local com a anuência do Assistente eclesiástico.

§ 3.º — O Presidente eleito ou nomeado proporá à confirmação do Prelado os restantes membros da Direcção.

Art.º 20.º — O Conselho local é constituído pelos membros da Direcção local, pelos Presidentes das diversas Secções e pelos Presidentes das Obras especiais a que se refere o art.º 27.º

§ 1.º — A Mesa do Conselho é constituída por um Presidente e dois Secretários eleitos pelo mesmo Conselho e confirmados pelo respectivo Prelado.

§ 2.º — O Conselho reunirá ao menos todos os trimestres e

— 6 —

será convocado sempre que o seu Presidente o entenda conveniente ou o requeira a Direcção local.

§ 3.º — Compete ao Conselho local:

1.º — eleger a respectiva Mesa;

2.º — estudar e dar parecer sôbre os regulamentos antes de serem submetidos à aprovação superior;

3.º — pronunciar-se sôbre o programa de actividade apresentado pela Direcção e sôbre quaisquer assuntos que interessem ao bom andamento da vida associativa da J. U. C. local, particularmente sôbre os apresentados pela Direcção;

4.º examinar e dar parecer sôbre o relatório anual da Direcção e as respectivas contas, documentos êstes de que, em seguida, serão enviadas cópias ao Secretariado Geral da J. U. C.

Art.º 21.º — Tanto a Direcção como o Conselho poderão agregar a si, dando-lhes apenas voto consultivo, os elementos que julgarem conveniente.

Art.º 22.º — A Direcção da J. U. C. local organizará um Secretariado, que funcionará em harmonia com o regulamento especial a que se refere o art.º 17.º § único.

Dos órgãos dirigentes das secções especiais:

Art.º 23.º — Cada Secção especial da J. U. C. (Faculdade ou Escola Superior) terá uma Direcção própria.

Art.º 24.º — Esta Direcção será composta por um Presidente, um Secretário e um Tesoureiro e terá como vogais natos, com voto consultivo, um delegado para cada curso e o Presidente de cada obra católica da Secção.

§ 1.º — O Presidente será eleito pela Assembleia Geral, de entre uma lista tríplice, indicada pela Direcção, com a anuência do Assistente eclesiástico.

§ 2.º — O Secretário e o Tesoureiro são escolhidos pelo Presidente e confirmados pela Autoridade Eclesiástica.

§ 3.º — Os delegados são escolhidos pela Direcção e constituem os agentes de ligação e os primeiros elementos de propaganda e apostolado no respectivo curso.

§ 4.º — A Direcção pode funcionar sem os delegados de que se fala no presente artigo e pode escolher como vogais electivos os elementos que entender.

Art.º 25.º — A Assembleia Geral é constituída por todos os sócios activos e efectivos da Secção.

§ 1.º — A Mesa da Assembleia é constituída por um Presidente e dois Secretários eleitos pela mesma Assembleia e confirmados pelo respectivo Prelado.

§ 2.º — A Assembleia reúne pelo menos uma vez por ano, e sempre que o entenda conveniente o Presidente respectivo ou a sua convocação seja requerida quer pelo Presidente da Direcção quer por cinco delegados, com a anuência do Assistente.

Art.º 26.º — Compete à Assembleia:

1.º eleger a Mesa respectiva;

2.º eleger o Presidente da Direcção;

3.º pronunciar-se sôbre quaisquer assuntos que interessem à Secção, particularmente sôbre os apresentados pela Direcção.

— 7 —

4.º estudar e dar parecer sôbre os regulamentos internos antes de serem submetidos à aprovação superior;

5.º examinar e dar parecer sôbre o relatório anual da Direcção e as respectivas contas, documentos estes de que, em seguida, serão enviadas cópias ao Secretariado da J. U. C. local.

Das Obras Especiais:

Art.º 27.º — Para a realização dos seus fins conforme o art.º 5.º n.º 1 e em harmonia com o art.º 6.º § 2.º haverá, sempre que seja possível, nas organizações da J. U. C., Conferências de S. Vicente de Paulo, Círculos de Estudo e as demais Obras, quer de interesse geral quer pròpriamente católicas que forem necessárias no seu desenvolvimento.

§ 1.º — Consideram-se obras de interesse geral as que têm um carácter puramente recreativo ou desportivo, e obras católicas as obras de piedade, de estudo e de acção destinadas a promover a formação integral dos seus membros.

§ 2.º — As obras a que se refere êste artigo ficam subordinadas às Direcções da J. U. C. podendo portanto os Assistentes e Presidentes desta tomar parte nas respectivas reuniões e orientar superiormente a sua actividade.

Art.º 28.º — Para alguém fazer parte de qualquer das obras especiais a que se refere o artigo anterior é preciso ser, pelo menos, sócio aspirante ou efectivo da Associação.

Art.º 29.º — Cada Obra especial será dirigida e administrada por uma Direcção própria eleita pelos respectivos sócios componentes, e constituída, pelo menos em parte, por pessoas extranhas às Direcções da J. U. C.

Art.º 30.º — Cada Obra Especial terá as suas cotas particulares conforme as suas necessidades. Estas cotas, porém, não suprimem nem diminuem de forma alguma a cota geral.

Disposições Gerais:

Art.º 31.º — Nenhuma organização de estudantes universitários será oficialmente reconhecida como pertencendo à A. C. enquanto se não integrar no organismo nacional da J. U. C. nos termos dêstes Estatutos.

Art.º 32.º — Junto da J. U. C. Nacional haverá um Assistente Eclesiástico, com direito a tomar parte em tôdas as manifestações de vida e particularmente nas reuniões das Direcções, Conselhos e Assembleias da J. U. C. e das respectivas Obras especiais, e junto de cada organização universitária local haverá um Assistente Eclesiástico com direito a tomar parte em tôdas as manifestações de vida e determinadamente em tôdas as reuniões da Direcção, Conselho e Assembleias da J. U. C. local e das respectivas Secções e Obras especiais bem como do Conselho Geral.

§ 1.º — Sempre que uma Secção especial tenha Assistente próprio, êste tem direito a tomar parte em tôdas as reuniões das respectivas Direcções, Assembleias, e Obras especiais assim como nas do respectivo Conselho local.

§ 2.º — É nomeado ou afastado livremente pelo Episcopado o Assistente Eclesiástico a que se refere a primeira parte dêste

—8—

artigo e pelo Prelado local os das organizações locais e respectivas secções.

§ 3.º — Todas as deliberações das Assembleias Gerais, das Direcções e Conselhos da J. U. C. e respectivas Obras especiais particularmente no caso previsto no artigo 19 § 2.º, ficam dependentes da confirmação da competente Autoridade Eclesiástica.

Art.º 33.º — A J. U. C. prestará todo o seu apoio e colaboração aos movimentos de conjunto da J. C. e neles se fará representar.

Art.º 34.º — Todos os cargos da J. U. C. serão providos em sócios activos por um ano, devendo realizar-se as eleições no último trimestre do ano lectivo e a tomada de posse antes do novo ano social, que começa com a festa de Cristo-Rei.

§ único — Os eleitos ou nomeados poderão ser reconduzidos.

Art.º 35.º — A J. U. C. esforçar-se-á por manter com os diversos organismos da Acção Católica a maior união e prestar-lhes-á todo o seu apoio e solidariadade.

§ único — A J. U. C., com prévia autorização da J. C., procurará ceder à J. E. C., para terem nesta funções de dirigentes, os elementos de que para êsse fim possa dispôr.

Art.º 36.º — Cada organismo da J. U. C. contribuirá com uma percentagem das cotas dos seus sócios para as organizações superiores da J. U. C. em harmonia com um regulamento próprio.

Disposições particulares:

Art.º 37.º — O C. A. D. C. e o A. E. C. P. que são os actuais organismos católicos dos estudantes universitários de Coimbra e Pôrto, e que passam a ser os respectivos organismos locais da J. U. C., poderão conservar as suas constituições desde que se integrem no espírito e na organização da J. U. C. conforme os presentes Estatutos, observando-se os princípios seguintes:

1.ª enquanto as Secções por Faculdades não estiverem organizadas nos termos dêste Estatuto, o Conselho de que trata o art.º 29.º é constituído pela Direcção, por um representante de cada Faculdade, e pelos Presidentes de cada Obra especial.

2.ª as funções dêste Conselho são meramente consultivas.

3.ª as funções atribuídas ao Conselho no § 3.º do art.º 29 passam para a Assembleia Geral.

4.ª a Assembleia Geral da organização local terá com as devidas alterações, a sua constituição, funcionamento e competência conforme o disposto no art.º 25.º e seus §§ e no art.º 26.º

Art.º 38.º — Qualquer dificuldade teórica ou prática, não prevista neste Estatuto, será resolvida pela Direcção Geral da J. U. C. ou, em caso de necessidade, pela Direcção Nacional da J. C. e, em última recurso, será submetida à Junta Central da Acção Católica.

228   *Maria de Lourdes Pintasilgo – Os Anos da Juventude Universitária*

3 – Cópia do cartão do congressista de MLP

I CONGRESSO NACIONAL DA JUVENTUDE
UNIVERSITÁRIA CATÓLICA
(ORGANIZADO PELAS DIRECÇÕES GERAIS DA JUC E DA JUCF)
LISBOA, 16 A 19 DE ABRIL DE 1953

ESTAR
PRESENTE
SERVIR
A IGREJA

CONGRESSISTA

CARTÃO N.º 22

NOME MARIA DE LOURDES R. S. M. PINTASILGO

CIDADE LISBOA   FACULDADE TÉCNICO

SECÇÕES EM QUE PARTICIPA
DIA 17 Facultativa
DIA 18 A mulher na Universidade

O SECRETÁRIO GERAL

Pessoal e intransmissível

4 – Cópia do boletim de inscrição de congressista

I CONGRESSO NACIONAL DA JUVENTUDE UNIVERSITÁRIA CATÓLICA

Caro amigo

As Direcções Gerais da J.U.C. e da J.U.C.F. vão promover em Lisboa, de 16 a 19 de Abril de 1953, o I Congresso Nacional da Juventude Universitária Católica, no qual participarão estudantes universitários e recém--licenciados católicos de Coimbra, Lisboa e Porto.

O Congresso, que adopta por lema a divisa "Estar Presente - Servir a Igreja" e que tem por tema fundamental "O Pensamento Católico e a Universidade", funcionará em 5 sessões plenárias, cujos temas são:

1º - Fins da Universidade
2º - Vida institucional da Universidade
3º - Responsabilidade social da Universidade
4º - Origem e evolução da Universidade Portuguesa
5º - Universidade e Igreja,

e em 10 sessões parciais, de que serão relatores juristas dos três núcleos universitários.

Em torno dos temas das sessões plenárias, a cargo de professores catedráticos, poderão ser apresentadas, pelos Congressistas, comunicações que, nos termos do Regulamento, terão de dar entrada, na secretaria da Comissão Executiva, até ao dia 15 de Março de 1953, e não exceder 8 páginas de papel de formato comercial, dactilografadas a dois espaços.

Pela presente circular, a Delegação Diocesana da Comissão Executiva do Congresso tem o prazer de o convidar a inscrever-se como congressista, e a apresentar comunicações nas condições anteriormente referidas, para o que bastará, respectivamente, remeter, o mais cedo possível, à Delegação Diocesana, o boletim de inscrição anexo, e enviar, a seu tempo, três cópias dactilografadas da comunicação ou comunicações a apresentar. Se lhe fôr possível, desde já, dizer se tenciona apresentar comunicações, e os respectivos títulos, isso simplificaria o nosso trabalho.

A ficha de inscrição definitiva ser-lhe-á depois enviada, sendo, nessa altura, efectuado o pagamento da inscrição de congressista.

Sem outro assunto, nos subscrevemos com os nossos melhores cumprimentos em Cristo Senhor

Estar Presente - Servir a Igreja

Os Presidentes da Delegação Diocesana

(a enviar à Delegação Diocesana que efectuou este convite)

Desejo inscrever-me como Congressista, com a cota de $00
(cotas mínimas: Porto - 20$00; Coimbra - 25$00; Lisboa - 30$00)

Tenciono apresentar comunicações às ......sessões plenárias, com os seguintes títulos:

....

....

Nome : ....

Morada: ....

5 – Cópia do convite da JUC e JUCF para a sessão solene de abertura

As Direcções Gerais da J. U. C. e da J. U. C. F. têm a honra de convidar V. Ex.ª a assistir à sessão solene de abertura do I Congresso Nacional da Juventude Universitária Católica, que, sob a presidência do Eminentíssimo Cardeal Patriarca de Lisboa e com a assistência de Sua Excelência o Ministro da Educação Nacional, se realiza no Instituto Superior Técnico, às 21,30 horas do dia 15 de Abril.

ENTRADA PELO PORTÃO DA AVENIDA DE ROVISCO PAIS

6 – Discurso de encerramento de MLP manuscrito

Começo da Maria de Lourdes

Eis, amigos, que a nossa jornada finda. Após estes dias intensos em que lado a lado partilhámos as alegrias do estudo, da oração e do trabalho em comum, eis que se apressa a hora da despedida: o coração se nos enche das pala- vras do salmo (salmo) "Como é doce, Senhor, os irmãos habitarem juntos!"

Hora de despedida, hora breve em que o pressúncio da saudade futura se vem já juntar ao contentamento derradeiro; hora feliz de acção de graças.

É a Deus que oferecemos esta alegria que nos enche; porque ela não provém do simples facto de nos vermos juntos, nós os estudantes católicos ~~uma~~ de todas as Universidades portuguesas, ~~numa~~ numa ~~escola~~ escola sem precedentes, mas radica mais fundo na consciência de que fizemos um trabalho honesto, sério, entusiástico, fecundo, que pelo rigor da ~~preparação~~ preparação, a objectividade ~~das discussões~~ das discussões e a correcção da doutrina se não pode ~~~~

3

deixar de descrever sentão como
verdadeiramente universitários .

A Deus agradecemos o
êxito ; porque de êxito se trata .
Para muitos, motivo de surpresa ; para
outros, motivo de escândalo ; mas
para nós , motivo de profunda alegria
e de uma humildade *muito* autêntica.
Esta *força* , de que não tenhamos
plena consciência , é de Deus que nos
vem ; ~~estava~~ este desempoeiramento
no abordar o problemas que nos
interessam , ~~um~~ de uma juventude
~~~~~~~~~~ que não transige ; essa
seriedade no tratamento das questões,

4

de um amor indefectível à verdade;

esta coragem de ir ao fundo das

coisas, do nosso desejo de estar presente,

ao serviço de Deus e da Igreja, aí onde

nos chame a nossa vocação de universi-

tários. A Deus damos graças, por tudo isto; ao

Deus das Vitórias, fonte dos êxitos

verdadeiros.

Mas sabemos que não teríamos podido

realizar este Congresso tal como

decorreu sem a muita carinhosa

assistência dos nossos Bispos; o

Seu auxílio, a Sua benevolência, o seu conselho,

Seu interesse pelos nossos trabalhos

foi, mais que um estímulo, ou uma preciosa

5 insubstituível
ajuda, um factor insubstituível e ~~do~~
essencial de triunfo. ~~Mais~~

~~Nossa~~ Com os ~~nossos~~ ~~nos~~ sentimentos
filiais mais profundos e reconhecidos
~~lhes~~ proclamamos a nossa dívida
de gratidão.
               estivemos
Não ~~tivemos~~ Por, também, como ~~nossos~~
                Corporação
membros da corporação universitária;
~~nossos~~ pelo contrário, grande ~~foi~~
                              muitos dos
a nossa alegria por vermos ~~os~~ nossos
Mestres ~~feito~~ ~~nossos~~ segui-
                 participarem
rem, ajudarem, ~~participarem~~ nos
nossos trabalhos. ~~nossos~~ Com eles
compartilhamos, agora, o sentimento
de "ter merecido a pena"; e ~~o~~ maior
convívio entre alunos e professores, tantas
vezes pedido neste congresso, aqui o
                                  nesta
realizámos e demonstrámos nós ~~nesta~~
~~que~~ ~~conseguir~~ que a cabo levámos.
               Cabo levámos

6

Não ignoramos, também, a dívida que contraímos para com aqueles que, ajudando a difundir ~~pela pena~~ e ~~pela~~ a notícia das nossas actividades, deram maior ressonância à nossa voz e a fizeram chegar mais longe: à Imprensa e à Rádio o nosso agradecimento sincero pela cooperação amiga.

7 – Cópia do inquérito

DEP. LEG.

6 — Estatutos da Juventude Universitária Católica Feminina

APROVAÇÃO

D. Manuel Gonçalves Cerejeira, por mercê de Deus e da Santa Sé Apostólica, Cardial Patriarca de Lisboa, Director da Acção Católica Portuguesa, etc.

Tendo-nos sido solicitada, por intermédio da Junta Central, a Nossa aprovação, como Director da Acção Católica, para um projecto de Estatutos pelos quais pretende reger-se o organismo especializado «Juventude Universitária Católica Feminina» (J. U. C. F.) a que se refere o art. 5.º dos Estatutos da J. C. F.;

Atendendo ao que Nos é pedido e tendo em conta que o parecer da Junta Central é inteiramente favorável ao referido projecto;

Havemos por bem, em Nosso Nome e em Nome do Episcopado Português:

Aprovar o supradito projecto de Estatutos, que consta de 24 artigos, pelo qual se há-de reger em todo o País o mencionado organismo especializado de juventude feminina e que entra imediatamente em vigôr.

E para constar sejam os mesmos Estatutos, com êste Decreto que os aprova, publicados no Boletim da Acção Católica Portuguesa depois de registados na Secretaria Geral da Junta Central.

Lisboa, Paço Patriarcal, 25 de Maio de 1934.

† M., *Cardial Patriarca*.

ESTATUTOS

Natureza

Art. 1.º A J. U. C. F. é um dos organismos especializados da J. C. F., a que se refere o art. 5.º do respectivo Estatuto.

§ único Podem fazer parte da J. U. C. F. tôdas as estudantes das Universidades clássicas e técnicas portuguesas e ainda

INSTRUÇÕES PARA O PREENCHIMENTO DO INQUÉRITO

1 — Lê com muita atenção o texto e não respondas sem ter a certeza de que interpretaste correctamente a pergunta.

2 — A tua resposta deve representar a *tua* opinião no momento presente. Não procures «forjar» a resposta.

3 — Salvo indicação contrária, expressa na pergunta, todas as respostas devem ser dadas apenas com a marcação de *uma* só das frases apresentadas.

4 — Nunca marques na resposta mais do que o número de frases que te é pedido na pergunta.

5 — Não deixes nenhuma pergunta em branco. Se não tens opinião indica-o no próprio texto; se tens dúvidas, indica-as no fim do inquérito, no espaço reservado às observações, referenciando a pergunta pelo seu número.

6 — Não identifiques o texto com o teu nome, morada ou qualquer outra indicação susceptível de revelar a tua identidade.

7 — Responde com sinceridade, exprimindo a tua visão pessoal sobre a realidade, na certeza de que ela irá concorrer para o conhecimento da *situação e opinião do universitário português*.

A TUA RESPOSTA AO INQUÉRITO É RIGOROSAMENTE ANÓNIMA

RESPONDE COM INTEIRA CONFIANÇA E HONESTIDADE

DEVOLVE O TEXTO PREENCHIDO NO PRAZO MÁXIMO DE 8 DIAS

A. A ESCOLA E OS PROBLEMAS DE ESTUDO

1 — Numera, por ordem de preferência, as respostas que, em tua opinião, traduzam os fins que o ensino universitário deve realizar:

— Dar uma boa preparação profissional especializada.

— Permitir a formação de uma cultura superior, possibilitando a compreensão do mundo, da vida e seus problemas.

— Desenvolver a capacidade de investigação do estudante, de forma a que possa contribuir para o progresso da ciência.

— Formar os dirigentes da colectividade nacional, nos múltiplos aspectos da vida política, económica e social.

2 — Cada uma das frases que se seguem traduz uma diferente concepção sobre a conduta do universitário. (Marca com X a que te parecer mais correcta).

— O universitário há-de preocupar-se apenas com a sua vida escolar, mantendo-se alheio a todas as questões de natureza política e social.

— O universitário deve tomar consciência das questões económico-sociais e políticas do seu tempo, esforçando-se por encontrar as soluções mais válidas.

— O universitário deve participar activamente na resolução dos problemas fundamentais da vida do seu país.

— Não tenho opinião.

3 —

a) Como consideras os contactos pessoais que se estabelecem na vida universitária?
(Para cada linha, marca com X a resposta que te parecer mais correcta).

	Bons	Razoáveis	Deficientes
— Entre os alunos da tua Faculdade (Instituto, Escola).			
— Entre os professores e alunos da tua Faculdade (Instituto, Escola).			
— Entre alunos das diversas Faculdades (Institutos, Escolas) existentes na mesma cidade.			
— Entre universitários de diferentes cidades.			

b) Julgas esses contactos muito desejáveis, pouco importantes, inúteis? (Para cada linha, marca com X a resposta que te parecer mais correcta).

	Muito desejáveis	Pouco importantes	Inúteis
— Entre os alunos da tua Faculdade (Instituto, Escola).			
— Entre os professores e alunos da tua Faculdade (Instituto, Escola).			

— Entre alunos das diversas Faculdades (Institutos, Escolas) existentes na mesma cidade.

— Entre universitários de diferentes cidades.

4 — Tens um grupo de colegas com quem andas habitualmente?

Sim | Não

Em caso afirmativo:

a) Como se caracteriza esse grupo de colegas?

	Sim	Não
— São todos da tua faculdade?		
— Têm, de um modo geral, as mesmas opiniões políticas e religiosas?		
— É um grupo misto (rapazes e raparigas)?		

b) Costumas dar-te com colegas que não pertençam ao teu grupo?

Sim | Não

5 — Não aceitas, por certo, discutir com os teus colegas, todos os assuntos, com a mesma facilidade. Assinala a tua forma habitual de proceder, adiante de cada assunto.

	Aceito discutir sempre	Aceito discutir mas não sobre certas questões de especial delicadeza	Só discuto com amigos que tolero	Não gosto de discutir
— Problemas de estudo.				
— Questões de moral sexual.				
— Problemas religiosos.				
— Problemas políticos.				
— Questões económico-sociais.				

6 — Marca com X os organismos de estudantes de que fores sócio.

— Associação Académica.

— Centro Universitário da M.P. — M.P.F.

— Associação de Estudantes Ultramarinos (C.E.I. e outros).

— Cine-clube.

— J.U.C. ou C.A.D.C.

240 — Maria de Lourdes Pintasilgo – Os Anos da Juventude Universitária

— Grupo dramático (T. E. U. C. e outros). ☐

— Grupo coral ou qualquer associação musical. ☐

— Grupo desportivo (C. D. U. L. e outros). ☐

7 — No caso de haver uma futura reforma da Universidade achas que os estudantes deverão ser representados no seu govêrno (participação no Senado e Conselhos Escolares, designação do Reitor, etc.)?

Sim ☐ Não ☐

Em caso afirmativo, assinala com X as frases que exprimem o teu pensamento.

— Devem ser representados só pelas Associações Académicas. ☐

— Devem, também, ser representados pelos outros organismos circum-escolares. ☐

— Devem ser representados por órgãos criados expressamente para esse efeito. ☐

— Os representantes dos estudantes seriam eleitos pelos cursos. ☐

— Os representantes dos estudantes seriam nomeados pelas autoridades responsáveis pelo ensino universitário. ☐

8 — Em relação às Associações de Estudantes, marca com X as frases que te parecerem correctas (uma em cada alínea):

a) Quanto aos objectivos:

— As A. A. E. E. devem cuidar sòmente dos problemas escolares (sebentas, contactos com professores, etc.). ☐

— Devem cuidar de todos os problemas dos estudantes (situação económica, social e política, da juventude, etc.) e não apenas dos seus problemas escolares. ☐

— Devem lançar-se na discussão e tentativa de resolução dos problemas gerais da vida do país e do mundo. ☐

— Não tenho opinião. ☐

b) Quanto à representatividade:

— Devem representar sòmente os seus sócios. ☐

— Embora representando os os sócios devem velar pelos interesses de todos os estudantes. ☐

— Devem representar todos os estudantes (sócios e não sócios). ☐

— Não tenho opinião. ☐

c) Quanto à organização:

— As A. A. E. E. de cada Escola devem actuar independentemente umas das outras. ☐

— Devem poder coordenar eventualmente a sua actividade para determinadas realizações comuns. ☐

— Devem poder organizar-se a título permanente:

— no âmbito da respectiva cidade. ☐

— ao nível de organização nacional. ☐

— Não tenho opinião. ☐

9 —

a) Quantas horas costumas estudar em média, ao longo do ano:

	Menos de 1 hora por dia	1 a 2 horas por dia	2 a 3 horas por dia	Mais de 3 horas por dia
— Durante o primeiro Período.	☐	☐	☐	☐
— Durante o segundo Período.	☐	☐	☐	☐
— Na época de exames.	☐	☐	☐	☐

b) Acompanhas habitualmente a matéria dada durante as aulas, enforçando-te por não a deixar atrasar?

— Sim, em todas as cadeiras. ☐

— Sim, em algumas cadeiras. ☐

— Não. ☐

10 — Indica como estudas habitualmente:

— Sòzinho. ☐

— Acompanhado. ☐

— Em casa. ☐

— No café. ☐

— Na Biblioteca da Escola. ☐

— Em instalações circum-escolares. ☐

11 —

a) Costumas consultar as obras existentes na biblioteca da tua Faculdade (Instituto ou Escola)?

— Frequentemente. ☐

— Às vezes. ☐

— Nunca. ☐

b) Nas cadeiras em que há sebenta ou livro de texto recorres frequentemente à bibliografia complementar, não sendo isso essencial para o exame?

— Sim, em todas as cadeiras. ☐

— Sim, nalguma ou algumas. ☐

— Não. ☐

Anexos 241

12 —

a) Lês com frequência ou assinas alguma revista relacionada com o teu curso?

— Não. ☐

— Sim. ☐ Indica-a(s) ....

....

....

b) Costumas assistir a conferências, colóquios, etc. que versem sobre assuntos relacionados com o teu curso, sempre que são organizados?

— Habitualmente. ☐

— Por vezes. ☐

— Nunca. ☐

13 — Já alguma vez fizeste algum trabalho não obrigatório referente a matérias do teu curso?

— Sim, um trabalho em equipa. ☐

— Sim, um trabalho individual. ☐

— Não. ☐

14 — Quando, em matéria de estudo, tens alguma dificuldade, o que fazes? (Assinala com X os procedimentos que adoptas).

— Procuro resolvê-la por mim. ☐

— Procuro esclarecer-me junto de um professor. ☐

— Peço ajuda a um colega. ☐

— Decoro sem perceber. ☐

— Passo adiante. ☐

— Recorro a um explicador. ☐

15 — Já alguma vez te aconteceu usar cábulas ou copiar no decorrer de um exame?

— Sim. ☐

— Não. ☐

16 — Consideras justificada a prática de fraude nos exames (uso de cábulas, copiar, etc.)?

— Sim, dado o condicionalismo do nosso ensino. ☐

— Sim, porque é um processo de defesa contra as contingências próprias dos exames. ☐

— Sim, porque é um processo de defesa contra a desonestidade dos que copiam. ☐

— Só se justifica em circunstâncias muito particulares. ☐

— Não se justifica em caso algum. ☐

17 — Por que motivo escolheste o curso que frequentas? (Marca com X os dois motivos mais importantes):

— Por sentir vocação para o estudo de determinadas matérias. ☐

— Por sentir vocação para a(s) profissão(ões) a que o meu curso me habilita. ☐

— Para corresponder ao desejo da família ou ao incitamento dos amigos. ☐

— Pelo desejo de tirar um curso qualquer que ele fosse. ☐

— Pela vontade de alcançar uma posição social de relevo. ☐

— Para ter acesso a situações mais bem remuneradas. ☐

— Por vontade de assumir responsabilidades (fazer alguma coisa pelo progresso do país). ☐

— Por um impulso irreflectido. ☐

— Por considerar o curso que escolhi menos dispendioso do que qualquer outro. ☐

— Por ser o único curso compatível com as disponibilidades de tempo permitidas pelas minhas actuais ocupações profissionais. ☐

— Por não haver na cidade onde estudo o curso que mais gostaria de tirar. ☐

— Por ser menos trabalhoso. ☐

18 —

a) O que pensas do curso que escolheste?

— Estou satisfeito com a escolha. ☐

— Preferia tirar outro curso. ☐

— Não tenho opinião. ☐

b) Já mudaste alguma vez de curso, na Universidade?

— Não, nunca mudei. ☐

— Não, mas tenciono mudar. ☐

— Sim, mudei por incompatibilidade com os métodos de ensino. ☐

— Sim, mudei por incompatibilidade com certo(s) professor(es). ☐

— Sim, mudei por falta de vocação. ☐

— Sim, mudei por ter reprovado repetidas vezes. ☐

— Sim, mudei por o novo curso me oferecer maiores vantagens económicas. ☐

— Sim, por qualquer outra razão. ☐

c) Antes de escolher o curso que frequentas, submeteste-te a quaisquer provas de orientação profissional?

— Não. ☐

— Sim, mas não segui as indicações recebidas. ☐

— Sim, e segui essas indicações. ☐

39

242   Maria de Lourdes Pintasilgo – Os Anos da Juventude Universitária

19 —

a) Numa escala de 0 a 5 marca com X, qual o valor que atribuis ao ensino universitário, do ponto de vista da tua preparação profissional, sabendo que o ponto 5 corresponde a «muito bom» e o ponto 0 a «mau».

5 ☐

4 ☐

3 ☐

2 ☐

1 ☐

0 ☐

b) Tendo em vista a melhoria da preparação profissional fornecida pelo teu curso, assinala as duas soluções que consideras mais convenientes.

— Aprofundamento da teoria. ☐

— Aprofundamento da prática. ☐

— Modificação de estrutura das cadeiras existentes. ☐

— Maior contacto com a prática profissional. ☐

— Estudo da missão e responsabilidade social dos diplomados. ☐

— Realização de estágios e trabalhos práticos concretos com diminuição do número de aulas teóricas e práticas. ☐

— Existência de cursos de especialização destinados aos já licenciados. ☐

20 —

a) Achas que a vida profissional deve subordinar-se:

— Exclusivamente a regras técnicas. ☐

— Também a exigências de natureza moral. ☐

— Não me interessa o problema posto. ☐

b) Que pensas sobre a criação na tua Faculdade (Instituto ou Escola) duma cadeira de Deontologia (Ética Profissional)?

— Já existe a cadeira. ☐

— Será muito útil. ☐

— Não tem interesse. ☐

— Não tenho opinião. ☐

21 — Que pensas da seguinte frase:

«A especialização profissional só adquire valor autenticamente humano quando se enquadra numa formação cultural sólida».

— Concordo. ☐

— Ideia interessante, mas de difícil realização. ☐

— Frase muito bonita, mas destituída de interesse prático. ☐

— Não tenho opinião. ☐

22 — Achas que seria útil, para compensar os excessos de especialização dos cursos universitários, a existência de um núcleo de cadeiras de feição marcadamente cultural ou humanística?

— Não. ☐

— Sim, mas essas cadeiras devem ser de inscrição facultativa. ☐

— Sim, com inscrição obrigatória nesse núcleo de cadeiras. ☐

— Não tenho opinião. ☐

B. O MODO E AS CONDIÇÕES DE VIDA

23 — Qual a origem dos recursos de que dispões mensalmente?

— Ajuda da família. ☐

— Emprego próprio. ☐

— Emprego do cônjuge. ☐

— Explicações. ☐

— Rendimento de bens próprios. ☐

— Bolsa de estudo. ☐

— Outras fontes: (Indicar quais) ....

24 —

a) Onde resides durante o ano lectivo?

— Com a família. ☐

— Com pessoas conhecidas ou parentes. ☐

— Num quarto alugado. ☐

— Numa pensão. ☐

— Num lar. ☐

— Numa «república» ☐

— Numa parte de casa. ☐

— Numa casa própria. ☐

b) Se não vives com a tua família, indica aproximadamente quanto gastas normalmente por mês em:

1) Pensão completa ——— $——

2) Se não se tratar de pensão completa:

— Alojamento (sem pequeno almoço) ——— $——

— Alojamento com pequeno almoço ——— $——

— Alimentação ——— $——

Anexos 243

25 —

a) Quanto gastas aproximadamente, por mês, na compra de livros e material de estudo? .... $ .....

b) Quanto gastas mensalmente, em média, em transportes, entre a tua residência e a Faculdade? .... $ .....

c) De quanto dispões mensalmente para «extraordinários» (cinema, tabaco, etc.)? .... $ .....

26 —

a) Quais são as condições de salubridade do teu alojamento?

	Sim	Não
— O teu quarto tem janela(s)?	☐	☐
— O teu quarto é batido pelo sol?	☐	☐
— Tens possibilidade de tomar banho na casa em que vives?	☐	☐

b) Marca com X a frase, ou frases, que se ajustam às condições de isolamento, tranquilidade, e sossego do teu alojamento:

— Estudo no mesmo quarto em que durmo. ☐

— Estudo em casa (na sala de estar ou na sala de jantar). ☐

— Tenho um quarto especialmente à minha disposição para trabalhar. ☐

— Tenho de estudar fora de casa. ☐

— Há ruídos que me incomodam quando trabalho em casa. ☐

— Há cheiros que me perturbam. ☐

— Tenho boa luz para trabalhar à noite. ☐

— Tenho secretária ou mesa de estudo. ☐

— Tenho telefone à minha disposição. ☐

— Tenho aquecimento durante o inverno. ☐

27 — Em caso de doença recebes assistência médica?

— Gratuita, através da Associação Académica. ☐

— Gratuita, de outro Organismo. Qual? ....

....

— Parcialmente gratuita. ☐

— Não gratuita, a meu cargo. ☐

— Não gratuita, a cargo da família. ☐

28 — Indica onde tomas habitualmente as refeições:

	Pequeno almoço	Almoço	Jantar
— Em casa.	☐	☐	☐
— Na cantina.	☐	☐	☐
— Na pensão.	☐	☐	☐
— No restaurante.	☐	☐	☐
— Na pastelaria ou «café».	☐	☐	☐

29 — Quantas horas dormes habitualmente?

	Menos de 6 horas	De 6 a 7 horas	De 7 a 8 horas	Mais de 8 horas
a) Em tempo normal (sem exames):	☐	☐	☐	☐
b) Em tempo de exames:	☐	☐	☐	☐

30 — De um modo geral, como preferes passar o teu tempo livre?

— Com um amigo(a) ou colega. ☐

— Com a tua namorada(o). ☐

— Com a família. ☐

— Com um grupo de amigos. ☐

— Sòzinho(a). ☐

31 —

a) Indica dois dos teus passatempos preferidos, marcando com os algarismos «1» e «2» a ordem de preferência.

— Leitura. ☐ — Cinema. ☐

— Teatro. ☐ — Actividades Artísticas. ☐

— TV. ☐ — Desportos. ☐

— Rádio. ☐ — Convívio, conversa. ☐

— Concertos. ☐ — Bailes. ☐

— Passeios. ☐

b) Praticas ginástica ou algum desporto?

— Não. ☐

— Sim, mas só em férias. ☐

— Sim, durante todo o ano. ☐

32 — Assinala com X as três frases que traduzam o modo como, de preferência, aproveitas o domingo?

— Estudando. ☐

— Em divertimentos. ☐

— Participando em actividades religiosas. ☐

— Vivendo mais intensamente a vida de família. ☐

— Dedicando mais tempo ao teu número. ☐

— Cultivando relações de amizade e convívio. ☐

— Auxiliando os necessitados. ☐

— Procurando completar a tua formação cultural. ☐

— Praticando desportos.

— Assistindo a competições desportivas. ☐

33 — Marca com X os locais onde costumas passar as férias:

— Na praia. ☐

— No campo. ☐

— Na cidade. ☐

— Aproveito para ir ao estrangeiro. ☐

— Aproveito para viajar em Portugal. ☐

34 —

a) Já foste ao estrangeiro?

— Sim. ☐ Indica que países visitaste........

....

— Não. ☐

b) Que regiões de Portugal conheces?

— Minho
e Douro
Litoral. ☐ — Alentejo. ☐

— Trás-os-
-Montes. ☐ — Algarve. ☐

— Beiras. ☐ — Ilhas Adjacen-
tes. ☐

— Estre-
madura,
e Ribatejo. ☐ — Ultramar. ☐

35 —

a) Costumas aproveitar as férias para trabalhar? (ex-
cluindo o estudo).

— Sim:

— em Portugal. ☐

— no estrangeiro. ☐

— na agricultura. ☐

— na indústria. ☐

— em algum escritório ou agência. ☐

— no comércio. ☐

— em campos de trabalho para a juventude. ☐

— outra espécie de trabalho. Indica qual.....

....

— Não. ☐

b) Se respondeste afirmativamente, qual a finalidade
desse trabalho em tempo de férias:

— Ganhar dinheiro. ☐

— Tomar contacto com a vida. ☐

— Estagiar. ☐

36 — Lês habitualmente em férias?

— Leio, com a preocupação de:

— aumentar a minha cultura geral. ☐

— passar o tempo distraído. ☐

— aumentar os meus conhecimentos em qualquer assunto não profissional, que me interessa especialmente. ☐

— Não leio habitualmente durante as férias. ☐

37 —

a) Que instrução tem (ou tinha, se já faleceu) o teu
pai?

— Sem instrução. ☐

— Instrução primária. ☐

— Instrução secundária:

— liceu. ☐

— escolas técnicas. ☐

— Curso médio
(Indicar o curso ....) ☐

— Curso Superior
(Indicar o curso ....) ☐

b) Que profissão exerce (ou exercia, no caso de já ter
falecido) o teu pai?

— Trabalhador (assalariado ou independente) da agricultura, da indústria ou da
pesca. ☐

— Empregado ou auxiliar modesto de qualquer empresa particular. ☐

— Membro de patente inferior das Forças
Armadas (Exército, Armada, Força
Aérea, Polícia, G.N.R., etc.) ☐

— Funcionário superior/inferior do Estado,
dos Organismos Corporativos ou dos
Organismos de Coordenação Económica. ☐

— Pequeno industrial ou comerciante de
retalho. ☐

— Empregado categorizado de empresa particular. ☐

— Proprietário rural. ☐

— Proprietário urbano. ☐

— Industrial ou comerciante grossista. ☐

— Professor do ensino primário. ☐

Anexos

— *Director ou funcionário superior de empresa particular.* ☐

— *Profissão liberal (médico, arquitecto, advogado, engenheiro, etc.) artista, etc.* ☐

— *Professor do ensino secundário ou superior.* ☐

— *Oficial das Forças Armadas, ou da Marinha Mercante.* ☐

Se não conseguires classificar a profissão do teu pai em qualquer dos casos anteriores, indica-a o mais claramente possível:

....

....

38 — Quanto a nível de vida, como classificas a tua família?

— *Pobre.* ☐

— *Remediada.* ☐

— *Desafogada.* ☐

— *Rica.* ☐

39 — Quando tens problemas particularmente graves a resolver, com quem te costumas abrir? (Assinala com X as hipóteses que se verificarem):

— Com o pai. ☐

— Com a mãe. ☐

— Com algum dos irmãos. ☐

— Com outro parente. ☐

— Com ninguém. ☐

— Com o namorado (a). ☐

— Com um sacerdote. ☐

— Com um médico (neurologista ou psiquiatra) ☐

— Com um amigo (a). ☐

40 — Em geral, quando discutes os problemas a seguir enumerados, concordas ou não com os teus pais ou nunca os discutes com eles?

	Em geral concordo	Em geral discordo	Nunca discuto
— *Problemas políticos.*	☐	☐	☐
— *Emprego dos tempos livres, saídas, férias.*	☐	☐	☐
— *Problemas de estudo.*	☐	☐	☐
— *Amigos.*	☐	☐	☐
— *Namoro e casamento.*	☐	☐	☐
— *Questões religiosas.*	☐	☐	☐

41 —

a) Onde fizeste o ensino secundário?

— *Na cidade onde estou a frequentar a Universidade.* ☐

— *Fora desta cidade.* ☐

b) Com que idade entraste para a Universidade?

— *16 anos.* ☐   — *20 anos.* ☐

— *17 anos.* ☐   — *21 anos.* ☐

— *18 anos.* ☐   — *22 anos.* ☐

— *19 anos.* ☐   — *23 anos.* ☐

— *Outra.* ☐   *Indica qual* ....

c) Indica o ano em que nasceste ....

42 — Achas que os teus pais, embora educados numa época diferente, são capazes de compreender os problemas da tua geração?

— *Inteiramente.* ☐

— *Razoàvelmente.* ☐

— *Pouco.* ☐

— *Dificilmente.* ☐

— *De modo nenhum.* ☐

43 —

a) Para um universitário casar, o que consideras indispensável?

	Sim	Não
— *Ter cumprido o serviço militar.*	☐	☐
— *Alugar ou ter casa própria (sem ser a dos pais).*	☐	☐
— *Ter acabado os estudos.*	☐	☐
— *Ser independente dos pais do ponto de vista financeiro.*	☐	☐
— *Ter o casal um rendimento mínimo de* ....$		

b) És casado(a)?

— *Sim.* ☐

— *Não.* ☐

44 — Para o bom entendimento de um casal, quais os dois factores que achas mais importantes? (Indica-os, assinalando com os algarismos «1» e «2» a ordem de importância)

— *Identidade de meio em que foram educados os cônjuges.* ☐

— *Mesmos ideais.* ☐

— *As mesmas atitudes religiosas.* ☐

— *Bom entendimento sexual.* ☐

— *Identidade de feitios e de gostos (arte, distracções, etc.)* ☐

— *Idêntico nível de educação e instrução.* ☐

246 Maria de Lourdes Pintasilgo – Os Anos da Juventude Universitária

45 — Consideras importante para a felicidade do teu casamento:

a) Se és rapaz:

	Sim	Não
— a virgindade da futura esposa?	☐	☐
— a tua continência pré-matrimonial?	☐	☐

b) Se és rapariga:

— a continência pré-matrimonial do futuro esposo?	☐	☐
— a tua virgindade?	☐	☐

46 — É conhecido que certos jovens têm experiências sexuais antes do casamento. Essa conduta parece-te:

	Em absoluto inaceitável	Em não absoluto aceitável
— Repreensível.	☐	☐
— Sem gravidade.	☐	☐
— Perigosa.	☐	☐
— Por vezes útil.	☐	☐

47 — Marca com X a frase que define melhor a tua opinião sobre o trabalho da mulher:

— A mulher deve ter um emprego durante toda a vida. ☐

— A mulher deve ter um emprego até casar. ☐

— A mulher casada só deve empregar-se em caso de extrema necessidade. ☐

— A mulher casada pode ter um emprego até ao nascimento do primeiro filho. ☐

— A mulher casada não deve empregar-se em caso algum. ☐

— A mulher casada só deve empregar-se se conseguir um horário de trabalho compatível com as exigências da vida familiar. ☐

48 — Qual o número de filhos que gostarias de ter?

— Nenhum. ☐

— 1 filho. ☐

— 2-3 filhos. ☐

— 4 ou mais. ☐

— Sem opinião. ☐

C. AS PREOCUPAÇÕES CULTURAIS

49 — Como leituras recreativas e de cultura geral, quais os três géneros que mais aprecias? (Indica-os, marcando com os algarismos «1» «2» e «3» a ordem de preferência)

— Tratado, tese, trabalho de investigação.	☐	— Livros e artigos de divulgação.	☐
— Biografias.	☐	— Memórias.	☐
— Ensaio.	☐	— Romance.	☐

— Conto.	☐	— Aventuras.	☐
— Novela.	☐	— Ficção científica.	☐
— Teatro.	☐	— Romance policial.	☐
— Poesia.	☐	— Humorístico.	☐
— Viagens.	☐		

50 — Fora do âmbito do teu curso, indica com X quais as matérias que mais te atraiem:

— Religião.	☐	— Ciências puras.	☐
— Filosofia.	☐	— Ciências aplicadas.	☐
— História.	☐	— Ciências políticas.	☐
— Psicologia e ciências afins.	☐	— Literatura.	☐
— Sociologia.	☐	— Música.	☐
— Economia.	☐	— Artes Plásticas.	☐

51 —

a) Marca com X os jornais diários que lês habitualmente em tempo de aulas:

— Diário de Notícias.	☐	— Primeiro de Janeiro.	☐
— Século.	☐	— Diário de Lisboa.	☐
— Comércio do Porto.	☐	— República.	☐
— Diário da Manhã.	☐	— Diário de Coimbra.	☐
— Novidades.	☐	— Jornal de Notícias.	☐
— Diário Popular.	☐	— A Voz.	☐
— Diário do Norte.	☐		

— Não leio habitualmente nenhum jornal diário. ☐

b) Sublinha, entre os jornais acima indicados, os dois que mais gostas de ler.

c) Lês habitualmente algum ou alguns jornais desportivos?

— Sim. ☐ Indica qual(quais) _____

— Não. ☐

d) Indica quais os jornais das Associações Académicas que lês habitualmente

_____

_____

52 — Que secções dos diários te interessam mais? (Indica por ordem de preferência, com os algarismos «1», «2», e «3», os três géneros que preferes):

— Notícias da vida política nacional.	☐	— Noticiário do estrangeiro.	☐

Anexos

— Artigo de fundo. ☐   — *Crítica dos Espectáculos.* ☐

— *Crítica da actualidade internacional.* ☐   — Crimes e outros acontecimentos sensacionais. ☐

— *Artigos doutrinários.* ☐   — *Vida Mundana.* ☐

— *Crónicas.* ☐   — *Página Feminina.* ☐

— Reportagens. ☐   — *Folhetins, contos.* ☐

— Desporto. ☐   — *Páginas de Economia.* ☐

— Artes e Letras ☐   — *Páginas de divulgação científica* ☐

— *Vida Artística.* ☐   — *Curiosidades.* ☐

— *Cartaz dos Espectáculos.* ☐   — *Passatempos (palavras cruzadas, testes, anedotas, signos).* ☐

53 — Das seguintes revistas ou periódicos, quais os que assinas ou lês habitualmente?

	Assino	Leio habitualmente
— Análise Social.	☐	☐
— Letras e Artes.	☐	☐
— Binário.	☐	☐
— Brotéria	☐	☐
— Flama.	☐	☐
— Crónica Feminina.	☐	☐
— Século Ilustrado.	☐	☐
— Revista de Economia.	☐	☐
— Rumo.	☐	☐
— Seara Nova.	☐	☐
— O Tempo e o Modo.	☐	☐
— Vértice.	☐	☐
— Encontro.	☐	☐
— Vida Mundial.	☐	☐
— Paris-Match.	☐	☐
— Elle ou Marie Claire.	☐	☐
— Le Monde.	☐	☐
— Observer.	☐	☐
— Time ou Life.	☐	☐
— Selecções do Reader's Digest.	☐	☐
— Cahiers du Cinéma.	☐	☐
— Filme.	☐	☐
— Plateia ou Estádio.	☐	☐

54 —

	Sim	Não
a) Ouves habitualmente rádio?	☐	☐
b) Vês habitualmente TV?	☐	☐

55 — Indica com X as duas razões que mais determinam a escolha dos filmes que vês.

— Os actores. ☐

— O realizador. ☐

— O título do filme. ☐

— O género do filme. ☐

— A nacionalidade do filme. ☐

— A crítica da rádio e dos jornais. ☐

— A crítica das revistas de cinema. ☐

— A sala de espectáculos. ☐

— A opinião dos amigos. ☐

— A sua exibição em cine-clubes. ☐

— A classificação do filme (6, 12, 17 anos). ☐

— A classificação moral (Rádio Renascença, etc.). ☐

— O processo de filmagem (cinemascópio, colorido ou não, etc.). ☐

56 — Cita o nome de 3 filmes que mais te tenham impressionado nos últimos tempos:

....

....

....

57 — Qual o género de música que mais aprecias, entre os que vão abaixo indicados?

— Música sinfónica clássica. ☐

— Música sinfónica moderna. ☐

— Ópera. ☐

— Música ligeira ou de dança. ☐

— Música popular. ☐

— Fado. ☐

— Jazz. ☐

— Não aprecio nenhum dos géneros indicados. ☐

— Não gosto de música. ☐

248 — Maria de Lourdes Pintasilgo – Os Anos da Juventude Universitária

58 — Qual o género de teatro que preferes entre os seguintes:

— Revista. ☐

— Comédia. ☐

— Drama. ☐

— Tragédia clássica. ☐

— Teatro de vanguarda. ☐

— Não aprecio nenhum dos géneros indicados. ☐

— Não gosto de teatro. ☐

59 —

a) Segue-se uma lista de personalidades que se tornaram famosas no domínio: da política (1), da filosofia (2), da ciência (3), da literatura (4), da poesia (5), da escultura (6), da arquitectura (7), da pintura (8), da música (9), do ballet (10), do teatro (11), e do cinema (12).
Escreve, diante de cada nome, o número acima indicado entre parêntesis por forma a designar a actividade ou a arte a que tal pessoa se consagrou:

— Nuno Gonçalves. ☐   — Viana da Mota. ☐

— Paul Claudel. ☐   — Lloyd Wright. ☐

— Fellini. ☐   — Manuel Bandeira. ☐

— Miguel Torga. ☐   — Disraeli. ☐

— Debussy. ☐   — D. E. Lawrence. ☐

— Sekou Touré. ☐   — Henry Moore. ☐

— Rodin. ☐   — Orson Welles. ☐

— Poincaré. ☐   — Fleming. ☐

— Modigliani. ☐   — Le Corbusier. ☐

— Ortega y Gasset. ☐   — Heidegger. ☐

— Nijinsky. ☐   — Béla Bartók. ☐

b) Qual

	Português	Estrangeiro
— o músico que mais admiras?	R:	
— o pintor que mais admiras?	R:	
— o escultor que mais admiras?	R:	
— o arquitecto que mais admiras?	R:	
— o escritor que mais admiras?	R:	
— o poeta que mais admiras?	R:	
— o dramaturgo que mais admiras?	R:	

60 —

a) Como encaras a arte?
(Coloca um X diante da frase que te parecer mais correcta):

— Um fenómeno puramente estético (a arte pela arte). ☐

— Um fenómeno destinado a transmitir emoções capazes de produzir ou de acompanhar movimentos de transformação social. ☐

— Um fenómeno destinado a realizar espiritualmente o homem, no respeito devido aos valores morais. ☐

— Não tenho opinião. ☐

b) Cultivas pessoalmente alguma arte ou género literário?

— Música. ☐

— Pintura. ☐

— Escultura. ☐

— Poesia. ☐

— Conto. ☐

— Romance. ☐

61 —

a) Quando foste a última vez a cada um dos seguintes espectáculos, a uma exposição e a uma conferência ou debate?

Espectáculos	Há menos de uma semana	Há menos de um mês	Há menos de seis meses	Há menos de um ano	Há mais de um ano	Não me lembro
ao cinema?						
ao teatro?						
a uma competição desportiva?						
a um concerto?						
à ópera ou ao ballet?						
a uma exposição?						
a uma conferência ou debate?						

b) Dos cinco espectáculos acima indicados, sublinha aquele de que gostas mais, e risca aqueles a que nunca assististe.

62 — Indica a tua opinião sobre as duas frases seguintes:

a) «A Filosofia é na prática inútil, porque nenhum sistema filosófico é totalmente verdadeiro e a parcela de verdade de cada um é meramente transitória».

— Concordo. ☐

— Discordo. ☐

— Não tenho opinião. ☐

Anexos

b) «Apesar de todas as crises, a ciência e a técnica, só por si, acabarão por resolver todos os problemas com que a filosofia actualmente se preocupa»

— Concordo. ☐

— Discordo. ☐

— Não tenho opinião. ☐

63 — Que idiomas falas, percebes ou lês?

	Não	Percebo	Leio
— Alemão.	☐	☐	☐
— Espanhol.	☐	☐	☐
— Francês.	☐	☐	☐
— Inglês.	☐	☐	☐
— Italiano.	☐	☐	☐

64 — «A acção do Estado é supletiva em relação à dos indivíduos, das famílias e de todo um sistema de organismos sociais. O Estado só deve agir na medida em que a actividade dos indivíduos e das famílias, assim como a dos múltiplos organismos não estatais seja insuficiente».

Que te parece esta frase?

— Expressão de uma filosofia política correcta e praticável ainda hoje, apesar da crescente necessidade de intervenção do Estado. ☐

— Expressão de uma filosofia política correcta, mas hoje impraticável e, portanto, inútil, dada a crescente intervenção do Estado. ☐

— Expressão de uma filosofia política incorrecta, visto limitar as funções do Estado que, dentro da nação, é inteiramente soberano. ☐

— Não tenho opinião. ☐

65 — Em matéria de educação, qual dos três tipos ou sistemas principais te parece preferível num Estado moderno?

— O sistema do monopólio escolar, por parte do Estado. ☐

— O sistema da liberdade escolar passiva, quer dizer, da liberdade escolar à margem do Estado, tendo este as suas escolas, liceus e universidades, mas consentindo amplamente que os particulares também as criem, sem todavia lhes dar qualquer apoio moral ou material nem fazer coisa alguma que os estimule ou favoreça. ☐

— O sistema da liberdade escolar activa, quer dizer, da liberdade escolar organizada e protegida pelo Estado, não se limitando este a consentir, mas antes procurando fomentar moral e materialmente, no lado das escolas oficiais, a criação e o funcionamento de escolas livres, independentes do poder público. ☐

— Não tenho opinião. ☐

66 — Onde situas o teu interesse pela política, na escala seguinte, em que o ponto 5 representa um muito grande interesse e o ponto O um desinteresse completo? (Marca com X o número correspondente).

Política nacional	Política internacional
5 ☐	5 ☐
4 ☐	4 ☐
3 ☐	3 ☐
2 ☐	2 ☐
1 ☐	1 ☐
0 ☐	0 ☐

67 — Entre os seguintes problemas que preocupam o nosso país, quais são, no teu entender, os três mais importantes? (Marca-os, por ordem de importância, com os algarismos «1», «2», e «3»):

— O problema da emigração. ☐

— A questão agrária. ☐

— O problema da saúde. ☐

— A educação da juventude. ☐

— A justiça social, em relação ao trabalho. ☐

— A questão do Ultramar. ☐

— O desenvolvimento industrial. ☐

— O acesso das massas populares a níveis mais altos de cultura. ☐

— O fomento do turismo. ☐

— Não tenho opinião. ☐

68 —

a) Achas que se pode dizer que há hoje uma crise da civilização?

— Sim. ☐

— Não. ☐

— Não tenho opinião. ☐

b) Em caso afirmativo, como te parece que essa crise pode ser vencida? (Marca com X a resposta que te parece melhor corresponder à tua opinião):

— Principalmente por meio da ciência e da técnica. ☐

— Principalmente por meio da economia e da política. ☐

— Principalmente por meio de uma renovação espiritual e moral do homem. ☐

— Principalmente por meio de uma elevação do nível de instrução e de cultura. ☐

— Julgo que essa crise não pode ser vencida. ☐

— Não tenho opinião. ☐

69 —

a) Fala-se hoje muito na formação de uma Europa politicamente unida. Qual a tua opinião a esse respeito?

— Concordo e acho que deve ser realizada o mais depressa possível. ☐

— Concordo, mas acho irrealizável. ☐

— Concordo, mas acho que só pode ser realizada através de uma lenta evolução. ☐

— Discordo. ☐

— Não tenho opinião. ☐

b) No caso de concordares com a ideia da formação de uma Europa politicamente unida, como te parece que deveria tentar realizar-se?

— Mediante a integração dos diversos estados europeus num único estado, com transferência para ele da soberania dos estados membros. ☐

— Mediante a união dos diversos estados europeus, mas segundo fórmulas que salvaguardem uma certa autonomia para cada um deles. ☐

70 — Na seguinte lista de países, marca com X os que fazem parte da E.F.T.A.:

— Portugal. ☐ — Suécia. ☐

— Espanha. ☐ — Grécia. ☐

— França. ☐ — Noruega. ☐

— Inglaterra. ☐ — Luxemburgo. ☐

— Bélgica. ☐ — Dinamarca. ☐

— Suíça. ☐ — Irlanda. ☐

— Itália. ☐ — Áustria. ☐

— Alemanha. ☐

71 — Dado o papel que a ONU desempenha no contexto internacional, não só no aspecto político, mas também nos domínios económico, social e cultural, qual pensas que deverá ser a futura evolução desse organismo?

— Permanecer como está. ☐

— Ver os seus poderes reforçados. ☐

— Ser reformada. ☐

— Ser suprimida, por nociva. ☐

— Ser suprimida, por inútil. ☐

— Ser substituída por outra ou por outras organizações internacionais. ☐

— Não tenho opinião. ☐

72 —

a) Marca o teu grau de interesse em relação ao problema do auxílio às regiões insuficientemente desenvolvidas:

— Sei apenas que o problema existe. ☐

— Interesso-me vagamente pelo problema. ☐

— Interesso-me pelo estudo do problema. ☐

— Interesso-me pelo estudo do problema e procuro interessar os outros. ☐

— Penso vir a exercer, pelo menos durante algum tempo, a minha futura profissão nessas regiões, com o fim de colaborar no seu desenvolvimento. ☐

— Não me interesso pelo problema. ☐

b) A população do globo era de cerca de 3.000 milhões de habitantes em 1962. Assinala a fracção que te parece corresponder à percentagem da população que não vive suficientemente alimentada:

80 % ☐ 40 % ☐

70 % ☐ 30 % ☐

60 % ☐ 20 % ☐

50 % ☐

73 — «Não é na revolução que reside a salvação e a justiça, mas sim na evolução bem orientada. A violência sempre destrói, nada constrói. Só acumula ódios e ruínas e não a fraternidade e a reconciliação».

Que te parece esta frase?

— Concordo inteiramente. ☐

— Acho que é radicalmente errada, por não resultar de uma análise fria e objectiva da realidade histórica. ☐

— Acho que nem sempre é exacta, porque em certas circunstâncias de crise, só a violência se torna remédio adequado, no sentido do progresso e da justiça social. ☐

— Não tenho opinião. ☐

74 — Podes citar o nome de dois livros ou publicações que tenhas lido, que tratem de problemas de justiça social?

_____

_____

75 — Já colaboraste ou colaboras em qualquer obra de carácter social ou de assistência?

— Sim, com carácter episódico. ☐

— Sim, com carácter permanente. ☐

— Não. ☐

76 — «A cultura e a organização da sociedade nada têm que ver com o sobrenatural ou com Deus, do qual só a Religião deve ocupar-se».

Que pensas desta frase?

— Concordo ☐

— Discordo. ☐

— Não tenho opinião. ☐

Anexos

77 — Em tua opinião, qual te parece a frase mais correcta sobre o problema das relações entre a Igreja e o Estado?

— O Estado deve combater a influência da Igreja. ☐

— O Estado, embora não hostilizando a Igreja, deve desconhecê-la enquanto sociedade. ☐

— O Estado e a Igreja, embora reconhecendo cada um a existência e o valor do outro, não devem estabelecer entre si qualquer espécie de relações. ☐

— O Estado e a Igreja, embora inteiramente separadas, cada um na sua esfera de acção, devem regular em comum (Concordata), os assuntos em que ambos se atribuem, ao mesmo tempo, competência. ☐

— Nas nações onde a maioria é católica, o Estado deve não só colaborar com a Igreja, mas inclusivamente reconhecer a religião católica como religião oficial. ☐

— Não tenho opinião. ☐

D. OS PROBLEMAS RELIGIOSOS E MORAIS

78 —

a) Entre a tua entrada na Universidade e o momento presente, que modificações se exerceram na tua atitude religiosa:

— Era ateu ou agnóstico e hoje tenho uma religião. ☐

— Era ateu ou agnóstico e assim permaneço. ☐

— Tinha religião e abandonei-a. ☐

— Não mudei de religião. ☐

— Robusteci a minha fé. ☐

— A minha fé foi abalada por graves dúvidas e enfraqueceu. ☐

— Tive graves e sérias dúvidas, mas permaneci ateu ou agnóstico. ☐

— Tive graves e sérias dúvidas mas continuei a ter fé. ☐

— Tive graves dúvidas, mas tornei-me crente. ☐

b) O que mais te influenciou na conservação ou modificação dessa atitude religiosa?

— Os amigos. ☐

— As matérias versadas no meu curso. ☐

— Livros que li fora dos assuntos profissionais. ☐

— Conferências, palestras, colóquios, reuniões a que assisti. ☐

— O contacto com as actividades da JUC e com os seus filiados. ☐

— O contacto com as actividades e filiados doutros movimentos católicos. ☐

— O contacto com organismos e movimentos não religiosos. ☐

79 — O que pensas que se procura principalmente na religião?

— Uma forma de amar e servir a Deus. ☐

— A salvação da alma. ☐

— Um sistema de normas morais. ☐

— O alinhamento com os amigos, com a classe ou grupo a que se pertence. ☐

— A satisfação daquilo que se considera uma necessidade própria de todos os homens. ☐

— O cumprimento de um dever para com a família ou a sociedade. ☐

— Uma fuga à resolução dos problemas graves da vida que não se sabe ou não se tem coragem de resolver de outro modo. ☐

80 — Marca com X os pontos que te parecem ser mais difíceis de aceitar no catolicismo, por parte daqueles que o não professam:

— A divindade de Cristo. ☐

— Existência de dogmas. ☐

— Valor histórico dos Evangelhos. ☐

— A interpretação católica sobre a origem do mundo quando comparada à da ciência. ☐

— Certas exigências da moral católica. ☐

— Injustiças e misérias consentidas em países católicos. ☐

— Atitude do clero. ☐

— Atitudes dos católicos. ☐

— Atitudes da Igreja ao longo da História. ☐

— Não tenho opinião. ☐

81 —

a) Professas alguma religião?

— Sim, (qual)? _____ ☐

— Não ☐

b) Em caso negativo, qual das frases seguintes te parece sintetizar melhor a tua atitude perante o problema religioso? (Indica-a com X)

— Deus existe, mas esse facto não me obriga a professar qualquer religião. ☐

— Deus não existe e é necessário combater a sua ideia porque diminui os homens, não os deixando ser suficientemente livres. ☐

— Deus não existe, mas não deve combater-se a sua ideia por respeito da liberdade de cada um. ☐

— Deus não existe, mas a sua ideia não deve ser combatida, porque uma grande parte dos homens, dado o insuficiente conhecimento do Universo, ainda tem necessidade dela, como explicação da vida. ☐

— Não sei se Deus existe. ☐

— Não é possível saber que Deus existe. ☐

— Este problema não me preocupa. ☐

252 Maria de Lourdes Pintasilgo – Os Anos da Juventude Universitária

82 — As encíclicas papais têm tratado dos mais variados assuntos, entre os quais os indicados nas colunas da direita. Marca com X o assunto que corresponde a cada uma das encíclicas que se seguem e depois sublinha aquela ou aquelas das encíclicas que já leste.

	Educação da juventude	Matrimónio	Questão operária	Comunismo	Condições para uma paz justa entre os povos	Recente desenvolvimento da questão social
Rerum Novarum						
Casti Connubii						
Divini Illius Magistri						
Divini Redemptoris						
Mater et Magistra						
Pacem in Terris						

83 —

a) Recordas-te de duas questões que tenham sido debatidas no Concílio Ecuménico Vaticano II? (Assinala-as com X)

— Celibato dos padres. ☐

— Reforma da liturgia. ☐

— Fontes da Revelação. ☐

— Unificação das Igrejas cristãs. ☐

— Indissolubilidade do matrimónio. ☐

— Padres operários. ☐

b) Que esperas fundamentalmente do Concílio? (Assinala com X os dois aspectos que consideras mais importantes)

— Uma revisão do dogma. ☐

— Uma profunda reforma da liturgia. ☐

— Uma decisiva viragem da atenção do mundo católico para os problemas económicos e sociais. ☐

— Um passo decisivo na eliminação das divergências que separam a Igreja católica das outras confissões cristãs. ☐

— Um novo espírito de apostolado que o torne verdadeiramente eficaz. ☐

— Um contributo decisivo para um melhor entendimento entre os povos. ☐

— Uma maior acentuação da independência da Igreja perante o Estado. ☐

— Não tenho opinião. ☐

84 — Em relação aos problemas que afligem o mundo (a fome, a justiça social, o sub-desenvolvimento...) qual te parece ser a atitude da Igreja? (Assinala com X a frase que mais se aproxima do teu pensamento)

	No plano internacional	Em Portugal
— Atitude resignada, de expectação.	☐	☐
— A Igreja está cada vez mais interessada no seu estudo e resolução.	☐	☐
— A Igreja tem contribuído positivamente para a resolução desses problemas.	☐	☐
— A Igreja tenta acompanhar de perto esses problemas, mas sem qualquer espécie de eficácia.	☐	☐

85 — No caso de seres católico praticante assinala com X a frequência com que realizas os seguintes actos religiosos:

	Diariamente	Frequentemente	Raramente	Nunca
— Oração da manhã e da noite.	☐	☐	☐	☐
— Terço.	☐	☐	☐	☐
— Meditação ou leitura espiritual.	☐	☐	☐	☐

	Diariamente	Frequentemente	Só aos Domingos	Raramente	Nunca
— Missa.	☐	☐	☐	☐	☐

	Diariamente	Frequentemente	Só aos Domingos	Várias vezes por ano	Uma vez por ano	Nunca
— Comunhão.	☐	☐	☐	☐	☐	☐

	Sim	Não
— Já fizeste alguma vez retiro?	☐	☐
— Em caso afirmativo, costumas fazê-lo anualmente?	☐	☐

86 — Procura dar-nos a medida do teu interesse pela criação de uma Universidade Católica, marcando X na escala de 0 a 5, e tomando como indicativo de um desinteresse absoluto o ponto 0 e de um interesse muito grande o ponto 5.

5 ☐

4 ☐

3 ☐

2 ☐

1 ☐

0 ☐

Anexos 253

87 — Indica, entre as seguintes qualidades, as 3 que mais admiras:

— Honradez. ☐ — Audácia. ☐

— Humildade. ☐ — Prudência. ☐

— Inteligência. ☐ — Caridade. ☐

— Espírito de sacrifício. ☐ — Paciência. ☐

— Pureza. ☐ — Dinamismo. ☐

— Eficácia. ☐ — Lealdade. ☐

— Perseverança. ☐ — Descontracção. ☐

— Sinceridade. ☐ — Fidelidade. ☐

88 — Em tua opinião, a recente lei sobre a proibição da prostituição foi:

— Uma medida que se impunha por razões éticas. ☐

— Uma medida inútil contra um mal necessário. ☐

— Um perigo para a sanidade pública, pela supressão de controle sanitário. ☐

— Uma medida incompleta por não terem sido oferecidas possibilidades sérias de reabilitação. ☐

— Uma medida que se revelou improfícua. ☐

— Não tenho opinião. ☐

89 —

a) Quando pensas na tua realização no mundo em que vives, como te sentes em face do futuro?

— Mais ou menos confiante. ☐

— Inquieto. ☐

— Muito inquieto. ☐

— Afasto sistemàticamente essa questão. ☐

b) Preferias:

        Sim   Não

— Ter nascido noutra época? ☐ ☐

— Ter nascido noutro país? ☐ ☐

90 — Procuras comunicar os teus ideais aos outros?

        Sim   Não

        ☐ ☐

Em caso negativo, não o fazes:

— Por temperamento. ☐

— Por desinteresse. ☐

— Porque não vês possibilidades de os teus ideais se realizarem no nosso tempo. ☐

— Porque não queres impor aos outros as tuas ideias. ☐

91 — Qual a tua opinião sobre a prática da eutanásia (dar a morte a um doente cuja perda é irremediável para lhe abreviar o sofrimento)?

— Justifica-se em alguns casos. ☐

— Nunca se justifica. ☐

— Não tenho opinião. ☐

92 — Entre os seguintes fins do casamento indica por ordem de preferência a importância que lhes atribuis.

— Meio legítimo de satisfação das necessidades sexuais. ☐

— Procriação e educação dos filhos. ☐

— Meio de realização humana dos cônjuges. ☐

— Auxílio mútuo entre os esposos. ☐

93 — Indica com X aquela das seguintes frases que melhor se identifica com a tua opinião sobre o divórcio:

— Concordo com a existência do divórcio.

— porque é uma expressão natural da liberdade humana. ☐

— porque é uma solução para situações muito graves de desarmonia conjugal que possam sobrevir. ☐

— porque possibilita a verdade total do amor. ☐

— Não concordo.

— porque o casamento é por natureza indissolúvel. ☐

— porque é uma tentação contra a fidelidade conjugal. ☐

— porque pode transformar o casamento numa união natural, temporária e de ensaio. ☐

— porque impossibilita a educação plena dos filhos. ☐

— Não tenho opinião. ☐

94 — O que pensas da limitação da natalidade?

— É uma prática absolutamente justificada e mesmo necessária, dado o crescente povoamento do mundo. ☐

— É uma prática lícita, mas só quando tem em conta certas condições de saúde, ou circunstâncias económicas e sociais da família. ☐

— É uma prática sempre lícita, desde que os cônjuges estejam de acordo. ☐

— É a tradução de um egoísmo social e de uma falta de responsabilidade dos cônjuges perante a sua missão. ☐

— É um meio lícito de planificação da família, tendo em conta as condições mais favoráveis à procriação e educação dos filhos. ☐

— Não tenho opinião. ☐

95 — Quais os métodos que achas lícito usar na limitação dos nascimentos?

— Todos os meios conhecidos e de resultados comprovados. □

— Os métodos naturais, tipo Ogino-Knaus e das temperaturas. □

— Não tenho opinião. □

96 — Que pensas da atitude da Igreja Católica perante os problemas postos nas questões anteriores (n.** 93, 94 e 95): divórcio, limitação da natalidade, práticas anti-concepcionais?

— Demasiado rígida, não se tendo adaptado suficientemente às actuais circunstâncias. □

— A única compatível com a concepção cristã do matrimónio. □

— Completamente alheada da realidade humana do casamento. □

— Pessoalmente não me interessa, por isso não tenho opinião. □

OBSERVAÇÕES:

Anexos 255

8 – Biografias

Guilherme Braga da Cruz nasceu em Braga, a 11 de Junho de 1916. Doutorou-se em Direito pela Universidade de Coimbra, em 1941, e foi titular da cadeira de História do Direito Português nessa Universidade, tendo alcançado as mais altas distinções académicas. Fez parte da Comissão Redactora do Código Civil (1954-1966). Defendeu as posições portuguesas contra a União Indiana no Tribunal Internacional de Haia (1957-1959). Exerceu as funções de consultor jurídico do Conselho de Nobreza e Lugar-Tenente de D. Duarte Nuno (1960-1964). Esteve como bolseiro em Paris (1938-1939) e em Madrid (1939-1940), tendo iniciado a sua carreira académica como Assistente do Doutor Paulo Merêa. Desde 1948 exerceu as funções de Professor Catedrático da Universidade de Coimbra, e foi Director da sua Faculdade (1958-1961), Reitor da Universidade (16 Jun. 1961-6 Dez. 1962) e Director da Biblioteca Geral (1971-1977). Académico de Número da Academia Portuguesa de História, possuía muitos e importantes títulos académicos de várias Academias estrangeiras. Investigou nas áreas da história do Direito, Educação e Cultura Católica. Foi o grande impulsionador da fundação da Universidade Católica, em Lisboa. Foi ainda um apaixonado filatelista e sócio do Clube Filatélico de Portugal. Faleceu no Porto, a 11 de Março de 1977[1].

Manuel Corrêa de Barros nasceu em 1904 e faleceu em 1991. Licenciou-se em engenharia civil e electrónica e desempenhou, ao longo da sua vida, os mais altos cargos docentes e administrativos na Universidade do Porto. Foi Professor catedrático de Electrotecnia da Faculdade de Engenharia e director dessa Faculdade de 1950 a 1961, bem como Reitor da Universidade de 1961 a 1969.

Regeu a disciplina de Caminho de Ferro até 1942, matéria que desenvolveu na sua dissertação de Doutoramento intitulada "Os comportamentos virtuais dos Caminhos de Ferro Eléctricos".

Dedicou toda a sua vida ao ensino e à sua profissão de engenheiro civil, tendo-nos legado inúmeras publicações. Devemos relevar os vários interesses intelectuais do Prof. Manuel Corrêa de Barros, que culminaram

---

[1] http://alexandrina.balasar.free.fr/guilherme_braga_da_cruz.htm, (17/09/2006//19.00).

256 *Maria de Lourdes Pintasilgo – Os Anos da Juventude Universitária*

com a publicação de um Curso de Filosofia Tomista ministrado aos membros da Juventude Universitária Católica em 1942, tendo ainda publicado, em 1982, um último livro intitulado "Reflexões de um Estudioso de S. Tomás de Aquino". Dedicou-se ainda à tradução de obras de poesia e outras[2].

Inocêncio Galvão Telles nasceu em Lisboa a 9 de Maio de 1917 e licenciou-se em Direito na Universidade de Lisboa em 1939, tendo terminado o curso com a classificação final de 19 valores. Doutorou-se em Ciências Histórico-Jurídicas um ano depois. Foi contratado, em 1941, como professor extraordinário e, três anos depois, nomeado professor extraordinário, após concurso de provas públicas, onde era o único candidato. No ano de 1945 foi nomeado professor catedrático, também após concurso de provas públicas, em que foi graduado em primeiro lugar. Exerceu as funções de Director da Faculdade de Direito de Lisboa, de 1956 a 1962, altura em que pediu a demissão por discordar da proibição, decretada pelo então Ministro da Educação Nacional, da celebração do chamado "dia do estudante". Assumiu a pasta do Ministério da Educação, depois de ter resistido fortemente ao convite. No entanto, várias vezes pediu para ser dispensado do cargo e, em 1965, foi-lhe satisfeita essa vontade. Nessa altura, regressou ao ensino na Faculdade, tendo, para além das funções docentes, fundado o Centro de Estudos de Direito Civil, de que foi eleito Director. Essa actividade seria interrompida pelas crises académicas de 1974-1975, que levaram a que esse centro cessasse funções. Voltou à docência da Faculdade de Direito de Lisboa no ano lectivo de 1978-1979 e, em 1987, foi jubilado. Nesse período foi Presidente do Conselho Científico da Faculdade, de 1979 a 1982. Estando-lhe vedado, *por lei*, o ensino na Faculdade de Direito Clássica, Galvão Telles continuou (e continua) a ministrá-lo na Universidade Católica, à qual se encontra ligado há muitos anos, e passou a ministrá-lo também numa Universidade privada (Universidade Lusíada). Galvão Telles exerce ainda a advocacia e jurisprudência. Em termos políticos, o cargo mais relevante que teve foi de Ministro da Educação Nacional, entre 1962 e 1968[3].

---

[2] http://paginas.fe.up.pt/histel/MCB_info.pdf, (10/08/2006/21.20).

Augusto Pais da Silva Vaz Serra, nasceu em Coimbra, em 1905, cursou medicina e, em 1927, doutorou-se. Foi professor de várias cadeiras da Faculdade de Medicina de Coimbra e, de 1962 a 1975, passou à categoria de professor catedrático. Jubilou-se em 1975. Exerceu vários cargos, nomeadamente: Director de Clínica dos Hospitais da Universidade; Director Interino do Instituto de Anatomia Patológica; Bibliotecário da Faculdade de Medicina; Director da Faculdade de Medicina; Director do Laboratório de Análises Clínicas; Director do Instituto de Química Fisiológica; presidente da Sociedade Portuguesa de Medicina Interna. Publicou diversos artigos em várias publicações periódicas da especialidade: "Portugal Médico", "Coimbra Médica", "Medicina Contemporânea" e "Lisboa Médica". Foi nomeado em 1931 para uma missão de estudo em Espanha, na França, na Bélgica e na Alemanha. Integrou a Comissão responsável pela revisão das soluções adoptadas para a Assistência Nacional aos Tuberculosos. Em 1942, fez parte do Conselho Consultivo da Junta de Energia Nuclear e, no ano de 1959, era membro correspondente da Academia de Medicina de São Paulo. Foi nomeado, em 1967, para orientar a organização dos serviços clínicos de apoio ao ensino do 4º ano do Curso Médico-Cirúrgico, dos Estudos Gerais Universitários de Moçambique e, no ano de 1970, para a Comissão de aperfeiçoamento e revisão da Ordem dos Médicos. A Faculdade de Medicina da Universidade do Brasil agraciou-o com o título de Doutor *"Honoris Causa"*, em 1959, e a Santa Sé com as insígnias da Ordem de S. Silvestre. Em 1967, o Estado português condecorou-o com a Grande Ordem da Instrução Pública. Aposentou-se a 1 de Maio de 1975[4].

D. António Ferreira Gomes (1906-1989). Natural de S. Martinho de Milhundos, (Penafiel), foi Bispo do Porto e protagonizou o primeiro conflito declarado entre um membro da alta hierarquia eclesiástica e o Estado Novo. Em 1958, D. António inscreve o seu nome na história do confronto entre a Igreja e Salazarismo através da célebre carta que enviou a António de Oliveira Salazar, presidente do Conselho, onde expressa a sua opinião sobre a sociedade portuguesa.

---

[3] http://www.sg.min-edu.pt/expo03/min_01_galvao_teles/expo2.htm, (15/09/2006/ /20.00).

[4] *Memoria Professorum Universitatis Conimbrigensis*, dir. Manuel Augusto Rodrigues, Arquivo da Universidade de Coimbra, Vol. I, Coimbra, 1992, p. 234.

258 *Maria de Lourdes Pintasilgo – Os Anos da Juventude Universitária*

Concluiu o curso de Teologia, em 1925, no Seminário do Porto e foi para Roma onde se doutorou em Filosofia, na Universidade Gregoriana. Em 1928 entra para o sacerdócio no Porto e aí é sagrado, em 1948.

Um ano mais tarde sucede a D. Domingos Frutuoso, bispo de Portalegre. No entanto, a sua permanência nessa diocese durou apenas três anos. Em Outubro de 1952 é nomeado bispo da diocese do Porto. Nessa função, a sua acção ficou marcada pela tónica social, pois desde sempre foi um "arauto da doutrina social cristã"[5], e é como Bispo do Porto que essa conduta se vai tornar mais relevante.

No decurso da carta que enviou a António Salazar e da atitude crítica que assumia, foi-lhe proposto que abandonasse o país, o que fará em Julho de 1959. D. António ficará no exílio cerca de dez anos, já que durante este tempo lhe foi negada a autorização de voltar a Portugal.

Neste período foi nomeado pelo Papa João XXIII, para integrar a Comissão Pontifícia de Estudos Ecuménicos, uma das que estava responsável por organizar o Concílio Vaticano II. Fez parte da representação portuguesa ao concílio onde os seus discursos sobre ecumenismo o notabilizaram.

Já com Marcelo Caetano à frente do Governo, depois da morte de Salazar, em 1968, foi-lhe permitido regressar ao país, em Julho 1969, volta a ocupar o seu lugar como Bispo do Porto.

Manuel Gonçalves Cerejeira (1988-1977). Natural de Lousado (Vila Nova de Famalicão), foi amigo e colega de António de Oliveira Salazar na Universidade de Coimbra e Cardeal-patriarca, de Lisboa, durante o Salazarismo. É considerado o grande responsável pela "renovação da Igreja em Portugal e para a normalização das relações entre o Estado e a Igreja, através da assinatura da Concordata em 1940"[6].

Após concluir o ensino secundário, inscreve-se na Faculdade de Teologia, em Coimbra, e depois de ter concluído este curso, matricula-se na Faculdade de Letras, onde se forma em 1916, com 19 valores, o que lhe valeu o convite para ser assistente da cadeira de História Medieval. Em 1918 doutora-se com a tese "O Renascimento em Portugal – Clenardo".

---

[5] Maria Inácia Rezola, "D. António Ferreira Gomes", in *Dicionário de História do Estado Novo*, vol. I, *op. cit.*, p. 383.

[6] Manuel Braga da Cruz, "Manuel Gonçalves Cerejeira", in *Dicionário de História do Estado Novo*, Vol. I, *op. cit*, p. 142.

No diário "A Palavra" começou a sua experiência de jornalista, em 1909, e, três anos mais tarde, funda o "Imparcial". A partir de 1912, passa a fazer parte da direcção do CADC e é contemporâneo de Salazar nesse organismo católico. Desde 1917 integra também o Centro Católico Português, onde, em 1922, se evidenciou, juntamente com Oliveira Salazar, no seu II Congresso deste Centro.

Foi sagrado arcebispo de Mitilene, em Março de 1928 e, em 1929, sucede a D. António Mendes Belo, cardeal-patriarca de Lisboa.

Em 1937 apoiou o lançamento da revista "Lúmen", publicação de referência cultural do clero, e foi o grande impulsionador da Acção Católica Portuguesa, fundada em 1932. Foi um defensor incansável da liberdade e da autonomia da Igreja face ao Estado e difundiu a fé cristã pelo mundo.

Foi um dos principais responsáveis pela fundação da Universidade Católica Portuguesa, em 1967. Resigna em 1971 e vai ocupar a Casa da Buraca, onde faleceu. Os seus escritos encontram-se compilados nas suas "Obras Pastorais".

9 – Questionário (enviado por correio electrónico a diversas personalidades, no dia 3 de Maio de 2007)

– Curta biografia.
– Idade e situação profissional na altura do Congresso de 1953.
– Em que condição foi convidado e por quem?
– Qual foi a reacção ao convite e a resposta dada?
– Que pensou do tema do Congresso?
– Concordava com o diagnóstico de haver uma crise da Universidade?
– Qual achava que devia ser o contributo dos estudantes católicos para a superação dessa "crise"?
– Que linhas e reflexões nortearam a sua apresentação ao Congresso?
– Se integrou a organização, qual a função que desempenhou e como descreveria os dois anos de preparação deste Congresso?
– Qual foi a primeira impressão sobre o Congresso?
– Como viveu o programa do Congresso?
– O que achou da organização?
– Reflexões e críticas ao congresso.
– Qual o impacto do Congresso na sociedade da época?
– Como reagiu, na sua opinião, o Governo e a Igreja ao Congresso?
– Qual a sua opinião sobre Maria de Lourdes Pintasilgo
– O que acha que mudou, efectivamente, no sistema universitário, após o Congresso?
– Qual acha que foi a importância deste Congresso para a posterior fundação da Universidade Católica?
– Hoje, passados mais de 50 anos, acha que foi importante a realização desse Congresso naquela época e porquê?

Estas questões pretendem apenas ser uma orientação para o depoimento, no entanto, quaisquer outras respostas ou reflexões, são extremamente importantes para o meu trabalho e, desde já, os meus agradecimentos pelos testemunhos.

Ana Filomena Amaral

10 – Depoimentos

Eurico Dias Nogueira (Braga, Setembro de 2007)

DEPOIMENTO SOBRE
A ENG.ª MARIA DE LOURDES PINTASILGO

1. Conheci a Engenheira Maria de Lourdes Pintassilgo há mais de meio século, ou seja, no início da década de 50.

Com o curso superior recém-concluído ou quase, era ela na ocasião a Presidente nacional, ou geral, da Juventude Universitária Católica Feminina (JUCF), – integrada no movimento da Acção Católica, então no seu auge – onde chefiava uma equipa muito distinta e eficiente, com destaque para a Maria Manuela Silva (mais tarde, Professora Doutora) actual Presidente nacional da insigne associação internacional «Justiça e Paz».

Eu, regressado de Roma, onde me doutorara em Direito Canónico dois anos antes, havia-me matriculado na Faculdade de Direito da Universidade de Coimbra, em 1950. Desempenhava ao tempo, entre outras funções eclesiásticas, a de assistente eclesiástico diocesano da JUCF e inscrevera-me como sócio no Centro Académico da Democracia Cristã (CADC), que em Coimbra prestava um serviço idêntico ao da Juventude Universitária Católica (JUC), mas muito anterior à organização desta no nosso País.

Nestas funções, mas sobretudo na primeira, contactei frequentemente com a Maria de Lourdes, em encontros periódicos de responsáveis pelo referido movimento católico muito activo, nos únicos três centros universitários então existentes em Portugal: Coimbra, Lisboa e Porto. Eram reuniões de dirigentes e militantes, retiros espirituais, cursos culturais e formativos e campos de férias.

Destes, recordo especialmente o efectuado em Agosto de 1955, no Colégio da Irmãs Doroteias de Abrantes (suponho que terra da sua naturalidade), orientado por ela. Mais tarde, soube que, com raízes ancestrais na Covilhã, tinha familiares nesta cidade, entre os quais o Manuel Pintasilgo Mouta (já falecido), que foi casado com uma prima minha, Maria Preciosa Nogueira Campos, ainda lá residente.

262 *Maria de Lourdes Pintasilgo – Os Anos da Juventude Universitária*

Apercebi-me, de imediato, da invulgar personalidade da Maria de Lourdes: cultura extraordinária (foi por ela que conheci o simpático Sebastião da Gama, falecido havia pouco), facilidade de comunicação e capacidade organizativa, poder de decisão, fé profunda e esclarecida, amor e fidelidade à Igreja, permanente boa disposição, com um sorriso inconfundível que a todos encantava.

2. A grande tarefa em que a vi profundamente empenhada – em conjunto com o (mais tarde Prof. Doutor) Adérito Sedas Nunes, Presidente nacional da JUC – foi a preparação e realização do Congresso Nacional da Juventude Universitária Católica, que veio a efectivar-se em Lisboa, no mês de Abril de 1953. (Sobre aquele, ver José Barreto: «Adérito Sedas Nunes e o Bispo do Porto em 1958», em «Humanística e Teologia», revista da Faculdade de Teologia, Porto, 2006. tomo XXVII, fascículo 3, págs. 353-378)

Ambos estavam rodeados de fortes equipas, tal como sucedia com Porto e Coimbra.

Estas eram apoiadas pelos assistentes eclesiásticos, nomeados pelos respectivos Prelados: em Lisboa, o P. Dr. Domingos Maurício Gomes dos Santos, SJ (JUCF) e cónego Dr. António dos Reis Rodrigues (JUC); no Porto, o cónego Dr. Joaquim Manuel Valente (JUC e JUCF); em Coimbra, o cónego Dr. Urbano Duarte (CADC) e P. Dr. Eurico Dias Nogueira (JUCF).

Coimbra teve participação muito activa na preparação e efectivação do Congresso. Aponto um punhado de nomes de então estudantes universitário (podia citar mais de uma centena), dirigentes do CADC e JUCF, que posteriormente desempenharam lugares de destaque (alguns ainda o fazem) na vida pública do País: no ensino e política.

Do primeiro organismo, cito: Hermes Augusto dos Santos, Mário Emílio Bigotte Chorão, Mário Pinto, João de Sá Coutinho (Aurora), Tomás de Oliveira Dias, Luís Torgal Mendes Ferreira, António M. Barbosa de Melo, Armando Lopes Porto, Ilídio Fernandes das Neves, Henrique Vilaça Ramos, Jorge Biscaia da Silva Pinto, José Azeredo Keating, José Manuel Sotto Maior Leite Negrão, João António Vaz Tomé, Francisco Providência e Costa, Mário Bento M. Soares, Fernando e Marcelino Rodrigues Paiva.

Do segundo, lembro: Maria Isabel Nogueira, Carmen Sofia D. Ferreira, Maria de Lourdes M. Macedo, Ana E. Sutil Roque, Maria do

Anexos 263

Livramento Ivens Bicudo e Castro, Maria Filomena Marques da Cruz, Maria Margarida Barrilaro Ruas, Maria Antónia Guerreiro, Maria Manuela Feytor Pinto e Maria da Conceição Tavares da Silva.

A preparação muito cuidada – nos aspectos cultural e espiritual – desenvolveu-se ao longo de dois anos, com conferências, sessões de estudo seguidas de debates, além de inquéritos, subsídios e esquemas, por escrito, estes a cargo da Comissão organizadora, presidida pela Maria de Lourdes Pintasilgo e Adérito Sedas Nunes.

No CADC, como preparação próxima, destacou-se, para lá de muito mais, um ciclo de seis sessões de estudo, em Março de 1953 (entre 4 e 23), muito concorridas e participadas com entusiasmo (ver «Estudos», 1953, p. 220, revista que ia dando conta dos trabalhos efectuados).

Aquela teve papel preponderante no desenrolar do Congresso, presidindo, intervindo e resolvendo toda a sorte de problemas, que não faltam em tais acontecimentos.

Refiro, a propósito, um episódio curioso, ocorrido numa sessão do Congresso a que presidia a Maria de Lourdes. Esta houve-se com tanto brilho numa sua intervenção que um estudante congressista, todo entusiasmado, interveio no meio da assembleia para fazer o elogio das raparigas universitárias, então em percentagem modesta, comparada com os rapazes. Concluiu, com estas ou muito semelhantes palavras:

«Para mim, a rapariga ideal é a Lourdes Pintasilgo!»

Uma infindável salva de palmas soltou-se de toda a assistência.

No seu lugar, a Presidente respondeu silenciosamente com o sorriso, simpático e cativante, que lhe era peculiar... fazendo lembrar o da Gioconda.

3. O prestigiado órgão do CADC dedicou-lhe um número duplo (Junho-Julho de 1953), arquivando nas suas páginas vários trabalhos levados ao Congresso por professores e estudantes congressistas. Foram os seguintes: «Conceito cristão de Universidade» (Adérito Sedas Nunes, discurso inaugural), «Condição económico-social do estudante» (Jorge Biscaia), «O universitário e os problemas de estudo» (Maria Manuela Silva), «O problema cultural na Universidade portuguesa» (Adérito Sedas Nunes), «Problemas de vocação e preparação profissional do estudante» (José Manuel Pinto Correia), «Apostolado universitário» (Daniel Serrão). Não publicadas neste número, houve várias intervenções de professores e estudantes de Coimbra. Foi o que sucedeu com duas sessões plenárias

264   *Maria de Lourdes Pintasilgo – Os Anos da Juventude Universitária*

sobre «A História da Universidade» (Prof. G. Braga da Cruz) e «A Universidade e a Igreja» (Prof. Vaz Serra. A cargo de estudantes de Coimbra estiveram três relatos: «Universidade Católica» (Maria Isabel Nogueira), «Associação de estudantes» (J. Vilaça Delgado) e «Condição económica do estudante» (Jorge Biscaia). Na edição anterior da revista (Maio), haviam sido publicados dois trabalhos de sacerdotes congressistas, ambos estudantes de Direito e ceadecistas: «O estudo do Direito Eclesiástico na Faculdade de Direito» (Eurico Dias Nogueira) e «Universidade e Igreja» (Manuel Alves Pardinhas).

A revista transcreveu as Conclusões e Votos do Congresso, distribuídos por Princípios gerais (12) e Orientações e Votos (36), entre os quais destaco o 32:

«É indispensável criar em Portugal uma Universidade Católica, com as Faculdades e Institutos que a Hierarquia houver por bem considerar necessários à defesa e ao desenvolvimento da cultura superior católica, que entre nós está longe de atingir a altura requerida pelas tradições cristãs do nosso País e pelas graves exigências da sociedade contemporânea».

Este auspicioso voto teve concretização, catorze anos depois, com a feliz criação da Universidade Católica Portuguesa, em 1967, – pela Santa Sé, através do Departamento competente, com reconhecimento e aprovação do Estado português – instituição de inegável prestígio e eficiência, no serviço da Igreja e Portugal, em favor da juventude e da cultura.

4. Transcrevo as oportunas considerações do cónego Dr. Urbano Duarte, ao tempo assistente eclesiástico do CADC e activo congressista – também vigoroso jornalista, por muitos anos director do prestigiado semanário diocesano «Correio de Coimbra» – por ele deixadas no referido número especial de «Estudos», com o título «Rugas de seriedade» (págs. 372-374):

«Já os meses passaram sobre o Congresso Nacional da Juventude Universitária Católica e, desaparecida a frescura do momento, não feneceu, porém, a extraordinária lição que os novos souberam dar. Sinal de que este acontecimento foi muito sério na sua estruturação: a floração veio simplesmente premiar um esforço paciente, oculto, aborrecido, de uma constância quase burocrática e de uma tenacidade própria de velhos.

Mesmo que em Lisboa comparecessem só algumas dezenas, em vez de os dois mil congressistas, ficaríamos sem a festa das colheitas extraordinariamente bela e esperançosa, mas podíamos conservar a certeza de que às fontes da cultura nacional chegara enfim uma água nova. O trabalho preparatório foi actuando com tanta antecedência, com tal precisão de pormenores, onde não faltava o esquema, o documento, a bibliografia, o inquérito, a estatística, que chegou a parecer pouco atento à psicologia juvenil, pois arredava totalmente um mínimo de improvisação natural à verdura dos anos. Este vinco de seriedade no estudo, esta ascese intelectual, foi para mim a primeira lição do Congresso.

As teses centrais do Congresso, lidas em reuniões plenárias, testemunharam a participação dos professores universitários, em consonância com as exigências da juventude hodierna que pretende uma Universidade formativa. Embora algumas denunciassem um afago mimalho, em tom comicieiro, que nem sempre alcançam a retribuição por que anseiam, o certo é que a maioria dos professores congressistas impôs-se pela sua actualização magistral. Esta unidade de pensamento entre a geração docente e a discente fortifica extraordinariamente as posições mantidas à luz da consciência cristã do universitário.

Plenas e dignas de confiança, pelo estudo, pela sinceridade, pelo desassombro, pelo ambiente de naturalidade, surgiram as sessões parciais, fruto exclusivo da colaboração dos estudantes. Aqui o autêntico cenáculo do Congresso, onde as opiniões se entrechocavam com vibração, no que diz respeito à roupagem da verdade ou ao seu modo de se apresentar, mas sempre dentro da identidade substancial do mesmo conceito de Universidade.

Quem tomou parte nos debates não pode ter ficado a menosprezar os jovens de hoje que, se falam de futebol, também sabem dedicar-se ao estudo dos problemas.

A nota mais importante que feriu os observadores saiu do nível universitário da piedade vivida pela totalidade dos congressistas. A participação na missa, o canto comum e viril, a comunhão em massa, o recolhimento ascético, a oração salmódica, o simbolismo do ofertório, criaram um dinamismo interior que necessariamente tinha de reflectir-se, como causa, no êxito do convénio.

Houve a sensação de que, neste planalto sobrenatural, a alma moderna reencontra o Mestre e é capaz de todas as doações, sem temer o próprio martírio pela fé, já que ela encerra o que a vida tem de mais belo.

Certo anacronismo devocional retórico e lânguido recebeu aqui uma sangria de morte.

266 *Maria de Lourdes Pintasilgo – Os Anos da Juventude Universitária*

O regresso aos habituais horários de estudo, à vida prosaica de cada um dos centros universitários, fez-se acompanhar de um sonho bruxuleante: um dia virá em que teremos a Universidade Nova. Indigno será o congressista que perder esta esperança, ou abandonar a peleja em seu favor.

Dois anos de preparação, em que um ideal foi tecnicamente caldeado, não permitem que as mais belas resoluções morram de contentamento autosuficiente. A juventude de hoje é mais realista do que romântica. Não se contenta com promessas e muito se engana quem só lhe dá boas palavras.

Por isso acreditamos que para a "crise universitária" também há-de nascer a hora da justiça e, dentro desta ordem justa, terá lugar uma Universidade Católica»

5. Termino este breve apontamento sobre a nossa única Primeira-Ministra (que pena tê-lo sido por tão pouco tempo!...) com a referência ao XXIV Congresso da «Pax Romana», na capital da Áustria, no verão de 1958 (de 31-VIII a 07-IX), sobre o tema «A Universidade de hoje e as exigências da liberdade».

Interveio nele mais de um milhar de participantes de todo o Mundo, entre professores e alunos, altamente empenhados. Lá estive, com uma numerosa e expressiva delegação de universitários portugueses – estudantes e licenciados – e sentimo-nos orgulhosos com o modo como a Eng.ª Maria de Lourdes desempenhou, no seu decurso, um papel de alto relevo. Ela era então a Presidente internacional da secção juvenil deste prestigiado e influente Organismo católico.

No regresso a Portugal, dei uma entrevista sobre o acontecimento ao «Correio de Coimbra», transcrita entretanto na revista «Estudos» (1958, págs. 411-417), em que me referi elogiosamente à actividade da Maria de Lourdes.

À pergunta – «Aludiu há pouco a representações portuguesas em Congressos no Estrangeiro. Como se comportou a nossa em Viena?» – respondi:

«O melhor possível. Era constituída por cerca de cinquenta estudantes e licenciados e quatro assistentes eclesiásticos. Pela gravidade e distinção do seu comportamento, pela assiduidade em todos os actos colectivos, pelo interesse e inteligência com que acompanhou os temas discutidos e até pela exuberância que mostrou em ocasiões de manifestações alegres, deve ter deixado em todos os outros as melhores impressões. De resto, era visível o prazer e interesse com que os delegados de outras Nações se aproximavam dos nossos rapazes e raparigas, para com eles contactarem.

Não posso, neste momento, deixar de aludir a uma extraordinária figura de rapariga portuguesa, a Engenheira Maria de Lourdes Pintassilgo, que desempenhou, durante dois anos, o elevado cargo de Presidente do MIEC, isto é, a secção da "Pax Romana" destinada aos estudantes. A outra, como sabe, é o MIIC, ou seja, a secção dos intelectuais.

Esta invulgar rapariga, que tanto tem elevado o nome de Portugal e das suas Organizações católicas em Congressos no Estrangeiro, depois de ter sido Presidente Geral da JUCF – e recordo a sua brilhante actuação no Congresso universitário de Lisboa, em 1953 – foi eleita, há dois anos, Presidente do "Movimento internacional dos estudantes católicos" e, no ano passado, reeleita por aclamação. Terminou agora o seu mandato, tendo sido escolhido para o mesmo cargo um rapaz inglês.

Pois a Maria de Lourdes desempenhou papel de relevo na organização e realização deste Congresso, tendo presidido à sessão de abertura e a uma das Comissões de estudo. A sua actuação deixou sempre profunda simpatia em todos os congressistas e suscitou legítimo orgulho na delegação portuguesa».

EURICO DIAS NOGUEIRA
(Arcebispo emérito de Braga)

Mário Bento Martins Soares (Lisboa, Junho de 2007)

1 – Curta biografia de Mário Bento Martins Soares

– Nasci em 27-12-1928 em Meimoa (concelho de Penamacor, distrito de Castelo Branco, diocese da Guarda).

– Licenciado em Direito pela Universidade de Coimbra em 1954, ingressei de imediato na Magistratura do Ministério Público. Exerci depois a advocacia, fui inspector da P.J., chefe do Gabinete do Ministro do Interior, deputado pela Guarda e governador civil do distrito – cargo que deixei a meu pedido em 1972.

268 *Maria de Lourdes Pintasilgo – Os Anos da Juventude Universitária*

– Tinha ingressado anteriormente no quadro dos Serviços Tutelares de Menores, quando em 1975 fui aposentado compulsivamente em processo de saneamento político.

– Emigrei para o Brasil onde vivi 6 anos. Fiz o mestrado em Direito das Relações Sociais na Universidade Estadual de Londrina (Estado do Paraná).

– Anulado o processo de saneamento, regressei a Portugal em 1981, sendo colocado na Direcção Geral dos Serviços Tutelares de Menores (Ministério da Justiça), onde me aposentei como Director de Serviços em 1993. Ainda retomei a advocacia, tendo cessado a actividade profissional em Dezembro/2004.

2 – Na altura do I Congresso Nacional da JUC, tinha 24 anos e frequentava o 4º ano de Direito, sem actividade profissional.

3 – Fui convidado para o Congresso na qualidade de membro da Direcção do CADC através do então Presidente Mário Emílio Bigotte Chorão.

4 – Reagi positivamente e aceitei o convite com toda a naturalidade, disponível como estava para dar o contributo ao meu alcance, no amor à fé cristã que, desde a infância, recebi de meus Pais.

5 – Vi o tema como positivo e abrangente, de interesse indiscutível na sua permanente actualidade – então como hoje.

6 – No aconchego do CADC, assoberbado com deveres familiares (dois irmãos a meu cargo frequentando o liceu), não guardo da "crise" vivências muito fortes. No plano pessoal e no âmbito da m/Faculdade, havia marcas profundas de sinal positivo que contrabalançavam as vozes da crise. Concretizo: tendo eu condiscípulos com "sonantes" apelidos de família, ligados à mais alta craveira da ciência jurídica e da elite política, nunca por nunca constatei que houvesse para eles benefício de avaliação ou qualquer tratamento de favor. Nessa década de 50, a prova oral no Direito, sendo decisiva, era pública e transparente, com julgamento imediato, definitivo e com todos os alunos em pé de igualdade. Com naturais diferenças de cadeira para cadeira, a imagem global da minha Faculdade, que guardo na memória, é a da competência, da exigência e da imparcialidade.

Quanto à Universidade Portuguesa como um todo, convém ponderar que o Congresso se situa na primeira década após a 2ª Guerra Mundial com todo o séquito de dificuldades e problemas que afligiam os países e suas instituições de topo onde as Universidades têm lugar. Em termos de "crise" guardo a lembrança de que grande parte da massa académica vivia imersa no individualismo, ausente de preocupações formativas, de entre-ajuda, de partilha cultural minimamente organizada.

Evoco o CADC como um dos "*oásis*" de convívio, de formação, de cultura extra-curricular, tendo à volta grandes extensões mais ou menos "*desérticas*".

7 – Achava que o contributo dos estudantes católicos tinha de traduzir--se na vivência e no testemunho dos valores cristãos junto dos colegas, incluindo as referidas entreajuda e partilha a todos os níveis e em quaisquer organismos e estruturas da comunidade universitária

8 – Nesta linha de pensamento e após troca de ideias com os colegas do CADC, aceitei o encargo de apresentar uma modesta comunicação sobre "*a importância da função dos organismos universitários de extensão cultural, como orféons, grupos teatrais, cine-clubes, tunas, etc., que são auxiliares imprescindíveis da Universidade na sua missão de cultura e fonte de espírito comunitário, necessidade vital da instituição universitária*".

9 – Não integrei a organização do Congresso.

10 – 11 – 12 – 13 – A memória que guardo da minha vivência pessoal do Congresso é inteiramente positiva face à organização, do primeiro ao último dia, atingindo o deslumbramento interior face a trabalhos da mais elevada craveira – alguns apresentados por Mestres insignes de saudosa memória. Porém, qualquer análise séria de conteúdos, de reflexão e crítica – há que dizê-lo e humildemente assumi-lo – está hoje (54 anos decorridos) em campo de todo estranho ao m/alcance.

14 – 15 – Também me escapam dados correctos e positivos de avaliação do impacto do Congresso na sociedade da época, bem como das reacções por parte do Governo e da Igreja ao evento. De todo em todo impossível é que o documento notável, precioso, de conteúdo e de força que sintetizou as conclusões e votos finais fosse ignorado a qualquer desses níveis.

270 *Maria de Lourdes Pintasilgo – Os Anos da Juventude Universitária*

16 – Não convivi com Maria de Lurdes Pintassilgo, mas recordo com toda a segurança a imagem de que gozava nos meios académicos, designadamente na juventude universitária católica:
– intelectualmente dotada acima da média;
– capacidade natural de liderança;
– entrega generosa aos seus ideais;
– fé esclarecida, vivida em coerência;
– fidelidade e dedicação à Igreja, em sintonia perfeita nesses anos com a Hierarquia.

Na sua vida pós-universitária, designadamente da actividade profissional e de intervenção político-administrativa não cheguei a formular qualquer opinião minimamente fundamentada devido à minha ausência do País, ao inevitável alheamento da suas vicissitudes internas, esgotado – é bem de ver – nas preocupações com a sobrevivência do agregado familiar e o desenraizamento de três crianças (nove, onze e doze anos de idade).

Quanto aos itens restantes do memorando não guardo memória de dados concretos e fundamentados que permitam dar qualquer achega relevante. E não creio que tenham algum interesse meras convicções pessoais.

Lisboa, 30 de Junho de 2007

MÁRIO BENTO